Sheila Walsh:
Lass los – sei, wer du bist!

Meine Geschichte

Eines Sonntagmorgens, als ich mich fertig machte, um zum Gottesdienst zu fahren, fühlte ich mich mutlos und völlig erschöpft. Belle, unsere dreijährige Bichon-Frisé-Hündin, sah mich voller Mitgefühl an, als wollte sie sagen: „Wenn es mit dir den Bach hinuntergeht, komme ich mit." Genauso war mir an jenem Morgen zumute. Vieles in meinem Leben lief gut, aber es gab das eine oder andere, bei dem ich mich ziemlich hoffnungslos fühlte.

Während ich im Badezimmer mein Spiegelbild betrachtete, war mir, als ob Gott vier Worte zu mir sagte:

Ich werde dich befreien!

Es war keine akustisch wahrnehmbare Stimme, aber in meinem Inneren war es unmissverständlich: Das war Gottes Stimme. Ich war erschrocken, auch über die Klarheit der Botschaft.

So etwas ist für mich kein alltägliches Erlebnis. Ich höre Gott oft durch die Bibel zu mir reden, durch meinen Pastor oder meine Freunde oder durch die Schönheit der Natur. Aber es ist sehr selten geschehen, dass ich seine Stimme so bestimmend, so klar und zutiefst persönlich gehört habe: *Ich werde dich befreien!*

Es war, als seien meine Badezimmerfliesen zu heiligem Boden geworden. Tief in meinem Herzen wusste ich genau, wovon Gott mich zu befreien versprach.

Dass ich diese Sache, die auf meiner Seele lastete wie ein gefrorener See im Winter, unter Kontrolle hatte ... das nahm mir nicht einmal unsere Belle in ihrer blinden Hingabe ab – wie sollte der allmächtige, allwissende Schöpfer des Universums sich da etwas vormachen lassen?

Ich dachte: *Wie wird Gott mich davon befreien?* Meine Frage offenbarte viel von meiner inneren Einstellung dazu, geholfen zu bekommen. Ich fühle mich meistens wohler mit einem leicht durchschaubaren, einfachen Szenario: Ich habe ein Problem, Gott hilft mir und das Leben kann weitergehen. Aber Gott hat da offenbar eine viel größere Vorstellung. Eine Vorstellung von Befreiung und innerer Freiheit, die weit über eine einmalige Intervention, wenn wir sie mal brauchen, hinausgeht. Gott hat etwas anderes im Sinn: nämlich dass wir ein freies Leben leben, einen Lebensstil der Freiheit, einer gesunden inneren Unabhängigkeit.

Aber wie wird Gott mich befreien? Meine Frage wurde rasch und deutlich beantwortet. In meinem Herzen vernahm ich noch einmal dieselben Worte: *Ich werde dich befreien!*

Als ich Gottes starke, liebevolle Stimme zum zweiten Mal hörte, wurde mir klar, dass ich mir über das „Wie" keinerlei Gedanken zu machen brauchte. Und nicht nur das: Das „Wie" erschien mir angesichts des „Wer" geradezu lächerlich unbedeutend.

Alles, was Gott von mir wollte, war, dass ich sein Versprechen annahm und ihm vertraute. Mehr nicht.

Als Antwort betete ich ein einfaches Gebet: „Danke,

Vater. Ich glaube dir, ich vertraue dir, und ich werde versuchen, ganz auf dein Versprechen zu setzen. Ich habe keine Ahnung, wie meine Befreiung aussehen wird oder wann sie geschieht, aber du weißt es, und das ist alles, was ich wissen muss. Bitte hilf mir mit deiner Gnade, wenn es mir an manchen Tagen schwerfällt, dir zu vertrauen, und ich mehr ‚Beweise‘ sehen möchte. Hilf mir loszulassen, wenn ich versuchen will, selbst in Ordnung zu bringen, was nur du in Ordnung bringen kannst.“

Was bedeutet es, befreit zu werden?

An jenem Sonntag predigte unser Pastor „zufällig“ über einen Text aus dem Brief von Paulus an die Gemeinde in Philippi:

> „Liebe Freunde, ihr sollt wissen, dass alles, was hier mit mir geschehen ist, letztlich zur Verbreitung der Botschaft Gottes beigetragen hat. Denn hier weiß jeder – und das gilt sogar für die Soldaten der Palastwache –, dass ich für Christus in Ketten liege … und darüber freue ich mich. Und ich werde mich auch weiter freuen, denn ich weiß, dass dies alles durch eure Gebete und durch die Hilfe des Heiligen Geistes zu meiner Befreiung führen wird “ (Philipper 1,12-13.18-19; Neues Leben).

Während ich im Laufe der nächsten Tage über diese Verse nachdachte, gingen mir wieder und wieder bestimmte Fragen durch den Kopf:

- Woher wusste Paulus, dass seine gegenwärtige Situation zu seiner Befreiung führen würde?

- Was bedeutet es, befreit oder frei zu werden?
- Geschieht Befreiung immer durch eine Veränderung der Umstände oder bleiben die Umstände manchmal dieselben und Gott verändert uns?
- Gibt es biblische Vorgaben dafür, wie und wann Befreiung stattfindet?
- Befreit Gott seine Kinder immer? Wenn nicht, warum nicht?
- Erlebt jeder gläubige Mensch es, von etwas befreit zu werden?

Ich kenne mich. Ich wusste, dass ich Antworten brauchte – und mir war klar, dass ich nicht aufgeben sollte, bevor ich innere Ruhe in dieser Angelegenheit hatte. So begann ich mich intensiv damit zu beschäftigen, was es für mich als Christ bedeutet, *befreit* zu werden.

Wie geht es Ihnen damit? Haben Sie sich jemals gefragt, was es heißt, befreit zu werden? Sich befreit zu fühlen? Gottes Zusicherung, dass er mich befreien würde, hat in mir einige Gedanken und Gefühle ausgelöst, mit denen ich mich befassen und worüber ich nachdenken musste. Wenn er mich befreien würde, musste ich die Puzzleteile loslassen, die ich nicht zusammenbringen konnte, so sehr ich mich auch bemühte. Das war für mich ein richtiger Kampf, denn jedes Teil war mir wertvoll, und ich hatte das Gefühl, ich müsste dazu imstande sein, sie zusammenzusetzen. Ich spürte jedoch, dass Gott mir viel mehr anbot als eine Sofortlösung oder eine Erste-Hilfe-Maßnahme: Er bot mir an, ganz anders zu leben. Ich war mir nicht sicher, ob ich dazu bereit war oder ob ich überhaupt die notwendige Ausdauer für die Reise besaß, die da vor mir lag. Aber die

Wahlmöglichkeiten, die ich hatte, waren auf schmerzliche Weise eindeutig: Entweder kämpfte ich allein weiter und versuchte mich aus eigener Kraft durch den nächsten Tag zu schleppen oder ich nahm Gott beim Wort – und lernte loszulassen.

Zuallererst: Gnade

Ich weiß nicht, was Sie dazu veranlasst hat, dieses Buch in die Hand zu nehmen. Vielleicht sind Sie in finanziellen Schwierigkeiten, leben in einer unglücklichen Ehe oder einer schwierigen zwischenmenschlichen Beziehung, leiden unter schmerzlichen Erlebnissen aus Ihrer Vergangenheit oder haben einfach den Wunsch, in der Fülle dessen zu leben, was Gott uns anbietet. Was auch immer der Grund sein mag, ich stelle mir vor, dass Sie sich irgendwo tief in Ihrem Innern danach sehnen, befreit zu werden. Frei zu leben. Die zu sein, die Sie sind. Alles Belastende abzuwerfen und durchzuatmen. Und so heiße ich Sie als Leserin herzlich willkommen. Ich hoffe und bete, dass Ihnen dieses Buch zum Segen sein wird. Und ich möchte Ihnen sagen, dass ich während dieser Reise an Ihrer Seite sein werde.

Ich möchte Ihnen auch sagen, dass es mir viel bedeutet, dass Sie ein Stück Ihrer Zeit und Ihrer Kraft mit mir teilen. Nur sehr wenige Frauen haben Zeit im Überfluss und denken: *Na, was könnte ich jetzt mal tun?* Weil mir das bewusst ist, habe ich die biblischen Wahrheiten und persönlichen Geschichten in diesem Buch sorgfältig ausgewählt, um Sie in Ihrem Alltag und auf Ihrem Weg mit Gott zu unterstützen.

Wir werden uns mit vielen Dingen beschäftigen, mit denen Frauen oft zu kämpfen haben –, aber bevor wir das tun, wollen wir uns dem öffnen, was meiner Ansicht nach der beste Ausgangspunkt ist: der Gnade Gottes. Wenn es Ihnen so geht wie mir und Sie Ihre eigenen Kräfte erschöpft haben, dann sind Sie in der besten Ausgangsposition, um die Gnade Gottes zu empfangen. Das Gesetz nimmt gefangen, aber die Gnade befreit. Wenn Sie innerlich oder äußerlich unter dem *Druck des Gesetzes,* dieses gnadenlosen Erziehers (Galater 3,24), zusammengebrochen sind, dann möchte ich Ihnen sagen: Die Gnade Gottes steht gerade Ihnen, gerade heute, ganz neu zur Verfügung.

Vielleicht haben Sie *in der Vergangenheit Dinge erlebt, die* Sie *heute noch schwer belasten.* Mir tut das Herz weh, wenn ich an all die Zeit denke, die wir als Töchter Evas damit verschwenden und schon verschwendet haben, vergangene Fehler zu bedauern und immer wieder zu bedauern. Jesus ist gestorben, um uns vor Gott gerecht zu machen. Er hat die erdrückende Schuld bezahlt, die unsere Beziehung zu unserem Vater zerstört hat, und doch schleichen wir oft in Sack und Asche durchs Leben, als müsste die Rechnung noch beglichen werden. Liebe Schwestern, geschätzte Frauen in aller Welt: Sie sind frei – Sie müssen nur loslassen. Und das lässt sich lernen!

Und wie ist es, wenn Sie in *Unversöhnlichkeit* gefangen sind? Wir leben „jenseits von Eden", in einer gefallenen, einer zerbrochenen Welt, in der uns Dinge passieren, die furchtbar ungerecht sind – oft gerade dann, wenn wir am wenigsten damit rechnen. Wenn uns die frische Verletzung von einem Menschen zugefügt wurde, dem wir vertraut haben, können der Schmerz und die Wut, die dadurch ausgelöst wurden, verheerend sein. Ich habe festgestellt, dass eine der mächtigsten geistlichen Waffen, die Gott uns mit auf den Weg gegeben hat, die Vergebung ist. Rache gibt uns das Gefühl, mächtig zu sein, aber sie behindert uns auch. Sie gehört zu den Dingen, die am schwierigsten loszulassen sind. Vielleicht ist es gerade deshalb so ungeheuer befreiend, wenn wir durch Gottes Gnade lernen, unser „Recht" auf Rache loszulassen und uns ganz bewusst dafür entscheiden zu vergeben.

Haben Sie vielleicht *hartnäckige Gewohnheiten,* die Sie davon abhalten, die Frau zu sein, die Sie sein wollen? Haben Sie Ihre Schwächen vielleicht mit der Nahrung gefüttert, mit der sie am besten gedeihen – Heimlichkeit? Sie können sie loslassen lernen, die Gedanken, Haltungen und Reaktionen, die Sie lieber vor anderen verbergen, und durch Gottes Gnade lernen, sich selbst ohne Vorbehalte anzunehmen und zu lieben.

Die beste Freundin der Heimlichkeit ist die *Scham.* Sie sagt Ihnen, dass Sie nicht dazugehören, dass Sie hoffnungslos schlecht sind, dass Sie es nicht verdient haben, geliebt oder gerettet zu werden. Aber die Tatsache, dass Jesus am Kreuz für Sie gestorben ist, beweist eindeutig, dass das falsch ist. Das Gegenteil ist der Fall: Sie sind es Gott wert! Wir werden in diesem Buch den Weg von Jesus anschauen, der wie ein starkes Opferlamm auch Ihre Scham auf sich genommen hat, damit Sie Gottes geliebte Tochter sein können.

Haben Sie sich jemals gefragt, welchen *Sinn* Ihr Leben hat? Spielt es eine Rolle, dass Sie so schwer arbeiten, um für Ihre Familie zu sorgen? Liegt irgendjemandem wirklich etwas daran, dass Sie all Ihre Geschäfte korrekt und ehrlich abwickeln? Interessiert es die Frauen, die am Sonntag vor Ihnen in der Damentoilette in der Schlange stehen, dass Sie diejenige waren, die die Seifenspender aufgefüllt und frische Blumen auf den Waschtisch gestellt hat? In einer Kultur, die Charisma oft so viel höher bewertet als Charakter, will ich Ihnen zeigen, dass Ihr Leben in Gottes Augen zählt. Es ist, als würde Gott uns Zutritt zu einer völlig neuen Welt gewähren, in der das, was immer so wichtig zu sein scheint, überhaupt nichts mehr bedeutet, und das, was unsere Kultur als scheinbar unbedeutenden Dienst vom Tisch fegt, sich als pures Gold herausstellt, wenn Gott die Krümel vom Boden aufliest.

Kennen Sie *Angst?* Geht es Ihnen manchmal so, dass Sie voller Furcht an die Zukunft denken und sich fragen, wie sich Ihr Leben entwickeln wird? Trauen Sie sich nicht, im Vertrauen auf Gott irgendein Risiko einzugehen, weil Sie sich ständig fragen: *Was wäre, wenn?* In einer Welt, in der es keinen Gott gäbe, wäre Furcht nicht nur angebracht, sie wäre unvermeidlich. Aber für Sie gelten andere Gesetze. Nehmen Sie das bitte wirklich für bare Münze! Als Tochter des himmlischen Königs ist Ihr Leben Teil einer großen Liebesgeschichte. Verwechseln Sie diese Liebesgeschichte aber bitte nicht mit einer der vielen Seifenopern und wirklichkeitsfremden Märchen, die die Filmindustrie uns vorgaukelt. Diese Liebesgeschichte ist mit dem kostbaren Blut Christi besiegelt worden. Sie gehören ihm, Gott selbst, und niemand kann Sie aus seiner Hand reißen.

Sind Sie *einsam?* Viele von uns führen ein geschäftiges, einsames Leben. Wir können von lauter Menschen umgeben sein, sogar unseren engsten Angehörigen, und uns dennoch allein und isoliert fühlen. Es mag riskant sein, sich zu erkennen zu geben. Was ist, wenn uns in dem Moment, in dem wir endlich aus unserem Kokon herauskommen und bereit sind, unsere Flügel auszubreiten und zu fliegen, jemand auslacht? Oder noch schlimmer – uns einfach den Rücken zukehrt und zur Tagesordnung übergeht? Wenn ein Kind zur Welt kommt und das erste Gesicht, in das seine Augen blicken, das einer liebevollen Mutter ist, dann ist ein Teil des Bruches geheilt, der im Garten Eden geschah. Wenn diese Liebe und Annahme im Laufe der Jahre durch seinen Vater, seine Angehörigen und seine Freunde bestärkt wird, dann wird es schwierig sein, dieses kleine Wesen davon zu überzeugen, dass es nicht liebenswert ist. Das Problem mit uns Menschen ist, dass viele von uns nicht all die Liebe erlebt haben, die wir als Kind gebraucht hätten und nach der wir uns gesehnt haben. So wurde die Isolation, die einst im Garten Eden begann, tiefer und tiefer. Eines der größten geistlichen Geschenke, die wir bekommen, wenn wir unser Leben Jesus öffnen und von Neuem geboren werden, ist, dass wir nun in seine Augen hineinschauen dürfen und in ihnen lesen können, wie wertvoll wir ihm sind. Sie haben in Gott einen himmlischen Vater, der verrückt nach Ihnen ist, der begeistert ist von Ihrem Lachen, der über Ihre Gaben jubelt und der jede Träne sieht, die aus Ihren Augen rinnt. Seine Liebe wird Ihnen den Mut schenken, Ihren Kokon zu verlassen und zu fliegen.

Vielleicht geht es Ihnen zu Beginn dieser Reise so wie mir – und Sie fühlen sich gerade ziemlich hoffnungslos. Wenn Sie Ihre Umstände anschauen, zweifeln Sie daran, dass sich jemals irgendetwas ändern könnte. Sie glauben zwar, dass Gott grundsätzlich alles in seiner Hand hält, aber Sie leben in einer Welt, in der die Entscheidungen anderer sich oft auf Ihr Leben auswirken. Kann Gott Sie auch schon befreien, bevor sich Ihre Lebensumstände ändern? Ich denke schon. Ich habe es erlebt und erlebe es tagtäglich. Dies sind also die Punkte, mit denen wir uns gemeinsam beschäftigen werden. Wir werden uns mit unseren eigenen Erlebnissen und denen anderer Menschen befassen, und wir werden tief im Wort Gottes schürfen und manches Stück Gold entdecken.

Unser Herr und Retter Jesus Christus möge Ihnen die Freiheit schenken loszulassen – und in der Gnade und dem Frieden zu leben, die Ihnen als seinem Kind rechtmäßig zustehen. Jesus hat all die Herrlichkeit des Himmels verlassen und hat unsere Zerbrochenheit, Verwundung und Schuld auf sich genommen, damit wir frei sein können – wirklich frei.

Wenn wir nun unsere gemeinsame Reise durch dieses Buch antreten, bete ich mit Ihnen:

„Himmlischer Vater,
hier am Anfang dieses Buches bitten wir dich, in deiner
Gnade unsere Ohren zu segnen, damit wir hören können.
Segne unsere Augen, damit wir sehen können. Segne unsere
Herzen und schenke uns den Willen, dir nachzufolgen.
Das bitte ich im Namen Jesu.
Amen."

I

Neue Gnade für Hungrige

„Es steht also fest: Durch die Sünde *eines* Menschen sind alle Menschen in Tod und Verderben geraten. Aber durch die Erlösungstat *eines* Menschen sind alle mit Gott versöhnt und bekommen neues Leben. Oder anders gesagt: Durch Adams Ungehorsam wurden alle Menschen vor Gott schuldig; aber weil Jesus Christus gehorsam war, werden sie von Gott freigesprochen. Das Gesetz aber kam später hinzu, um die Wirkung der Sünde zu vergrößern. Denn wo sich die ganze Macht der Sünde zeigte, da erwies sich auch Gottes Barmherzigkeit in ihrer ganzen Größe" (Römer 5,18-20).

„Wenn ein Mensch Gott in *allem* sieht, beweist dies, dass er in der Gnade gewachsen ist und ein dankbares Herz hat" (Charles G. Finney).

„Die Gnade bindet uns mit viel stärkeren Banden, als die Pflicht es könnte. Die Gnade ist frei, aber wenn wir sie ergreifen, sind wir für immer an denjenigen gebunden, der sie schenkt, und werden von seinem Geist ergriffen. Gleiches bringt Gleiches hervor. Barmherzigkeit lässt uns barmherzig werden, und beschenkt werden macht uns zu Schenkenden" (E. Stanley Jones).

„Darum geben wir nicht auf. Wenn auch unsere körperlichen Kräfte aufgezehrt werden, wird doch das Leben, das Gott uns schenkt, von Tag zu Tag erneuert" (2. Korinther 4,16).

„Das ist das Geheimnis der Gnade: Sie kommt niemals zu spät" (François Mauriac).

Sie hatte nie gewollt, dass ihre Kinder sich Sorgen machten, aber dass sie ihren Ehemann verloren hatte, machte sie fertig. Manchmal schaffte sie es morgens nur deshalb, aufzustehen, weil sie wusste, dass drei hungrige Münder darauf warteten, gefüttert zu werden.

Ohne das Gehalt ihres Mannes kam die Familie nur mit Mühe über die Runden; besonders schwierig wurde es, wenn es darum ging, Kleidung zu kaufen. Mit den Mädchen war es etwas leichter: In der kleinen Gemeinde, die sie besuchte, hatte sie Freunde, deren Töchter nur etwas älter waren als ihre. So war immer für Nachschub an Röcken und Pullis gesorgt. Mit ihrem Sohn war es schwieriger. Er hatte einen Freund in der Gemeinde, aber der war im selben Alter und genauso groß, und wenn er aus seiner Kleidung herausgewachsen war, passten sie auch ihrem Jungen nicht mehr. Und er wuchs so schnell, dass seine Schulhosen viel zu kurz geworden waren …

Sie hatte diesen Monat überhaupt kein Geld übrig, um neue Hosen zu kaufen. So beschloss sie, Gott um Hilfe zu bitten. Sie wollte nicht, dass ihre Kinder sich Sorgen machten. Aber ihr lag etwas daran, ihnen bewusst zu machen, dass sie einen liebevollen Gott hatten, der wusste, was sie brauchten, und es ihnen geben wollte und konnte. Also erzählte sie ihnen an jenem Abend nach dem Abendessen, was los war.

„Euer Bruder braucht neue Hosen, und ich habe nicht genug Geld, um welche zu kaufen. Darum werden wir Gott bitten, uns welche zu schenken", sagte sie.

Die jüngere Tochter war skeptisch. „Hat Gott einen Hosen-Vorrat im Himmel?", fragte sie. „Ich glaube nicht, dass die Engel Hosen tragen."

„Das ist kein Problem für Gott", erwiderte die Mutter mit einem kleinen Lächeln. „Wenn Gott aus dem Nichts einen Planeten erschaffen kann, dann kann er bestimmt ein paar Hosen für deinen Bruder auftreiben."

Also fassten sie einander bei der Hand, und die Mutter betete: „Himmlischer Vater, danke, dass du für uns sorgst. Danke, dass du schon weißt, was wir brauchen, ehe wir darum bitten. Aber du hast uns eingeladen, im Namen Jesu zu beten. Du weißt, dass wir Hosen brauchen, und darum bitte ich dich jetzt, uns welche zu schenken, und danke dir im Voraus für deine liebevolle Fürsorge."

„Und jetzt?", fragte das jüngere Mädchen. „Klingelt jetzt ein Engel an der Tür oder kommen die Hosen mit der Post?"

„Lass uns einfach abwarten!", entgegnete die Mutter.

Am nächsten Abend kam eine Freundin der Mutter auf eine Tasse Tee vorbei. Als sie ging, überreichte sie ihr eine Plastiktasche. „Die habe ich für Tom gekauft, aber er scheint über Nacht zehn Zentimeter gewachsen zu sein! Sie sind ihm viel zu kurz. Meinst du, sie könnten deinem Sohn passen?"

In der Tasche waren drei Paar funkelnagelneue Hosen, die ihrem Sohn wie angegossen passten. Die Mutter war unendlich dankbar ... und die jüngere Tochter konnte es einfach nicht fassen.

Gott in allem sehen

Charles Finney hat einmal gesagt: „Wenn ein Mensch Gott in *allem* sieht, beweist dies, dass er in der Gnade gewachsen ist und ein dankbares Herz hat."[1] Diese Behauptung war eine echte Herausforderung für mich. Haben Sie auch schon einmal etwas in dieser Art gelesen, und obwohl Sie erkannt haben, dass es wahr ist, sind Sie damit nicht zurechtgekommen? Wie sieht das denn im Alltagsleben konkret aus, „Gott in allem zu sehen"?

Nehmen Sie einmal Ihr Leben, so wie es gerade jetzt ist, und schauen Sie es unter diesem Gesichtspunkt an. Fällt es Ihnen schwer, die Hand Gottes *in allem* zu sehen, was gerade jetzt geschieht? In dem, womit Sie zurzeit zu kämpfen haben, das Sie sich nicht freiwillig ausgesucht haben?

Ich denke an eine meiner Freundinnen, deren Tochter krank ist. Sie und ihr Ehemann warten gerade auf die Untersuchungsergebnisse. Ich denke an einen Schulfreund von Barry, dessen Sohn schwer erkrankt war und viele schmerzhafte Behandlungen über sich ergehen lassen musste – und er ist immer noch nicht über dem Berg. Ich denke an eine Soldatin im Irak, die schrieb, dass sie die Kassetten von unseren „Women of Faith"-Konferenzen anhört und dass sie manchmal das Einzige sind, was sie davor bewahrt, den Verstand zu verlieren, wenn sie sieht, wie Kameraden und Kameradinnen im Krieg fallen.

Solche und ähnliche notvollen Umstände machen es uns oft schwer, zu erkennen, dass unser Gott wirklich *immer da* ist. Aber die größten Überraschungen auf meinem Weg mit Gott waren die Momente, in denen mir klar wurde, dass Gott geduldig an meinem Herzen gearbeitet hat. Diese Zeiten, wenn nichts so läuft, wie ich es vorher geplant hatte, und ich sehe, dass Gott trotzdem alles in der Hand hat. Das brauchen keine Extremsituationen zu sein, wie ich sie oben beschrieben habe. Oft sind es ja die kleinen Dinge, die uns zeigen, dass Gott am Werk ist. Das ist Gnade, und das ist ein Geschenk.

Denn erstens kommt es anders …

Als ich diese Aussage von Charles Finney las und in mein Notizbuch schrieb, war mir nicht klar, dass Gott mir diesen kleinen Satz wohl für einen Tag wie gestern ins Gepäck gesteckt hatte. Wenn ich darüber nachdenke, was gestern passiert ist, weiß ich nicht, ob ich lachen oder weinen soll. Wie auch immer – ich habe Gottes Gnade empfangen. Lassen Sie mich dazu etwas erzählen.

Im Januar 2008 beschlossen Barry und ich angesichts der Tatsache, dass wir seit fünf Jahren keinen richtigen Urlaub mehr gemacht hatten, in den Osterferien als Familie ein bisschen wegzufahren. Barry machte sich auf die Suche nach einem lohnenden Ziel und entdeckte ein günstiges Hotel in Cancún (Mexiko). Es schien alles gut zu passen.

Ein paar Tage vor unserer Abreise packte ich zusammen, was wir meiner Ansicht nach brauchen würden. Ich schaute unsere drei Pässe an und stellte fest, dass der von Christian abgelaufen war. Barry rief die Fluggesellschaft an, und man sagte ihm, alles, was wir für unseren Sohn brauchten, sei seine Geburtsurkunde.

Der große Tag kam, und wir waren so früh am Flughafen, dass uns noch reichlich Zeit zum Einchecken blieb. Am Schalter zeigten wir unsere beiden Pässe und Christians Geburtsurkunde.

„Wo ist der dritte Pass?", wollte die Angestellte wissen.

„Wir haben keinen", sagte Barry. „Aber wir haben ja Christians Geburtsurkunde."

„Ohne Pass können Sie nicht fliegen", sagte sie.

„Aber wir haben angerufen und mit einem Ihrer Mitarbeiter gesprochen", antwortete Barry, und die Zuversicht,

die er eben noch ausgestrahlt hatte, begann sich in Luft auf-
zulösen.

„Ohne Pass können Sie nicht ins Ausland reisen – das
weiß doch jeder!", sagte sie und schaute uns an, als hätte
sie es mit ein paar Neandertalern zu tun.

„Aber darum habe ich doch angerufen!" Barry gab nicht
auf.

„Das ist nicht mein Problem", sagte sie. „Der Nächste,
bitte!"

Christian liefen mittlerweile die Tränen übers Gesicht. Er
tat mir furchtbar leid. Er hatte sich so auf unseren Urlaub
gefreut, und jetzt saßen wir mit unserem Gepäck im Flughafen fest. Wir hatten keine Ahnung, wo wir hinsollten,
und der Freund, der uns hergefahren hatte, war schon weg.

„Es tut mir so leid, Christian", sagte ich. „Wir werden
versuchen, irgendeine Lösung zu finden."

Christian und ich schleppten unser Gepäck zu einem
Wartebereich hinüber. Barry blieb am Schalter stehen und
versuchte weiterhin, das Problem zu lösen. Eine halbe Stunde später riefen wir ein Taxi. Sobald wir wieder zu Hause waren, gingen wir ins Internet, um uns zu informieren,
was wir tun konnten. Wir fanden heraus: Wenn wir nach
Houston flögen, könnte die dortige Passstelle Christian am
nächsten Morgen einen Pass ausstellen; wir würden ihn
noch am selben Tag erhalten. Wir fuhren zurück zum Flughafen und nahmen einen Flug nach Houston.

„Wenn wir dort sind, nehmen wir ein Hotel, das in der
Nähe des Meldeamtes oder des Flughafens liegt", meinte
Barry.

Ach, wirklich?

Als wir in Houston ankamen, riefen wir alle möglichen

Hotels an, aber sie waren alle ausgebucht. Wir versuchten es mit einer Reihe Motels verschiedener Preisklassen, aber es gab keinen Raum in der Herberge. Wir erfuhren, dass in der Stadt gerade ein Kongress von Hubschrauber-Piloten stattfand – wer hätte gedacht, dass es so viele gab?! Als wir uns gerade nach einem Stall und einer Krippe umsehen wollten, fanden wir ein Hotel, das noch ein Zimmer frei hatte. Inzwischen waren wir alle ziemlich ausgehungert und erschöpft.

„Mom, meinst du, ich könnte ein Steak bekommen?", fragte unser Elfjähriger. „Ich bin am Verhungern."

„Das ist dein Urlaub, Schatz", sagte ich. „Wir schauen mal, was das Hotel anzubieten hat."

Tja, anzubieten hatten sie – nichts. Sie sagten, die Küche sei geschlossen, aber sie würden uns gern zu einem Restaurant fahren. Wir sagten der Rezeptionistin, dass wir irgendwohin wollten, wo es Steak gab; es sollte aber nicht zu „gehoben" sein, da wir alle inzwischen ziemlich mitgenommen aussahen. Sie erzählte uns von einem tollen Restaurant mit einem neuen Küchenchef, der zuvor im Bellagio-Hotel in Las Vegas gearbeitet hatte. Ehrlich gesagt, war mir das völlig egal. Meinetwegen hätte er auch von McDonald's in Hintertupfingen kommen können – wir brauchten schlicht und einfach etwas zu essen. Der Hotelbus brachte uns zu einem Steakhouse und der Fahrer meinte, er würde uns in einer Stunde wieder abholen. Na bitte!

Wir setzten uns an unseren Tisch und ich nahm die Speisekarte. Plötzlich merkte ich, dass Christian mich ans Schienbein trat.

„Was machst du denn, Schatz?", fragte ich.

„Mom, die Frau da ist nackt!", flüsterte er.

21

Ich blickte auf und stellte fest, dass die Wände mit rotem Samt bezogen und mit Schwarzweißfotos von barbusigen Frauen geschmückt waren – das war mir bis dahin völlig entgangen.

„Guck dir mal die Wände an, Barry!", sagte ich, aber er war schon dabei.

„Du meine Güte, wo sind wir hier gelandet?", flüsterte ich. Ich starrte auf meine Speisekarte. Das Lokal hieß „Fleisch satt". Ich hatte naiverweise angenommen, dass sich das auf die großzügigen Steakportionen bezog –, aber da hatte ich mich offenbar getäuscht.

Christian verdrehte die Augen und deklamierte: „Meine Augen, meine Augen, meine armen, unschuldigen Augen!"

„Sieh einfach nicht hin", sagte ich. „Guck deine Serviette an."

Als er einen Lachanfall bekam, wurde mir klar, dass die Leute, die die Wände verziert hatten, offenbar auch die Servietten ausgesucht hatten.

In meiner Verzweiflung dachte ich: *Wir sollten einen Chorus singen!* Was mir einfiel, war das Lieblingslied meiner Großmutter: „Fels des Heils, geöffnet mir ..." Der zweite Vers schien mir besonders treffend:

„Da ich denn nichts bringen kann,
schmieg' ich an dein Kreuz mich an;
nackt und bloß, o kleid mich doch ..."

Ich fügte dem ernsten Flehen Augustus M. Topladys meine eigene Bitte hinzu:

„Herr, komm und wende unser Los –
die Brust der Frau ist riesig groß!"

Wir saßen in der Falle. Wir hatten Hunger, wir hatten kein
Auto, und wir waren von Bildern von Frauen umgeben, die
uns zeigten, wie großzügig Gott sie ausgestattet hatte.

„Pass auf, Christian, ich mach' dir einen Vorschlag",
sagte ich. „Ich weiß, dass wir dir normalerweise nicht erlauben, im Restaurant Ipod-Videos anzusehen. Aber das
hier ist eine, sagen wir mal, außergewöhnliche Situation.
Also guck dir die neuste *Sponge-Bob*-Folge an und schau
nicht hoch, bis ich dir eine Gabel mit irgendwas zu essen
vor die Nase halte."

Nun, wir bewältigten das Abendessen und fuhren zurück zu unserem Hotel. Nachdem wir eine *längere* Andacht
gehalten und miteinander gebetet hatten, fragte Christian
mich: „Glaubst du, das hat Gott wütend gemacht?"

„Du meinst, dass wir dort geblieben sind?", wollte ich
wissen.

„Ich weiß nicht, Mom, die ganze Sache einfach."

„Ich glaube nicht, dass Gott uns das alles irgendwie
übel genommen hat", erwiderte ich. „Ich glaube, er ist
traurig darüber, dass diese Frauen dachten, sie müssten
sich ausziehen. Ich weiß, dass er sie lieb hat und ihr Bestes
will."

„Meinst du, er hat sie genauso lieb wie dich?", wollte er
wissen.

„Ja, ganz genauso lieb."

„Auch wenn sie etwas tun, was er nicht will?", fragte er.

„Ob Gott uns lieb hat, hängt nicht von unserem Verhalten ab", versicherte ich ihm. „Er liebt uns, weil es einfach

seinem Herzen und seinem Charakter entspricht, zu lieben. Das nennt man Gnade."

Gnade in allen Dingen

Ich bin mir bewusst, dass eine unangenehme, dumme oder peinliche Situation wie die im Restaurant sich nicht mit den lebensbedrohlichen Situationen vergleichen lässt, die ich zuvor geschildert habe. Das war ja eine vergleichsweise kleine Sache. Aber gerade darum geht es mir. Ich bin seit vierzig Jahren Christ (ich habe mein Leben Jesus anvertraut, als ich elf war), und wenn ich in echte Schwierigkeiten komme, bin ich normalerweise gescheit genug, Gott um Kraft, Gnade und Leitung zu bitten. Es sind die kleinen Dinge, die mich fertigmachen. Die Momente, wenn meine Pläne über den Haufen geworfen werden und ich das Gefühl habe, dass niemandem irgendetwas daran liegt. Das sind die Situationen, in denen ich die Lektion noch einmal neu lernen muss – Gott zu vertrauen. Das ist schwer für mich, denn es bedeutet, meine eigenen Vorstellungen und Konzepte *loszulassen*.

Als Christian und ich damals völlig verzweifelt inmitten unseres Gepäcks im Flughafen von Dallas saßen, war es ein Augenblick, der ganz menschlich und zugleich voller Gnade war, als wir unsere Köpfe senkten und Gott baten, uns da hindurchzubringen. Wir brauchten nicht stark zu sein. Wir brauchten es nicht allein zu schaffen. Wir brauchten keine Regeln zu befolgen oder irgendwelche Erwartungen zu erfüllen. Wir mussten nur ehrlich und echt sein.

Wir schafften es schließlich nach Cancún. Mit zwei Tagen Verspätung, aber wir waren da. Seite an Seite saßen wir am Strand und sahen zu, wie die Sonne unterging. Christian sagte: „Na ja, es hat schon einige Zeit gedauert, bis wir hier waren, und ich habe Dinge gesehen, die kein Enkelsohn eines Baptisten jemals sehen sollte, aber Gott hat uns immer begleitet."

Für mich ist das ein Wunder der Gnade. Nicht, dass wir schließlich an unserem Urlaubsziel angekommen waren, sondern dass Gott uns Schritt für Schritt begleitet hat. Und dass ein elfjähriger Junge das gewusst hat, auch wenn all unsere Pläne zu scheitern schienen.

Wenn ich auf mein Leben zurückblicke, erinnere ich mich an viele Situationen, in denen etwas Ähnliches passiert ist und ich ganz anders darauf reagiert habe. Ich weiß heute, dass Gottes Gnade jedes einzelne Mal mit mir war, aber manchmal habe ich mich nicht danach ausgestreckt, sie zu empfangen. Um Gnade zu empfangen, muss ich die Hände frei haben – und dazu muss ich bereit sein loszulassen, woran auch immer ich mich festklammere.

Schauen Sie einmal zurück auf Ihren eigenen Weg. Können Sie erkennen, wie vieles gewachsen ist, wie Sie gewachsen sind – durch Gnade? Nicht nur in den bedeutenden Momenten, sondern auch in all diesen alltäglichen Situationen, die uns unseren Frieden und unsere Freude rauben können?

Das ist nicht fair!

Während ich miterlebte, wie mein Sohn zu verstehen lernte, was Gnade ist, stellte ich fest: Das größte Hindernis war für ihn, dass er immer wieder dachte, Gottes Gunst sei von seinem Verhalten abhängig. Christian glaubt, wenn wir etwas Gutes tun, nickt Gott beifällig, und wenn wir ins Schleudern kommen und versagen, runzelt er die Stirn. (Und wissen Sie, wie schwer es mir als Mutter fällt, ihn nicht noch ein paar Jahre in diesem Glauben zu lassen – sagen wir, bis er dreißig ist?) Ich muss ihm immer wieder sagen, dass es Gott nicht darum geht, uns gute Manieren beizubringen und „Sternchen" zu verteilen. Er verschenkt seine Liebe großzügig und bedingungslos.

Ich glaube, das ist eine Wahrheit, die für uns besonders schwer zu erfassen ist – sowohl mit dem Kopf als auch mit dem Herzen. Etwas in uns wünscht sich einfach, dass wir in irgendeiner Form zu dem beigetragen haben, was wir bekommen. Zur Gnade Gottes tragen wir nichts bei. Das ist für uns schwer zu verdauen. Wir wissen, dass wir nicht so viel wie Gott in unsere Beziehung einbringen können, aber wir möchten zumindest das Gefühl haben, wir hätten unseren Teil getan. Und nicht nur das: Gottes Gnade ist jeden Morgen neu. Das bedeutet, dass wir nicht auf das zurückzugreifen brauchen, was gestern zur Verfügung stand. Nein – die Gnade von gestern ist heute abgestanden. Die Gnade von gestern wurde von Gott frisch für die Ereignisse von gestern zubereitet. Heute gibt es einen ganz neuen Vorrat an Gnade für jede einzelne Situation, die Sie heute durchleben werden.

Christian ist kein großer Frühstücker. Es kommt immer wieder vor, dass er im Sommer morgens mit fast leerem Magen aus dem Haus rennt, um mit seinen Freunden zu spielen. Dann schleppt er sich irgendwann durch die Tür und ruft: „Mom, ich bin am Verhungern!"

Passiert es Ihnen auch manchmal, dass Sie um die

Mittagszeit das Gefühl haben, geistlich zu verhungern? Gottes Gnade steht den ganzen Tag über für Sie zur Verfügung – von dem Moment an, wenn Sie Ihre Augen öffnen, bis zu dem Moment, wenn Sie abends unter Ihre Bettdecke kriechen.

Wenn wir selbst mit Gnade gesättigt sind, ist es viel einfacher für uns, anderen gegenüber gnädig und großzügig zu sein. Wenn wir dagegen selbst am Verhungern sind, haben wir wenig weiterzugeben.

Und manchmal haben wir offensichtlich auch ziemliche Schwierigkeiten, wenn wir sehen, dass Gott seine überströmende Gnade auch denjenigen zuwendet, die sie am wenigsten zu verdienen scheinen. Das zeigt vielleicht kein Gleichnis deutlicher als die Geschichte von den Arbeitern im Weinberg, die im Matthäusevangelium steht. Jesus erzählt dort von einem Weinbauern, der die ersten Arbeiter morgens um 6 Uhr einstellte und sich mit ihnen auf einen Lohn von einem Silbergroschen einigte. Um 9 Uhr, um 12 Uhr, um 15 Uhr und um 17 Uhr stellte er weitere Arbeiter ein. Als es Zeit wurde, den Lohn auszuzahlen, befahl der Eigentümer dem Verwalter, mit denjenigen zu beginnen, die nur die letzte Stunde gearbeitet hatten. Als die Arbeiter, die den ganzen Tag im Weinberg geschuftet hatten, sahen, dass die Nachzügler einen Silbergroschen erhielten, waren sie für einen Moment hocherfreut, weil sie dachten, dass ihr eigener Lohn um ein Vielfaches höher sein würde. Aber nein – sie bekamen einen Silbergroschen, genau wie alle anderen. Die Arbeiter, die sich den ganzen Tag abgemüht hatten, waren wütend, und sie bestimmten den Redegewandtesten unter ihnen, sich beim Besitzer zu beschweren. Aber der ließ ihr Argument nicht gelten:

„‚Mein Freund', entgegnete der Weinbauer einem von ihnen, dir geschieht doch kein Unrecht! Haben wir uns nicht auf diesen Betrag geeinigt? Nimm dein Geld und geh! Ich will den anderen genauso viel zahlen wie dir. Schließlich darf ich doch wohl mit meinem Geld machen, was ich will! Oder ärgerst du dich, weil ich großzügig bin?' Ebenso werden die Letzten einmal die Ersten sein, und die Ersten die Letzten" (Matthäus 20,13-16).

Das Reich Gottes hat nichts mit unseren Maßstäben von Gerechtigkeit zu tun. Aus unserer Sicht ist es leicht, die guten von den bösen Menschen zu unterscheiden. Aber Gott sagt, dass es gar keine guten Menschen gibt. Wir sind alle Sünder, die auf die Gnade Gottes angewiesen sind: „Dasselbe sagt schon die Heilige Schrift: ‚Es gibt keinen, auch nicht einen Einzigen, der ohne Sünde ist. Es gibt keinen, der einsichtig ist und nach Gott fragt'" (Römer 3,10-11).

Wenn Sie so sind wie ich, dann haben Sie gedacht: *Na ja, klar sind wir alle Sünder im weiteren Sinne, aber ein paar von uns machen viel weniger Mist als andere. Sie können mir nicht weismachen, dass das überhaupt keine Bedeutung hat.*

Es ist solch eine Versuchung, Sünde in Kategorien einzuordnen und zu denken, dass andere die Gnade Gottes weniger verdienen als wir. Aber wenn wir ein von der Liebe erfülltes Leben führen wollen, auch ein von der Gnade Gottes erfülltes Leben, dann sind wir eindeutig dazu aufgerufen, unsere eigenen Vorstellungen von Gerechtigkeit abzulegen, nicht nur in Bezug auf uns selbst, sondern auch in Bezug auf unsere Mitmenschen. Im Hinblick auf unsere Errettung und Gottes Liebe zu uns ist unsere Liste dessen, was wir als gutes Benehmen betrachten, völlig bedeutungslos.

Das Versprechen der Gnade

Nachdem wir uns mit dem Problem der Gesetzlichkeit beschäftigt haben, ist es Zeit, sich auf die Gnade einzulassen, die Gott versprochen hat. Es ist schwer, anderen etwas weiterzugeben, das wir selbst nicht für uns in Anspruch genommen haben. Es ist wirklich wahr:

- Gott liebt Sie gerade so, wie Sie jetzt, in diesem Moment, sind.
- Er kennt die ganze Wahrheit über Sie, und er liebt Sie.
- Auch wenn Sie sich selbst nicht vergeben können – er vergibt Ihnen.
- Es gibt nichts, was Sie tun können, um ihn dazu zu bringen, Sie mehr zu lieben.
- Es gibt nichts, was Sie tun können, um ihn dazu zu bringen, Sie weniger zu lieben.

Das ist die Gnade Gottes.

Nehmen Sie sich ein paar Augenblicke Zeit, um diese Wahrheiten auf sich einwirken zu lassen. Wie geht es Ihnen damit? Fällt es Ihnen schwer, daran zu glauben? Vielleicht hilft es uns, die Gnade Gottes zu empfangen, wenn wir unsere Vergangenheit betrachten und sie vor unserem inneren Auge zum Kreuz bringen. Denken Sie daran, was Martin Luther gesagt hat: „Ein Mensch muss völlig an sich selbst verzweifeln, um imstande zu sein, die Gnade Gottes zu empfangen."

Lass los!

1. Glauben Sie – nicht nur mit dem Kopf, sondern tief in Ihrem Herzen –, dass Gott Sie so liebt, wie Sie gerade jetzt sind? Versuchen Sie, es zu erklären.
2. Glauben Sie, dass Sie irgendetwas tun könnten, damit Gott Sie mehr liebt oder zufriedener mit Ihnen ist?
3. Bei welchem Menschen aus Ihrem Bekanntenkreis macht Ihnen die Vorstellung, ihm Gnade und Barmherzigkeit zu erweisen, besonders viel Schwierigkeiten?
4. Warum, glauben Sie, ist das so?

Ein Loslass-Gebet

Himmlischer Vater,
danke für die Gnade, die du mir gerade in diesem Moment anbietest. Befreie mich von Selbstzweifeln und Furcht. Bitte hilf mir, beides loszulassen.
Hilf mir, mich jeden Morgen über deine Gnade zu freuen, die mir immer wieder neu zur Verfügung steht. Danke, dass deine Liebe und deine Gnade uns allen gelten. Hilf mir, sie heute an einen anderen Menschen weiterzugeben.
Das bitte ich im Namen Jesu.
Amen.

2

Die tote Religion hat ihr Mindest-haltbarkeitsdatum überschritten

„Beantwortet mir nur diese eine Frage: Wodurch habt ihr den Geist Gottes empfangen? Indem ihr die Forderungen des Gesetzes erfüllt habt oder weil ihr die Botschaft des Glaubens gehört und angenommen habt? Wie könnt ihr nur so blind sein! Wollt ihr jetzt etwa aus eigener Kraft zu Ende führen, was Gottes Geist in euch begonnen hat? Ihr habt doch so Großes mit Gott erfahren. Soll das wirklich alles vergeblich gewesen sein?" (Galater 3,2-4).

„Manche der tugendhaftesten Menschen auf dieser Welt sind zugleich auch die bittersten und unglücklichsten, denn sie sind unbewusst zu dem Glauben gelangt, dass ihr Glück darauf beruht, dass sie tugendhafter sind als andere" (Thomas Merton).

„Lass deinen Glauben nicht so sehr eine Theorie sein, als vielmehr eine Liebesbeziehung" (G. K. Chesterton).

„Genauso, liebe Freunde, hat auch das Gesetz keine Macht mehr über euch, denn von dieser Macht seid ihr befreit worden, als ihr mit Christus am Kreuz gestorben seid. Jetzt gehört ihr dem, der von den Toten auferstand, und könnt gute Frucht bringen, das heißt gute Taten für Gott" (Römer 7,4; Neues Leben).

„Regeln lassen das Verlangen nach Christus einschlafen. Freude weckt Begeisterung" (Calvin Miller).

Sie war sicher, dass ihre Tasche heute schwerer war als gestern. Oder vielleicht, dachte sie, war sie einfach nur erschöpft von alldem, was in ihrem Leben passierte. Sie hatte in der Nacht zuvor nicht gut geschlafen und war mit schrecklichen Kopfschmerzen aufgewacht.

Sie goss den Kaffee in eine Thermoskanne und ging zur Haustür; im Vorübergehen erhaschte sie im Spiegel noch einen Blick auf ihr blasses Gesicht. Als sie gerade über die Schwelle treten wollte, holte das fordernde Klingeln des Telefons sie zurück in die Wohnung.

„Wir haben dich gestern Abend vermisst", sagte eine Stimme mit einem spitzen Unterton.

„Ja, tut mir leid. Ich bin spät heimgekommen und war so müde, und ich war schon zwei Tage nicht richtig mit dem Hund draußen. Und ich bin nicht ..."

„Ja, das haben wir uns schon gedacht", fiel ihr die Stimme ins Wort. „Es ist so leicht, in schlechte Gewohnheiten zu verfallen. Denk daran, der Christ ohne Gemeinschaft ist eine leichte Beute für den Feind."

„Ja, ich weiß, aber ich habe einfach ..."

„Letzte Woche bist du auch nicht zum Gebet gekommen. Es reicht einfach nicht, nur am Sonntagmorgen zum Gottesdienst hereinzuschauen", beharrte die Stimme. „Wenn du zum Leib Christi gehören willst, dann musst du auch dabei sein und deinen Teil beitragen."

„Also, im Moment fällt es mir ziemlich schwer, meinen Teil beizutragen", sagte sie.

„Ja, und ehrlich gesagt spüren wir das auch. Na, dann schau mal, dass du paar Tage lang abends beizeiten nach Hause gehst, damit du am Sonntag wieder richtig fit bist."

„Ich werd's versuchen, es ist nur, dass ..."

„Also, dann wiederhören für heute!"

„Es ist nur, dass ... ich jetzt mittwochabends Chemotherapie habe ..."

Aber ihr Gegenüber hatte schon eingehängt.

Die Sehnsucht, gehört zu werden

Wir alle sehnen uns danach, gehört zu werden. Wir wollen gesehen werden, wie wir wirklich sind, nicht so, wie wir manchmal erscheinen. Wie die Frau in der Szene eben wünschen wir uns, das Lebenskarussell würde sich manchmal ein bisschen langsamer drehen und uns die Zeit geben, über das zu reden, was uns beschäftigt. Ich bin sicher, die Frau am Telefon hatte die besten Absichten, aber gute Absichten sind oft der Grund, dass wir uns kalt und einsam fühlen. Wir sehnen uns danach, als wirkliche Menschen wahrgenommen zu werden, nicht bloß als Zahlen in der Anwesenheits-Statistik.

Haben Sie sich jemals gewünscht, dass Ihre Freunde, Ihre Bekannten im Hauskreis oder auch Ihr Ehepartner aus dem, was Sie sagen, heraushören könnten, was wirklich in Ihrem Herzen vorgeht? Haben Sie gedacht: *Können sie es nicht in meinen Augen lesen? Spüren sie nicht, dass ich dabei bin, unterzugehen?*

Leider leben wir in einer sehr schnelllebigen Welt, und allzu oft stellen wir am Ende eines Tages wieder einmal fest, dass wir mit niemandem eine wirkliche innere Begegnung hatten. Wie kommt das? Liegt es daran, dass die anderen uns nicht zuhören oder unsere Bedürftigkeit nicht wahrnehmen wollen? Oder daran, dass wir nicht bereit sind, diese Bedüftigkeit zu offenbaren? Oder an beidem?

Ich vermute, wir erzählen anderen meist deshalb nichts von unseren Nöten, weil wir meinen, dann in ihrer Achtung zu sinken. Oder weil wir uns schützen wollen. Haben Sie sich jemals von einem christlichen Bekannten oder einer Bekannten missverstanden oder verurteilt gefühlt? Wenn ja, dann wissen Sie, dass das zu den schmerzhaftesten Verletzungen gehört, die ein Mensch erleben kann. Vielleicht sind Sie einmal das Risiko eingegangen, von Ihren Kämpfen zu erzählen – und statt Trost zu empfangen, wurden Sie verurteilt. Vielleicht ist das zu einem Zeitpunkt geschehen, als Sie ohnehin schon verletzlich waren, und die Reaktion darauf hat Ihren Schmerz noch verschlimmert. Statt sich verstanden und angenommen zu fühlen, fühlten Sie sich noch einsamer. So haben Sie gelernt, Ihren Kummer für sich zu behalten.

Jeder Mensch denkt und empfindet anders, und wenn andere versuchen, uns in ein bestimmtes Schema zu pressen und ihren Wertvorstellungen anzupassen, verursacht das immer Wunden. Wir alle sehnen uns danach, uns zu offenbaren und verstanden zu werden, aber weil wir uns vor der Reaktion unserer Mitmenschen fürchten, haben wir gelernt, uns in Acht zu nehmen. Es ist oft gefährlich, sich in die Karten schauen zu lassen.

Aber was ist, wenn *wir* diejenigen sind, die anderen wehtun? Wenn wir nicht die Verurteilten sind, sondern die Richter?

Keine Blumen für meinen Jungen

Ich begegnete ihr bei einer Konferenz für Frauen. Ich war gebeten worden, an einem Tag, der mit Seminaren und Workshops gefüllt war, morgens das Grußwort und abends das Schlusswort zu sprechen. Wir trafen uns im Flur vor der Haupthalle, als wir beide versuchten, den Weg zu einem bestimmten Raum zu finden. Während wir miteinander weiterliefen, unterhielten wir uns und stellten fest, dass wir etwas ganz Wertvolles gemeinsam hatten: Wir sind beide Mütter eines Sohnes. Sie schon ein bisschen länger als ich – ihr Sohn ist gerade aus der Schule gekommen. Zu dem Zeitpunkt, wenn Sie dieses Buch lesen, wird Christian, so Gott will, zwölf sein.

„Ich wünschte, ich hätte gewusst, was ich jetzt weiß, als mein Sohn zwölf war", sagte sie.

„Was hätten Sie dann anders gemacht?", fragte ich in der Hoffnung, ein paar Tipps zu bekommen.

„Ich hätte der Wahrheit ins Gesicht gesehen", sagte sie. „Ich hätte mich geweigert, in einer Traumwelt zu leben."

Das war mehr, als ich erwartet hatte, und so blieb ich stehen und hörte zu, während sie mir von ihrem Sohn erzählte. Es war eine traurige Geschichte von Drogen- und Alkoholsucht. Sie hatte ihn als Baby adoptiert und hatte keine Ahnung gehabt, dass er eine ausgeprägte Veranlagung zum Suchtverhalten hatte. Als Junge vertraute er sein Leben Jesus an und betete später immer wieder um Befreiung, aber der Kampf ist hart. Er hat immer wieder Therapien gemacht und unablässig mit den Dämonen gekämpft, die ihn quälen.

Ich habe sie gefragt, was ihre größte Herausforderung

oder ihr größter Kummer bei alldem gewesen sei, und ihre Antwort überraschte mich: Sie sagte, das sei gewesen, zu sehen, wie andere in ihrer Gemeinde ihren Sohn behandelten.

„Wenn er einen Gehirntumor oder Krebs gehabt hätte, wären sie gekommen und hätten ihm Essen und Blumen gebracht. Aber es gibt keine Blumen für meinen Jungen. Die Leute verstehen nicht, dass er krank ist. Sie denken, er ist ein Schwächling oder ein Schmarotzer", sagte sie mit Tränen in den Augen.

Alles, wonach sie sich sehnte, waren Gemeinschaft und Verständnis auf diesem schrecklichen Weg, den sie gehen musste. Und doch hat sie gerade zu der Zeit, als sie uns – die Gemeinde – am meisten gebraucht hätte, unseren Trost am wenigsten gespürt.

Ich muss zugeben, dass ich Drogen- oder Alkoholsucht nie so gesehen habe. Es ist leicht, diese Kämpfe in die Schublade „Schwäche" oder „Sünde" einzuordnen, aber die Wahrheit ist: Diejenigen, in deren Gehirn so etwas wie eine Schwachstelle in Sachen Suchtverhalten ist, machen enorme Schmerzen durch, wenn sie versuchen, davon loszukommen. Mit jeder Faser ihres Seins verlangen sie nach dem nächsten Kick, ebenso wie ein Verdurstender in der Wüste nach Wasser verlangt. Und als wäre das nicht schlimm genug, müssen sie auch noch damit fertig werden, von uns abgelehnt und ausgegrenzt zu werden.

Als ich über unser Gespräch nachdachte, begann ich mich zu fragen, wie viel Entfremdung es auch in christlichen Kreisen gibt – wie oft Menschen, wie oft Christen versuchen, anderen ihre Vorstellung von Vollkommenheit aufzuzwingen. Und mir wurde schmerzlich bewusst, dass das wahrscheinlich ziemlich oft geschieht. Es muss ja nicht unbedingt um solch eine Extremsituation gehen wie in diesem Fall. Es kann auch etwas so Einfaches sein wie die Tatsache, dass man sich über einem selbst fremde Formen der Anbetung lustig macht. Es kann sich darauf beziehen, auf was für eine Schule Sie Ihre Kinder schicken oder wie viele Stunden pro Woche sie fernsehen oder Videospiele machen dürfen.

Es ist leicht, andere zu verurteilen, wenn sie ihren Kindern Dinge erlauben, die wir unseren verbieten. Ich will Ihnen ein Beispiel nennen, auf das ich nicht gerade stolz bin.

Nicht vorschnell richten

Barry und ich haben ziemlich strenge Regeln für unseren Sohn aufgestellt, vor allem in Bezug auf die Spiele, die er auf seiner Xbox spielt. Im Jahr 2007 gab es um die Weihnachtszeit ein Spiel, das ziemlich beliebt war, und Christian fragte, ob er es bekommen könne. Barry und ich haben uns ein bisschen im Internet umgesehen, und uns wurde klar, dass das Spiel für Christians Alter nicht geeignet war.

Von da an kam er jeden Tag mit einer immer länger werdenden Liste von Klassenkameraden nach Hause, die das Spiel bekamen. Schließlich sagte ich: „Weißt du, Christian, selbst wenn Billy Graham das Spiel empfehlen würde und man dazu eine Bibel und ein Tattoo mit Johannes 3,16 geschenkt bekäme, würden wir es nicht kaufen."

Er schien zu begreifen, dass ich es ernst meinte, und das Leben ging weiter. Aber in meinem Herzen vollzog sich ein kleiner Wandel. Ich bin recht gut befreundet mit den Müttern von zwei der Jungen auf Christians Liste, und ich stellte fest, wie ich in Gedanken einen Gerichtsverhandlung eröffnete mit mir als selbst ernannter Richterin.

„Also, Melissa, ist es wahr, dass Sie am 23. Dezember 2007 ein Exemplar des Spieles gekauft haben, das ich jetzt als Beweisstück A in der Hand halte?"

„Ja", flüstert sie.

„Lauter, bitte, damit der ganze Saal Sie hören kann."

„Ja", antwortet sie in akzeptabler Lautstärke.

„Und ist es weiterhin wahr, dass dieses Spiel mit der Bewertung ‚M' für ‚Mature Audiences' (jugendliche Spieler, wörtlich: gereifte Spieler) versehen wurde?"[2]

„Ja."

„Als ich Ihren Sohn bei der letzten Geburtstagsfeier meines Sohnes beobachtet habe, wäre ‚gereift' nicht gerade der Begriff, der mir als Erstes einfallen würde, um sein Verhalten zu beschreiben. Ich mag ihn sehr, aber ich erinnere mich daran, wie er sich über die Brüstung des Eishockeyfeldes gelehnt hat und den Spielern zugerufen hat: ‚Wir wollen Blut sehen!'"

Melissa lächelt, und ich frage mich, ob ihr Lächeln mutig oder unverschämt ist.

„Haben Sie irgendetwas zu Ihrer Verteidigung vorzubringen?", frage ich und bereite mich darauf vor, die Geschworenen zur abschließenden Beratung hinauszuschicken.

„Ja. Es ist nicht sein Spiel."

„Aber Sie haben gerade zugegeben, dass Sie es gekauft haben. Wollen Sie Ihre soeben gemachte Aussage zurücknehmen?"

„Nein", sagt sie freundlich. „Aber wir haben das Spiel für seinen Bruder Steve gekauft. Er ist neunzehn."

Autsch!

Zum Glück hat sich dieses kleine Drama nur in meiner Vorstellung abgespielt. Aber was ich interessant finde, ist, dass es sich überhaupt abgespielt hat. Wann habe ich beschlossen, dass es meine Aufgabe ist, anderen vorzuschreiben, wie sie ihr Leben leben sollen und wie ihr Glaube auszusehen hat?

Sie sind nun vielleicht verständnisvoll genug, um mich zu verteidigen und in meinem Verantwortungsbewusstsein zu bestärken, aber was mich interessiert, ist der Geist, der dahintersteckt. Natürlich hat es einen guten Grund, dass es diese Klassifizierungen gibt, und ich werde alles in meiner Macht Stehende tun, um Christian vor dem Müll zu bewahren, den unsere Welt unseren Kindern einflößen will. Aber ich muss mich davor hüten, selbstgerecht zu werden. Es ist so einfach, jemanden im Stillen zu verurteilen und zuzulassen, dass das eine Barriere zwischen uns aufrichtet. Und dem Ganzen dann vielleicht noch dadurch ein religiöses Mäntelchen umzuhängen, dass wir anbieten, für denjenigen zu beten!

„Mach sie fertig, Gott!"

Manchmal brauchen Eltern im Umgang mit diesem Thema viel Fingerspitzengefühl. Natürlich möchte ich nicht, dass Christian den Abend bei einem Freund verbringt, dessen Eltern sie bedenkenlos Horrorfilme wie „Dawn of the Dead" anschauen lassen. Aber es gibt Möglichkeiten, das zu überwachen, ohne die betreffende Familie zu verurteilen. Haben Sie auch schon oft festgestellt, dass Sie sich ein klein wenig von einem Menschen zurückgezogen haben, wenn Sie eine Entscheidung missbilligt haben, die derjenige getroffen hatte?

Jesus beauftragte seine Freunde, in die Welt hinauszu-
gehen und anderen das Evangelium weiterzusagen – nicht,
ihnen ihre Meinung zu sagen! Oft bewirken unsere Worte,
unser Tonfall oder unsere Körpersprache, dass unsere Mitmenschen sich ins Abseits gestellt und verurteilt fühlen. Haben Sie das selbst schon erlebt? Oder sind Sie, wie ich, diejenige gewesen, die anderen dieses Gefühl vermittelt hat?
Hatten Sie den Eindruck, dass Sie im Recht waren mit dem,
was Sie taten?

Es gibt einen Unterschied zwischen Gesetz und Gesetzlichkeit

Über das Gesetz Gottes und die Gnade, die im Widerstreit
mit der Gesetzlichkeit steht, sind viele wunderbare Bücher
geschrieben worden. „Zeit der Gnade" von Charles R.
Swindoll gehört zu den besten Büchern, die ich zu diesem
Thema gelesen habe, und auch das englische Buch „Shame and Grace" von Lewis Smedes[3]. Darum werde ich mich
nicht in alle Einzelheiten dieser heiklen Frage vertiefen. Es
soll genügen, wenn wir uns damit beschäftigen, welche Auswirkungen gesetzliches Denken auf unsere Freiheit in Christus und auf unsere Beziehungen zu anderen Menschen hat.

Wir lesen in seinem Brief an die Gemeinde in Rom von
Paulus den Hilferuf, den alle verstehen dürften, die versuchen, den Vorschriften des Gesetzes zu genügen und dabei kläglich scheitern: „Das Gute, das ich mir vornehme,
tue ich nicht; aber was ich verabscheue, das tue ich … Ich
unglückseliger Mensch! Wer wird mich jemals aus dieser
Gefangenschaft befreien?" (Römer 7,15.24).

Das Interessante dabei ist, dass wir von anderen verlangen, Vorstellungen zu genügen, die wir selbst nicht erfüllen können. Das ist gesetzliches Verhalten, und es ist tödlich. Es ist so einfach, sich auf den Wortlaut des Gesetzes zu berufen und dabei seinen Kern zu verfehlen.

Ich glaube, es besteht ein riesiger Unterschied zwischen dem Gesetz, das Gott seinem Volk gegeben hat, um es zu beschützen, und der Gesetzlichkeit, die solch einen tödlichen Einfluss auf das Leben vieler Christen heute hat. Das Gesetz kommt aus dem Herzen eines liebenden Gottes, der sein Volk bewahren will – und wir werden ihm heute gerecht, wenn wir Gott in einer Haltung liebevollen Gehorsams begegnen und von dem Wunsch beseelt sind, andere Menschen zu ermutigen und ihnen zu helfen. Gesetzlichkeit hingegen entstammt der kalten Sturheit derjenigen, die allen anderen ihre eigenen Maßstäbe aufzwingen wollen.

Die ersten fünf Bücher des Alten Testaments – Genesis, Exodus, Leviticus, Numeri und Deuteronomium – werden zusammenfassend als Pentateuch oder Gesetzbücher bezeichnet. Wenn wir die Gesetze näher anschauen, die Gott seinem Volk gegeben hat, dann zeigt sich, dass sie viel mehr enthalten als bestimmte Regeln; sie zeigen uns das Herz Gottes. Gott stellte den Zehn Geboten einen Satz voran, in dem er noch einmal feststellt, welch eine Beziehung er zu seinen Kindern hat: „Ich bin der Herr, dein Gott; ich habe dich aus der Sklaverei in Ägypten befreit" (2. Mose 20,2).

In 2. Mose 20,3-17 formulierte Gott diese zehn Vorschriften oder Leitlinien sehr klar:

1. Verehre außer mir keine anderen Götter!
2. Fertige dir keinerlei Götzenstatuen an!

3. Missbrauche den Namen des Herrn, deines Gottes, nicht!
4. Achte den Sabbat als einen Tag, der Gott allein geweiht ist!
5. Ehre deinen Vater und deine Mutter!
6. Töte nicht!
7. Brich nicht die Ehe!
8. Stiehl nicht!
9. Sag nichts Unwahres über deinen Mitmenschen!
10. Begehre nicht, was deinem Mitmenschen gehört!

Wenn man sich diese zehn Vorschriften noch einmal (oder zum ersten Mal) genauer ansieht, sollte man meinen, es wäre nicht allzu schwierig gewesen, sie zu befolgen. Denken Sie mal darüber nach: Ehren Sie Gott und setzen Sie ihn an die erste Stelle. Nehmen Sie sich einen Tag frei. Behandeln Sie Ihren Vater und Ihre Mutter mit Respekt. Töten Sie niemanden. Schlafen Sie nicht mit jemandem, der mit jemand anders verheiratet ist. Begehen Sie keinen Ladendiebstahl. Sagen Sie die Wahrheit. Und wenn Ihre Freundin eine schicke neue Handtasche hat, freuen Sie sich für sie! Gott verlangte nicht, dass man jeden Tag zwanzig Stunden Sozialdienst leistete oder vorm Schlafengehen sechs Stunden lang Kirchenlieder sang. Er wollte nur ein paar Dinge, die auf den ersten Blick ganz einfach schienen. Das Tragische ist, dass die Zehn Gebote uns ganz deutlich unsere Unfähigkeit vor Augen führen, Gott aus eigener Kraft zu gehorchen.

Das Volk Israel war einfach nicht dazu imstande. Sie konnten dem Gesetz nicht gehorchen, weil ... *sie Sünder waren*. Fehlbare Menschen. Genau wie wir.

In unserer Zeit der Selbsthilfe-Gurus und Wohlfühlbücher ist es so leicht, vor der Tatsache die Augen zu verschließen, dass wir alle unvollkommene Menschen sind, die immer wieder schuldig werden. Sünder. Als Kinder von Adam und Eva wurden wir in die Sünde hineingeboren ... und unsere Kultur will nichts davon wissen. Schauen Sie sich die Bestseller-Listen an, und Sie finden ein Buch nach dem anderen, das uns einreden will, dass wir die Helden und Lichtgestalten der Welt sind, kleine oder große Götter, und dass unsere Aufgabe einzig und allein darin besteht, das zu erkennen und auszuleben. Das ist eine Lüge des Bösen. Wir werden nicht dadurch frei, dass wir uns selbst zu Gott machen, sondern dadurch, dass wir annehmen, was Gott für uns durch seinen Sohn Jesus Christus getan hat.

Jesus hat uns gesagt, wenn wir ihm nachfolgen, werden wir nicht im Dunkeln umherirren, denn er wird uns sein Licht schenken, um uns zu leiten (Johannes 8,12-14) und Klarheit ins Dunkel zu bringen.

Wenn man die Zehn Gebote auf ihr Grundprinzip reduziert, dann kommt man darauf, dass Gott nur zwei Dinge von uns verlangt: ihn und unsere Mitmenschen zu lieben. Kommt Ihnen das bekannt vor? Erinnern Sie sich daran, wie die Schriftgelehrten und Pharisäer Jesus vorwarfen, er würde das Gesetz übertreten? Sehen Sie mal, was Jesus sagte, als sie versuchten, ihm eine Falle zu stellen:

„Als die Pharisäer hörten, wie Jesus die Sadduzäer zum Schweigen gebracht hatte, dachten sie sich eine neue Frage aus, um ihm eine Falle zu stellen. Ein Schriftgelehrter fragte ihn: ‚Lehrer, welches ist das wichtigste Gebot im Gesetz Gottes?' Jesus antwortete ihm: *‚Du sollst den Herrn, deinen Gott, lieben von ganzem Herzen, mit ganzer Hingabe und* *mit deinem ganzen Verstand!* Das ist das erste und wichtigste Gebot. Ebenso wichtig ist aber das zweite: *Liebe deinen Mitmenschen wie dich selbst!* Alle anderen Gebote und alle Forderungen der Propheten sind in diesen Geboten enthalten'" (Matthäus 22,34-40).

Mit dieser Antwort stellt Jesus den Unterschied zwischen dem Gesetz Gottes und menschlicher Gesetzlichkeit heraus. Die Pharisäer waren gesetzlich und versuchten Gott dadurch zu beeindrucken, dass sie das Gesetz buchstabengetreu befolgten. Aber Jesus gab ihnen die überraschende Antwort, dass Gott ihre Herzen ansah, nicht ihre Regelhefte.

Werfen Sie Ihre Sorgen auf Gott – nicht Ihre Geschwister in eine Schublade!

Gesetzlichkeit erinnert mich an das Kastensystem, das in Indien lange Zeit herrschte und in vielen Gebieten immer noch herrscht, auch wenn es offiziell abgeschafft wurde. (Erst kürzlich habe ich in einer britischen Zeitschrift einen Artikel gelesen, in dem stand, dass sich das Kastensystem in der indischen Bevölkerung Englands derzeit neu herausbildet.) Das Kastensystem ist eine Art sozialer Hierarchie, die die Hindus vor zweitausend Jahren in vier Hauptkategorien einteilte: die Priester, die Krieger, die Kaufleute und die Arbeiter. Unter diesen standen die Unberührbaren – Menschen, die als so wertlos angesehen wurden, dass sie noch nicht einmal zum System gehörten.

Das erscheint Ihnen vielleicht auf den ersten Blick ziemlich extrem, aber ich glaube, solch ein System gibt es auch in der einen oder anderen Gemeinde. Da sind zunächst einmal die an der Spitze – je nach Denomination die Pastoren oder Ältesten. Dann sind da die wohlhabenden Mitglieder, die viel zum finanziellen Wohlergehen der Gemeinde beitragen und entsprechend behandelt werden. Dann haben wir die große Masse der Leute – diejenigen, die schwer arbeiten und ihr Bestes tun, um ihre Kinder daran zu hindern, die Erwachsenen beim Kirchenkaffee umzurennen. Schließlich gibt es noch diejenigen, die auf die Hilfe und Unterstützung der Gemeinde angewiesen sind. Und ganz unten stehen die Unberührbaren – zum Beispiel der Drogensüchtige, dem niemand Blumen oder Essen bringt.

Ich weiß nicht, wieso wir alle dazu tendieren, unsere Mitmenschen in irgendwelche Schubladen zu stecken. Ob es uns das Gefühl gibt, selbst besser dazustehen? Wir scheinen ein angeborenes Bedürfnis zu haben, herauszufinden, wo wir uns selbst innerhalb des „großen Bildes" einordnen können. Aber anstatt uns auf Gottes Prinzip der Liebe und Gnade einzulassen, verwenden wir unser eigenes, menschliches Wertesystem. Ich frage mich, wie viele wunderbare Gelegenheiten wir verpasst haben, Jesus in unseren Mitmenschen zu begegnen, weil wir solch ein verzerrtes Bild der Realität haben.

Der Boden, auf dem wir stehen

Etwas, das sich wie ein roter Faden durch die Menschheitsgeschichte zieht, ist unsere Unfähigkeit, Gottes Maßstäben zu genügen. Und noch ein zweiter roter Faden lässt sich entdecken: unsere Neigung, die Menschen in eine nach unserem eigenen Gutdünken geschaffene Form zu pressen – und so einer toten Religiosität statt der lebendigen Wahrheit gemäß zu leben. Diese Tatsachen würden uns zugrunde richten ... wenn es Jesus nicht gäbe. Mose gab uns das Gesetz Gottes, aber Jesus selbst brachte und verkörperte die Gnade und Wahrheit, die notwendig sind, um uns von uns selbst und dem Zwang zu befreien, einander zu richten: „Denn das Gesetz ist durch Mose gegeben; die Gnade und Wahrheit ist durch Jesus Christus geworden" (Johannes 1,17; Luther).

In der englischen Bibelübersetzung *The Message* hat Eugene Peterson diesen Vers mit spürbar begeisterten Worten wiedergegeben: „Wir alle leben durch seine überschwängliche Großzügigkeit, mit der er uns eine Gabe nach der anderen schenkt. Die Grundlagen haben wir von Mose bekommen; aber dieses grenzenlose Schenken und Empfangen, dieses unendliche Wissen und Verständnis – all dies kam durch Jesus, den Messias."

Der Boden am Fuß des Kreuzes ist eben. Es gibt keine Podien für diejenigen, die meinen, dass sie besonders würdig wären. Es gibt keine Löcher für diejenigen, die das Gefühl haben, nicht dazuzugehören. Es gibt nur eine Möglichkeit, wie wir von dieser toten, verschimmelten Religiosität frei werden können: durch das großartige Geschenk der Gnade, das Gott uns für den Rest unseres Lebens wie frisch gebackenes, duftendes und knuspriges Brot Morgen für Morgen neu zur Verfügung stellt!

Lass los!

1. Gab es in Ihrem Leben Zeiten, zu denen Sie sich von anderen verurteilt fühlten? Worum ging es dabei genau?
2. Was für ein Gefühl gab Ihnen das?
3. Haben Sie selbst schon auf die eine oder andere Weise andere verurteilt?
4. Worin besteht Ihrer Ansicht nach der Unterschied zwischen *verantwortlichem* (dem Gesetz Gottes entsprechenden) und *gesetzlichem* Handeln?

Ein Loslass-Gebet

Himmlischer Vater,
ich komme zu dir in dem mächtigen Namen meines Retters
und Herrn Jesus Christus. Ich bitte dich, mir durch deinen
Heiligen Geist zu zeigen, welche Bereiche meines Lebens
durch Verurteilen und Verdammen Schaden genommen ha-
ben. Hilf mir, diese Wunden in dein Licht zu bringen, damit
du sie heilen kannst.
Wenn ich selbst andere verurteilt habe, dann zeige mir dies
bitte und hilf mir, es in Ordnung zu bringen. Wenn mein
Herz in irgendeinem Bereich verhärtet ist, dann erfülle es
mit deiner Liebe und Gnade. Hilf mir, das schimmlige Brot
der Religiosität loszulassen und stattdessen deine täglich
frische gute Gnade zu ergreifen, die jeden Morgen neu für
mich da ist.
Das bitte ich im Namen Jesu.
Amen.

3
In der Vergangenheit leben

„Bleibt nicht bei der Vergangenheit stehen! Schaut nach vorne, denn ich will etwas Neues tun! Es hat schon begonnen, habt ihr es noch nicht gemerkt? Durch die Wüste will ich eine Straße bauen, Flüsse sollen in der öden Gegend fließen" (Jesaja 34,18-19).

„In Christus können wir unsere Vergangenheit hinter uns lassen und in eine sinnerfüllte Gegenwart und eine atemberaubende Zukunft hineinkommen" (Erwin W. Lutzer).

„Es gibt keine Vergangenheit, die wir durch unsere Sehnsucht zurückholen könnten. Es gibt nur eine ewige Gegenwart, die aus unserer Vergangenheit etwas Neues baut und schafft" (nach Johann Wolfgang von Goethe).

„Der Sinn unserer Schuld besteht darin, uns zu Jesus zu bringen. Sobald wir dort sind, hat sie keinen Sinn mehr. Wenn wir damit fortfahren, uns Vorwürfe zu machen und Schuldgefühle zu hegen, dann werden wir gerade dadurch von Neuem schuldig" (Corrie ten Boom).

„Wer nun mit Jesus Christus verbunden ist, wird von Gott nicht mehr verurteilt. Denn für ihn gilt nicht länger das Gesetz der Sünde und des Todes. Es ist durch ein neues Gesetz aufgehoben, nämlich durch das Gesetz des Geistes Gottes, der durch Jesus Christus das Leben bringt" (Römer 8,1-2).

Sie öffnete das Paket, das am Morgen mit der Post gekommen war; was darin lag, war in mehrere Lagen eines zarten rosafarbenen Papieres gehüllt, die sie nach und nach abwickelte. Schließlich kam das schönste Kleid zum Vorschein, das sie je gesehen hatte. Sie holte es heraus und hielt es in das Sonnenlicht, das durch ihr Schlafzimmerfenster hereinschien.

Das Kleid war wunderbar. Es war weiß, mit feinen Seidenbänder um die Taille, die im Rücken zu einer Schleife gebunden waren. Sie probierte es an, und es saß wie maßgeschneidert. Obwohl sie von Natur aus nicht besonders spontan war oder zu tanzen pflegte, konnte sie nun nicht anders, als ausgelassen durchs Zimmer zu wirbeln. Die Bänder in ihrem Rücken flatterten wie Fahnen im Sommerwind.

Plötzlich entdeckte sie sich selbst im Spiegel. Sie erkannte sich kaum: leicht, frei und beinah wie ein Kind. Sie blieb sofort stehen und zog das Kleid aus. Sie hüllte es wieder in das Papier ein, legte es zurück in den Karton und schob diesen unter ihr Bett. Sie nahm ihr altes graues Kleid vom Stuhl, zog es sich über den Kopf und strich sich das Haar im Spiegel glatt.

„So", sagte sie. „Jetzt ist es wieder so, wie es sein muss."

Das Problem mit der Vergangenheit

Wenn wir so frei leben und lieben wollen, wie Gott es sich für uns gedacht hat, gibt es ein großes Hindernis: unser eigenes Gedächtnis. Wir erinnern uns an all die falschen Entscheidungen, die wir in der Vergangenheit getroffen haben, und fragen uns, wie unser Leben geworden wäre, wenn wir anders gehandelt hätten. Wir blicken zurück auf Situationen, in denen wir schwach waren oder uns noch nicht so gut kannten wie heute, und verurteilen uns dafür, dass wir ... menschlich waren. Wir kreiden uns selbst immer noch Dinge an, die vielleicht noch nicht einmal unsere Schuld waren. Aber es ist schwer sich zu verabschieden – besonders von Denkmustern, die uns viele Jahre lang begleitet haben.

Wenn Sie dann noch die inneren Maßstäbe dazunehmen, nach denen wir unsere Handlungen tagtäglich beurteilen, ist es kein Wunder, dass wir viel zu oft mit einem schwermütigen Herzen leben. Wir machen Fehler, und es fällt uns schwer, uns das zu verzeihen. Wir sind Menschen, aber weil wir Gott und das Gute lieben, wollen wir „es richtig machen".

Wir lesen die Worte von Paulus, der die gläubigen Menschen in Rom daran erinnerte, dass diejenigen, die mit Jesus Christus verbunden sind, von Gott nicht mehr verurteilt werden (Römer 8,1). In unserem Innern kämpfen zwei Realitäten um die Vorherrschaft – die Gnade Gottes auf der einen und unser Wissen um unsere Schwächen und unsere Schuld auf der anderen Seite. Wir wissen, dass wir uns die Gunst Gottes nicht verdienen können, und doch neigen wir dazu, genau das zu versuchen. Wir wissen, wenn Gott uns unsere Schuld vergibt, dann wirft er sie so weit von uns fort, wie der Osten vom Westen entfernt liegt (Psalm 103,12), und doch scheint uns diese Schuld immer wieder den Blick zu trüben – so wie Wolken, die sich vor die Sonne schieben.

Und nicht nur das: Wir werden in unserem Alltagsleben auch von anderen kritisiert und verurteilt. Und dann ist da noch der größte Lügner und Ankläger von allen – der Feind unserer Seele.

Ein altbekanntes Lied

Haben Sie schon einmal innegehalten und ganz bewusst darauf geachtet, welche Sätze in Ihrem Kopf ablaufen? Vielleicht sind Sie schockiert, wenn Sie hören, wie Sie mit sich selbst reden. Womöglich beschimpfen Sie sich mit Ausdrücken, die Sie nicht im Traum zu irgendeinem anderen sagen würden. Letztes Jahr wurde es mir bewusst: Obwohl ich mich in vielerlei Hinsicht verändert habe und gewachsen bin, steckt in mir immer noch ein kleines Mädchen, das, wenn es unter Druck gerät, in alte, vertraute Verhaltensmuster verfällt.

Mein Vater starb, als ich ein kleines Kind war, aber meine Mutter lebt immer noch in derselben kleinen Stadt in Schottland, in der mein Bruder, meine Schwester und ich aufgewachsen sind. Mom war eine ziemlich abenteuerlustige Frau. Sie reiste sehr gern und war bis vor Kurzem mit mir in der ganzen Welt unterwegs. Nun ist sie siebenundsiebzig, und ihr Gesundheitszustand lässt das leider nicht mehr zu. Sie hat eine schwere Osteoporose und hatte mehrere Frakturen der Wirbelsäule. Diese Probleme und die üblichen Beschwerden des Älterwerdens sorgen dafür, dass sie kaum von zu Hause wegkommt. So beschloss ich zum letzten Thanksgiving-Fest, eine kurze Reise nach Hause zu machen, um sie zu besuchen. Barry hatte zu tun, aber Christian hatte eine ganze Woche Ferien, und so machten wir uns gemeinsam auf den Weg zu Grandma.

Der Flug nach London dauerte acht Stunden, und danach flogen wir noch einmal eine Stunde von London nach Glasgow. Als wir schließlich ankamen, waren wir müde, aber sehr froh, da zu sein. Worauf ich mich nicht vorbereitet hatte, war, wie ich damit zurechtkommen würde, gleichzeitig Tochter und Mutter zu sein. Eine Last, die ich aus meiner Kindheit mitschleppe, ist ein falsches Verantwortungsgefühl für das Glück meiner Mutter. Es war nicht sie, die mir diese Bürde auferlegt hat – ich habe das selbst getan. Ich gab mir die Schuld daran, dass mein Vater an den Folgen eines schweren Gehirn-Aneurysmas starb. Als ich vier Jahre alt war, war es zwischen uns zu einer heftigen Machtprobe gekommen, und weil er versucht hatte, mich körperlich massiv zu attackieren, wurde er daraufhin in eine Klinik eingewiesen. Kurz darauf verstarb er.

Nun, da ich erwachsen bin, weiß ich, dass nichts von dem, was geschah, meine Schuld war, aber als Kind litt ich unter enormen Gewissensqualen. Ich war davon überzeugt, dass ich die Schuld daran trug, dass meine Mutter so einsam war und dass wir finanziell so schlecht dastanden. Als ich erwachsen wurde, erlebte ich in vielen Bereichen innere Heilung. Ich habe mit meiner Mutter über meine Gefühle gesprochen, und sie versicherte mir, dass ich für all das, was geschehen war, nicht die geringste Verantwortung trug.

Wie kommt es dann, dass ich diese Dinge immer noch nicht ganz losgeworden bin?

Bei unserem Besuch mietete ich ein Auto, damit ich meine Mutter zu einigen ihrer Lieblingsplätze fahren und mit Christian einiges unternehmen konnte, was ihm Freude machte. Während der nächsten paar Tage fühlte ich mich wie ein Jongleur, der drei Bälle gleichzeitig in der Luft halten musste.

Ich hatte Christian gesagt, dass Grandma nicht mehr so gut hören konnte wie früher und dass er sich darauf einstellen musste. Er versprach mir, sein Bestes zu tun. Bis zum dritten Tag kamen wir gut zurecht. Es war ein wunderschöner Morgen, und so beschlossen wir, die Küste entlangzufahren. Mom saß auf dem Beifahrersitz und Christian hinten. Er hatte noch nie so viele Weiden voller weißer Schafe gesehen und machte mich fortwährend mit lauten Ausrufen darauf aufmerksam. Mom konnte ihn nicht hören, und so erzählte sie mir von all ihren Freunden und von Leuten, die ich aus meiner Kindheit kannte. Christian war zu aufgeregt, um zu bemerken, dass Grandma ebenfalls redete, und so machte er einfach weiter. Während zwei der wichtigsten Menschen in meinem Leben gleichzeitig auf mich einredeten, versuchte ich beiden gleichzeitig zuzuhören und fühlte mich dabei wie einer von diesen automatisch nickenden Wackeldackeln, die die Hutablage mancher Autos zieren. Nachdem wir auf einem Bauernhof zu Mittag gegessen hatten, sagte Mom, dass sie eine neue Batterie für ihr Hörgerät brauchte. Die konnte sie im Krankenhaus am Ort bekommen, und so fuhr ich bis zum Eingang, ließ sie hinaus und fuhr zu dem Park nebenan.

Ich war noch nie in diesem Krankenhaus gewesen, da es erst gebaut wurde, nachdem ich weggezogen war, aber als ich in den Park fuhr, wusste ich sofort, wo ich war. Als ich bei einer bestimmten Stelle ankam, sah ich die alte psychiatrische Klinik, in der mein Vater starb. Ich sah an den Fenstern dieses düsteren Gebäudes hinauf, und dann passierte etwas in meinem Innern. Es war plötzlich alles zu viel.

In meiner Kindheit war dieses Krankenhaus ein purer Albtraum für mich gewesen. Während ich nun dort saß, begannen plötzlich Bilder aus der Vergangenheit wie ein Film in meinem Kopf abzulaufen, und ich sah, wie ich mein Leben lang mit dem Schmerz, den ich damals empfunden hatte, umgegangen war. Nämlich dadurch, dass ich versucht habe, ihn unter einem Berg von „Zeug" zu begraben – indem ich mich entweder mit Essen vollstopfte, mir einen Haufen neuer Kleider zulegte oder drei Filme am Tag ansah. Alles, was mir dabei half, diese Wunden nicht zu spüren.

Vom Teenageralter an bis Anfang dreißig stopfte ich mich jedes Mal, wenn mich die vertraute Traurigkeit erfasste, mit allen Lebensmitteln voll, die ich finden konnte. Ich aß Kuchen und Kekse und Süßigkeiten, bis ich kaum noch laufen konnte. Die Sachen schmeckten mir überhaupt nicht; ich schaufelte sie einfach in mich hinein.

Danach begann immer das Tonband innerer Sätze in meinem Kopf abzulaufen.

„Du Idiotin, warum hast du das getan?"

„Du hättest es besser wissen müssen!"

„Guck dich doch mal an."

„Du macht das immer wieder – mit dir stimmt doch irgendwas nicht!"

Ich hätte mir nie im Leben erlaubt, zu irgendeiner anderen Person so etwas zu sagen, aber mich selbst habe ich jahrelang damit fertiggemacht.

Alte Gewohnheiten

Kommt Ihnen das irgendwie bekannt vor? Es muss ja nicht ums Essen gehen. Es kann alles Mögliche sein – was auch immer in Ihnen ein Gefühl der Scham aufkommen lässt. In solchen Situationen streckt die Vergangenheit nur allzu gern ihre kalte Hand nach Ihnen aus, um Ihnen die Liebe und den Frieden zu rauben, die Ihnen von Gott geschenkt sind. Und unsere Reaktion? Allzu leicht erlauben wir dem Winter der Reue, die Freude des Frühlings und des neu geschenkten Lebens wieder zu ersticken. Ich meine, das ist ein unsichtbarer Kampf, ein geistlicher Kampf, der ebenso heftig tobt wie jene anderen Schlachten, die in Schützengräben oder mit Panzern ausgetragen werden.

Was machen Sie, wenn solche negativen Erinnerungen Sie einholen? Lassen Sie sich von der Vergangenheit überwältigen, oder benutzen Sie die Erinnerung an die Vergangenheit, um sich bewusst zu werden, wie anders Sie heute leben können – und welche Zukunft Sie in Jesus haben? Ich hoffe Letzteres, so schwer das auch manchmal sein mag. Es nützt nichts, sich ständig mit der Vergangenheit zu beschäftigen. Was hilft, ist, von ihr zu lernen und sie dann loszulassen. Die Psychologin und Soziologin Alice Miller hat es gut ausgedrückt: „Die Erfahrung hat uns gelehrt, dass wir nur eine dauerhafte Waffe in unserem Kampf gegen seelische Störungen besitzen: dass wir auf der Gefühlsebene die Wahrheit in der ganz persönlichen und einzigartigen Geschichte unserer Kindheit entdecken und annehmen."[4]

Durch die Gnade Gottes können wir nun sogar nicht nur die Wahrheit bezüglich unserer Vergangenheit akzeptieren, in Christus kann der Schmerz über unsere Wunden und Narben auch geheilt werden. Ich habe das erlebt und in meinem Buch „*Hinter dem Lächeln die Tränen*" darüber geschrieben. Schmerzen zu spüren ist schwer, das ist gar keine Frage. Gleichzeitig erinnern unsere Schmerzen uns auch daran, warum Jesus gelitten hat und gestorben ist. Sie erinnern uns daran, unsere Wunden zu dem verwundeten Heiland zu bringen, der uns versteht und der uns heilen kann. Dann können wir andere trösten, so wie wir selbst getröstet worden sind, und einer Zukunft entgegengehen, die frei von Verletzungen ist. Wir müssen nicht mehr so tun, als hätten wir keine Wunden. Wir können erleben, wie befreiend es ist, wenn wir sie innerlich loslassen und sie nicht länger krampfhaft festhalten. Nach manchem, was ich erlebt habe, kann ich sagen: Das ist wirklich wahr.

Wahr ist auch: Was auch immer zu einem bestimmten Zeitpunkt unseres Lebens geschehen ist, war das, wozu wir zu diesem Zeitpunkt imstande waren. Wir haben nach dem Wissen gehandelt, das wir damals hatten. Und Gott in seiner Allmacht hat uns von dort, wo wir damals standen, dahin gebracht, wo wir heute stehen. Wir waren niemals allein, niemals verlassen.

Gott hielt an jenem Tag übrigens noch eine Über-raschung für mich bereit, als ich an den Ort zurückkehrte, an dem mein Vater starb. Mir wurde dort klar wie nie: Er hatte mich einen weiten Weg geführt – ich war kein vier- oder fünfjähriges Kind mehr, das von einem Albtraum gequält wurde, sondern eine einundfünfzigjährige Frau, geliebt von Gott und getröstet von ihm, dem „Gott der Hoffnung", der unsere Vergangenheit, unsere Gegenwart und unsere Zukunft in seiner Hand hält.

Blicken Sie in die Zukunft!

Wenn ich an die Schuldgefühle zurückdenke, die dazu führten, dass ich mich ohne Sinn und Verstand vollgestopft habe und jahrelang eine Menge überflüssige Pfunde mit mir herumschleppte, dann kann ich heute gut sagen: „Ich hätte das nicht tun sollen." Aber die Wahrheit ist, ich habe es getan. Zu akzeptieren, was *ist*, befähigt uns dazu, unsere Zukunft anders zu gestalten. Ich kann sagen: „Ich sollte schlanker sein", aber die Wahrheit ist, wenn ich weiterhin Essen in mich hineinschaufle, werde ich aller Wahrscheinlichkeit nach dick bleiben. Christian könnte sagen: „Ich hätte bei dieser Arbeit eine bessere Note schreiben sollen." Aber wenn man nicht für eine Arbeit lernt, dann wird sich das in der Note widerspiegeln – an dieser Tatsache ist nun mal nicht zu rütteln.

Worunter Sie leiden, ist vielleicht viel schlimmer als das, was ich beschrieben habe. Vielleicht hat Ihr Vater Sie sexuell missbraucht. Vielleicht ist Ihr Mann Alkoholiker, und gestern ist er wieder betrunken nach Hause gekommen. Vielleicht haben Sie ein riesiges Problem mit einem Ihrer Kinder oder jemand anderem in der Familie. Und Sie können diese Realität nicht ändern. Was wahr ist, ist wahr.

Aber statt uns von dem, was geschieht oder geschehen ist, vernichten zu lassen, schauen wir auch auf die andere Wahrheit: Gottes Nähe. Wir sagen: „Gott, wo warst du?" Und Gott antwortet: *Mein geliebtes Kind, ich war da. Ich habe dich gehalten, auch wenn du meine Arme nicht gesehen hast. Ich habe jede Träne aufgefangen, die du geweint hast. Du warst niemals allein. Ich war da und ich bin da.*

David hat diese Wahrheit in Psalm 139 wunderbar zum Ausdruck gebracht:

„Wie könnte ich mich dir entziehen;
wohin könnte ich fliehen, ohne dass du mich siehst?
Stiege ich in den Himmel hinauf – du bist da!
Wollte ich mich im Totenreich verbergen – auch dort bist du!
Eilte ich dorthin, wo die Sonne aufgeht,
oder versteckte mich im äußersten Westen, wo sie untergeht,
dann würdest du auch dort mich führen und
nicht mehr loslassen.
Wünschte ich mir: ‚Völlige Dunkelheit soll mich umhüllen,
das Licht um mich her soll zur Nacht werden!' –
für dich ist auch das Dunkel nicht finster;
die Nacht scheint so hell wie der Tag
und die Finsternis so strahlend wie das Licht"
(Psalm 139,7-12).

Bitte verstehen Sie mich recht: Ich versuche nicht, Ihr Problem herunterzuspielen! Wonach Sie sich sehnen, ist genau das, wonach sich jeder von uns auf die eine oder andere Weise sehnt. Aber manchmal müssen wir „unseren Frieden machen" mit dem, was war oder was ist, wir müssen es akzeptieren, um loslassen und weitergehen zu können. So viele von uns bringen sich selbst in die Situation, sich wieder und wieder von derselben Person verletzen zu lassen, weil sie sich daran festbeißen, dass die Dinge anders *hätten sein sollen*. Wir klammern uns an unsere Träume davon, wie die Vergangenheit hätte sein können, und das Einzige, was wir dadurch erreichen, ist, dass wir immer und immer wieder verletzt werden. Wir beißen uns fest und kommen nicht los und kommen nicht weiter. Wenn es Ihnen auch so geht, dann möchte ich Sie ermutigen: Lassen Sie Ihre Vergangenheit los – Ihr „Was hätte sein sollen" – und wenden Sie sich Ihrem „Was ist" und Ihrem „Was sein kann" zu. Dem Blick nach vorne. Die Wahrheit ist mächtig. Manchmal bricht sie uns fast das Herz, aber letztendlich wird sie Sie befreien.

Während wir uns mit den schmerzlichen Gewohnheiten unserer Vergangenheit befassen, müssen wir uns eine Tatsache vor Augen halten: Wir haben einen Feind, dessen einziges Ziel es ist, das zu zerstören, was Gott liebt. Und das sind Sie! Dieser Feind ist ein Lügner, und wenn Sie ihn gewähren lassen, wird er Ihr Leben tagtäglich mit seinem Müll überschütten. Davor müssen Sie sich schützen. Wie Petrus in seinem ersten Brief schrieb: „Bleibt besonnen und wachsam! Denn der Teufel, euer Todfeind, läuft wie ein brüllender Löwe um euch herum. Er wartet nur auf ein Opfer, das er verschlingen kann. Stark und fest im Glauben sollt ihr seine Angriffe abwehren" (1. Petrus 5,8-9).

Der Teufel ist ein Dieb, der nichts lieber täte, als Ihnen Ihr Innerstes, Ihre Identität in Christus zu rauben. Lassen Sie das nicht zu. Jesus kam, um Ihnen Leben zu schenken – wirkliches Leben. Aufgrund dessen, was er getan hat, brauchen wir nicht in der Vergangenheit zu leben; wir können heute und alle Tage ganz im Hier und Jetzt leben und uns über ein Leben freuen, das besser ist, als wir es uns je hätten erträumen können (s. Johannes 10,10).

Denken Sie daran, dass auch mit dem Bösen „geschehen wird, was geschehen soll". Der Feind des Lebens ist ein besiegter Feind, der weiß, dass seine Tage gezählt sind:

„Jetzt hörte ich eine gewaltige Stimme im Himmel rufen: ‚Nun hat Gott den Sieg errungen, er hat seine Stärke gezeigt und seine Herrschaft aufgerichtet! Alle Macht liegt in den Händen

seines Sohnes Jesus Christus. Denn der Ankläger ist endgültig
gestürzt, der unsere Brüder und Schwestern Tag und Nacht vor
Gott beschuldigte'" (Offenbarung 12,10).

Wir können Frieden mit der Wahrheit der Vergangenheit
machen. Wir können von der Vergangenheit lernen. Jesus
hat uns dazu berufen, heute und morgen ein freies, von
Sinn erfülltes und leidenschaftliches Leben zu führen.

Lass los!

1. Können Sie die negativen Dinge benennen, die Sie
   manchmal zu sich selbst sagen?
2. Welches sind die Probleme aus der Vergangenheit, die Ihnen heute noch zu schaffen machen?
3. Mit welchen „Hätte-sollen"-Aussagen machen Sie sich
   selbst fertig?
4. Welche Lügen bezüglich Ihrer Vergangenheit flüstert der
   Böse Ihnen ins Ohr?
5. Wie werden Sie der biblischen Wahrheit entsprechend
   auf Satans Lügen über Ihre Vergangenheit reagieren?

Ein Loslass-Gebet

Himmlischer Vater,
ich danke dir, dass du Jesus gesandt hast, um mich von dem
Schmerz der Vergangenheit zu befreien und mir Zukunft
und Hoffnung zu schenken. Hilf mir durch deinen Heili-
gen Geist, dir all meine alten schlechten Gewohnheiten

und Denkmuster zu bringen und sie bei dir zu lassen. Hilf mir, die Lügen des Bösen zu erkennen und sie in deinem Namen zurückzuweisen. Befreie mich von dem Schmerz der Vergangenheit und heile meine Wunden um deines Reiches willen.

Das bitte ich im Namen Jesu.

Amen.

4
... oder lieber nach vorn schauen!

„Dabei ist mir klar, dass ich dies alles noch lange nicht erreicht habe, dass ich noch nicht am Ziel bin. Doch ich setze alles daran, das Ziel zu erreichen, damit der Siegespreis einmal mir gehört, wie ich jetzt schon zu Jesus Christus gehöre. Wie gesagt, meine lieben Brüder und Schwestern, ich weiß genau: Noch habe ich den Preis nicht in der Hand. Aber eins steht fest: Ich will alles vergessen, was hinter mir liegt, und schaue nur noch auf das Ziel vor mir. Mit aller Kraft laufe ich darauf zu, um den Siegespreis zu gewinnen, das Leben in Gottes Herrlichkeit. Denn dazu hat uns Gott durch Jesus Christus berufen" (Philipper 3,12-14).

„Kein Mensch ist je unter der Last des gegenwärtigen Tages zusammengebrochen. Nur wenn er zugleich noch die Bürde der zukünftige Tage trägt, wird die Last so schwer, dass ein Mensch sie nicht mehr tragen kann. Beladen Sie sich selbst niemals so schwer. Und wenn Sie feststellen, dass Sie solch eine schwere Bürde tragen, dann rufen Sie sich zumindest ins Gedächtnis: Das haben Sie sich selbst aufgeladen, nicht Gott. Er bittet Sie darum, ihm die Zukunft zu überlassen und sich um die Gegenwart zu kümmern" (George MacDonald).

„Das ist die wahre Freude im Leben – sich für ein Ziel einzusetzen, das man selbst als wertvoll erkennt. Sich eingesetzt und verausgabt zu haben, bevor man auf den Abfallhaufen geworfen wird. Eine Naturkraft zu sein statt eines selbstsüchtigen Häufchen Elends, das fieberhaft der eigenen Befriedigung nachjagt und sich darüber beschwert, dass die Welt sich nicht mehr Mühe gegeben hat, einen glücklich zu machen" (George Bernard Shaw).

„Denn du hast mir immer geholfen; ich preise dich, unter deinem Schutz bin ich sicher und geborgen. Ich klammere mich an dich, und du hältst mich mit deiner starken Hand" (Psalm 63,8-9).

Der erste Schritt war der schwierigste. Alles sah so fremd und neu aus, und es gab genug, um sie innehalten zu lassen. Sie wusste, was sich innerhalb der vier Wände ihres Cottage befand. Sie konnte ihren Weg im Dunkeln finden, alles war so vertraut. Aber dort draußen ...

Die Einladung war überraschend gekommen. Sie war so persönlich. Ihr Name stand darauf, ganz oben, damit es keinen Zweifel geben konnte, dass sie für sie bestimmt war.

Sie fragte sich, was die anderen sagen würden, wenn sie wussten, dass sie hinaus ins Weite eingeladen worden war. Ein paar würden lachen, da war sie sich sicher. Andere würden sagen, wie lächerlich es wäre, sich auch nur vorzustellen, dass sie so etwas tun könnte. Sie betrachtete ihren rechten Fuß, der zu ihrem Körper gedreht war, als wollte er sagen: „Geh nicht! Wir schaffen es da draußen nicht."

Sie warf einen letzten Blick zurück auf all das, was sie kannte, und trat hinaus. Als die Sonne ihr Gesicht küsste und der Wind ihr Haar erfasste, wusste sie im selben Moment, dass sie nie mehr zurückgehen würde.

Das wunderbarste Märchen von allen

Wenn ich als Kind Märchenfilme anschaute, tat ich das mit sehr kritischem und distanziertem Blick. Und ich hatte dabei das Gefühl, dass ich für diese Art von Unglauben eigentlich noch viel zu jung war. Die meisten kleinen Mädchen denken, wenn sie Disneyfilme sehen oder auf Papas Schoß sitzen und Märchen vorgelesen bekommen, dass diese Geschichten wahr sind. Sie wissen, dass da draußen irgendwo der Ritter auf dem weißen Pferd wartet, und wenn die Zeit gekommen ist, wird er herkommen, den Drachen erschlagen und die hässliche alte Hexe besiegen, die sich danach sehnt, so jung und hübsch zu sein wie sie!

Dann werden sie älter, und vielleicht trübt ihr erster Freund dieses schöne Bild ein wenig. Und die Dinge sind nie mehr so, wie sie einmal waren.

Ich wollte nie gerettet werden. Zumindest habe ich mir das eingeredet. Ich wollte selbst die Retterin sein. Ich weiß heute, dass das Leben mich gelehrt hat, nicht nach einem Retter Ausschau zu halten – es kam keiner, und so tat ich besser daran, selbst für mich zu sorgen.

Ja, und paradoxerweise ist die Situation heute genau umgekehrt. Jetzt, mit über fünfzig Jahren, bin ich diejenige, die glaubt. Ich glaube an die wunderbarste Geschichte von allen – die, wie es sich herausstellt, eine wahre Geschichte ist. Ich glaube, dass ich von dem wunderbarsten Prinzen geliebt und begehrt werde, den es jemals gegeben hat. Ich glaube, dass er mich so sieht, wie ich bin, und mich ohne Wenn und Aber liebt und annimmt. Ich glaube jetzt, dass es, wie mein Freund Max Lucado sagt, keinen Augenblick in meinem Leben gab, in dem ich nicht geliebt wurde.

Nein, das ist nicht eine Art weiblicher Midlife-Crisis. Ich denke, ich verfüge über einen gesunden Realismus und weiß, was in der Welt los ist. Ich glaube nicht, dass ich, weil ich Jesus liebe, von Schmerz und Kummer verschont bleibe. Ich glaube nicht, dass all meine Gebete so beantwortet werden, wie ich mir das wünschen würde. Ich weiß, dass ich mich mehr bewegen sollte, aber jetzt mit zweiundfünfzig ist es vermutlich ein bisschen spät, damit anzufangen, und ehrlich gesagt fehlt mir die Motivation dazu, jetzt „in die beste Form meines Lebens" zu kommen. Na und? Ich bin felsenfest davon überzeugt, dass Gott mein Leben in seiner Hand hält und dass er über mich wacht. Gibt es immer noch Momente, in denen ich zweifle? Sicher. Aber die Stimme, die in diesen Momenten auf mich einredet, klingt längst nicht mehr so überzeugend wie früher.

Jetzt ist die Frage ... wie steht es mit Ihnen?

Mit Jesus als Gutem Hirten war ich imstande, die Wahrheit über meine Vergangenheit nicht nur hinzunehmen, sondern von ganzem Herzen anzunehmen. Und zu wissen: Ich bin innerlich frei. Sie können dasselbe tun. Sie *verdienen* dasselbe. Jeder schmerzhafte Schritt auf unseren verschiedenen Lebensreisen hat uns ein Stück näher dorthin gebracht, wo wir heute stehen, und ich will das dankbar anerkennen.

Falls Sie versucht sind, in den Spiegel zu schauen, um sich über Ihre Chancen als Prinzessin oder Schönheitskönigin klar zu werden (mit anderen Worten, wenn Sie versuchen, das Ganze von einem körperlichen statt von einem geistig-geistlichen Standpunkt aus zu sehen), dann möchte ich hier eine Warnung anfügen. Ich habe eine Theorie über unseren irdischen Körper. Ich kann Ihnen absolut keine Bibelstelle nennen, um sie zu begründen, aber ich will sie Ihnen trotzdem mitteilen, und Sie können damit machen, was Sie wollen. Ich habe den Eindruck: Wie wir uns selbst sehen, das entscheidet darüber, wie viel wir uns hinsichtlich unserer geistlichen Reise zutrauen. Wenn wir uns für „weniger wertvoll" halten als jede andere Frau, dann werden wir „mit angezogener Handbremse" leben und nicht in die Fülle hineinkommen, die Jesus uns durch seinen Tod am Kreuz erworben hat. Wenn wir begreifen, dass wir äußerlich auf mancherlei Weise die Gebrochenheit einer gefallenen Welt widerspiegeln, aber innerlich Tag für Tag Gnade erleben, dass wir tatsächlich errettet und erlöst werden, dann kann das alles verändern.

Ich glaube, wir alle leben in einer Art Verkleidung. Wie auch immer wir im Moment aussehen, in Gottes Augen sehen wir immer noch aus wie Töchter Evas. Ich glaube, es ist völlig egal, ob Sie Größe 36 oder Größe 48 tragen, ob Sie blond oder grauhaarig sind, groß oder klein, ob Ihre Haut makellos aussieht oder nicht. Ich glaube, unsere Körper sind nur ein sichtbarer Ausdruck der Tatsache, dass wir in einer gefallenen Welt leben. Ich glaube auch, dass sie uns viel darüber lehren, wer wir sind und was wir wert sind.

Wenn Sie eine Frau sehen, die extrem übergewichtig ist, verurteilen Sie sie dann? Wenn Sie eine sehen, die nur aus Haut und Knochen zu bestehen scheint … was sagen Sie dann im Stillen? Betrachten Sie die Frisur, die Kleidung oder irgendwelche anderen äußeren Merkmale Ihrer Mitmenschen mit kritischen Augen? Verfahren Sie so auch mit sich selbst? Vielleicht könnte stattdessen – bis wir alle in unser ewiges Zuhause kommen und so wahrgenommen werden, wie wir wirklich sind – jede äußerliche Unvollkommenheit unser Mitgefühl und unseren Beschützerinstinkt wecken? Unsere Gebrochenheit zeigt sich auf verschiedene Weise. Bei manchen von uns wird sie an unserem Körper sichtbar. Aber … was äußerlich zu sehen ist, hat wenig Bedeutung –

Gott kommt es auf unser Herz an. Gott will nicht, dass wir unser Leben damit zubringen, in den Rückspiegel zu blicken oder uns auf das zu fixieren, was im Moment wahr zu sein scheint – er will, dass wir voller Glauben in die Zukunft schauen.

Ich weiß nicht, wo Sie auf Ihrem geistlichen Weg gerade stehen. Ich weiß nicht, ob Sie in Ihrem Leben an einem Punkt angekommen sind, wo Sie ehrlich sagen können, dass Sie Gott vertrauen, oder ob Ihnen das zu riskant erscheint. Vielleicht haben Sie das Gefühl, das Bild, das ich von Gottes Liebe gezeichnet habe, sei zu schön, um wahr zu sein. Wenn das so ist, dann lassen Sie mich Ihnen versichern, dass das kein Märchen ist. Fragen Sie Hagar.

Nicht gerade zur Prinzessin prädestiniert

Die Geschichte von Hagar steht im 1. Buch Mose, Kapitel 16 bis 21. Hagar war eine Frau, die kein eigenes Zuhause und keine Rechte hatte. Sogar ihr Name bedeutete „Flüchtling". Es wird allgemein davon ausgegangen, dass Hagar eine Sklavin war, die Abraham und Sara während ihres Aufenthaltes in Ägypten zu sich nahmen. Hagars Aufgabe bestand darin, das zu tun, was Sara von ihr verlangte, und die Autorität ihrer Herrin niemals infrage zu stellen, wie unerhört ihre Forderungen auch sein mochten.

Vielleicht erinnern Sie sich daran, dass Gott Abraham versprochen hatte, er werde einmal so viele Nachkommen haben, dass sie unzählbar sein würden wie der Staub der Erde (1. Mose 13,16). Aber als die Zeit verging und keine Kinder kamen, beschloss Sara, die Sache selbst in die Hand

zu nehmen. Es schien ihr unmöglich, dass sie in ihrem fort-
geschrittenen Alter noch ein Kind empfangen könnte. Darum befahl sie Hagar, ihrer Sklavin, mit ihrem Mann zu
schlafen.

Von unserem heutigen westlichen Standpunkt aus betrachtet war dieser Plan nicht nur unmoralisch, sondern
auch furchtbar töricht, aber zum damaligen Zeitpunkt war
solch ein Vorhaben durchaus gestattet. Bevor Gott Mose
die Zehn Gebote gab, richteten sich die Menschen nach den
Gesetzen, die damals galten. Dazu gehörte beispielsweise
der „Codex Hammurapi", der folgenden Artikel enthält:

> „Wenn ein Mann eine Frau nimmt und diese ihrem Mann eine
> Sklavin zur Frau gibt und sie ihm Kinder gebärt und deshalb
> annimmt, sie sei der Ehefrau gleichgestellt: Weil sie ihm Kin-
> der geboren hat, darf ihr Herr sie nicht verkaufen. Er mag sie
> als Sklavin behalten, sie soll zu seinen Sklavinnen gezählt wer-
> den."

Hagar hatte keine Wahl. Sie schlief mit Abraham und wurde schwanger. Obwohl Sara das selbst vorgeschlagen hatte,
litt sie furchtbar darunter, zu sehen, dass diese jüngere Frau
von ihrem Mann schwanger geworden war. Zudem behielt
Hagar ihre Freude auch nicht für sich und streute dadurch
noch Salz in Saras Wunden.

1. Mose 16 ist ein kurzes Kapitel, aber es ist sehr traurig.
Es erzählt, wie Sara nicht darauf warten wollte, dass Gottes vollkommener Plan sich erfüllte, und so den Grundstein
zur bittersten Rivalität der Geschichte legte – dem Konflikt
zwischen Arabern und Juden, der heute noch unsere Welt
zerreißt.

Das Kapitel berichtet auch von Hagars Elend, als sie,

schwanger und einsam, in die Wüste floh. Das liest sich nicht gerade wie ein Märchen. Aber die Geschichte endet dort nicht. Als Hagar allein in der Wildnis umherirrte, erschien ihr ein Engel Gottes. Er befahl ihr, zu Sara zurückzukehren und alles zu ertragen, was ihre eifersüchtige Herrin ihr zufügen würde. Der Engel versprach Hagar, dass ihr Sohn der Anführer eines großen Volkes werden würde. Hagar gab Gott den Namen *El Roi* – das bedeutet: „Der Gott, der mich sieht."

Wenn Sie die ersten fünfzehn Kapitel im 1. Buch Mose mit Hagars Geschichte vergleichen, werden Sie feststellen, wie persönlich die Begegnung zwischen Hagar und Gottes Boten verläuft. Dass Hagar, eine Sklavin, den allmächtigen Schöpfer „Gott, der mich sieht" nennen kann, ist beeindruckend. Und: Dies ist das erste Mal in der Bibel, dass Gott bei einem so persönlichen Namen genannt wird.

Hagar ging zurück zu Abraham und Sara und brachte Ismael zur Welt. Finden Sie es nicht interessant, dass sie genau das tat, was der Engel gesagt hatte? Ich glaube, wenn wir wissen, dass Gott mit uns ist, können wir fast alles ertragen. Nur wenn wir das Gefühl haben, allein zu sein, verlieren wir die Hoffnung.

Es sollten weitere vierzehn Jahre vergehen, bevor Sara schwanger wurde und Isaak zur Welt kam. Ich kann mir kaum vorstellen, wie groß die Spannung war, die Hagar und Sara während dieser vierzehn Jahre ertragen mussten. Aber ich bin sicher, dass Hagar sich in dieser Zeit an der Tatsache festgehalten hat, dass Gott sie genügend liebte, um ihr nachzugehen, als sie zerbrochen und allein war, und ihr einen Weg zurück nach Hause zu bahnen, an einen Ort, wo sie ihren Sohn bekommen und großziehen konnte.

Sie wissen, dass die Geschichte hier noch nicht zu Ende ist. Als Abraham hundert Jahre alt wurde, brachte Sara Isaak zur Welt. Nun, da sie endlich Mutter war, wollte Sara ihre Sklavin und deren „uneheliches" Kind nicht länger unter ihrem Dach dulden. Also erhielten Hagar und Ismael Brot und einen Wasserschlauch als Proviant und wurden wieder in die Wüste geschickt (1. Mose 21). Sie irrten umher, bis ihr Essen und ihr Wasser aufgebraucht waren und sie nahe daran waren zu sterben. Ismael war so schwach, dass Hagar ihn unter einen Busch legte und auf seinen Tod wartete. Sie ging ein Stück von ihm weg, setzte sich hin und weinte die bittersten Tränen, die eine Mutter vergießen kann – die Tränen über den bevorstehenden Tod ihres einzigen Kindes.

Die Bibel berichtet uns, dass Gott das Weinen des Jungen hörte und einen Engel zu Hagar schickte. Er befal ihr, den Jungen aufzuheben und bei der Hand zu nehmen, denn Gottes Versprechen wurden nicht durch menschliche Umstände außer Kraft gesetzt. Dann ließ Gott sie einen Brunnen sehen. Hagar und Ismael hatten frisches Wasser, und sie waren gerettet.

Ich weiß nicht, ob Sie sich für Kunst begeistern, aber im *Metropolitan Museum of Art* in New York hängt ein wunderschönes Ölgemälde des französischen Malers Jean-Baptiste-Camille Corot, das den Titel „Hagar in der Wüste" hat. Wenn Sie im Internet den Namen des Gemäldes in Ihre Suchmaschine eingeben, können Sie diese großartige Darstellung von Gottes Fürsorge für eine Mutter und ihren Sohn betrachten. Auf dem Bild liegt der Junge wie tot zu den Füßen seiner Mutter. Mit der einen Hand hat sie ihre Augen bedeckt, und die andere hat sie verzweifelt erhoben. Das Werk strahlt so tiefe Gefühle aus! Wenn ich es anschaue, spüre ich Hagars Schmerz und ihre Hoffnungslosigkeit. Sie hat keinen Ort, wo sie hingehen kann, und sie kann es nicht ertragen, ihren geliebten Sohn sterben zu sehen. Aber wir sehen in der linken oberen Ecke des Bildes etwas, das Hagar in diesem Moment noch nicht wahrnimmt – ein Engel des Herrn ist auf dem Weg, Mutter und Sohn zu retten.

Barmherzigkeit

Was ich an Hagars Geschichte besonders liebe, ist die Barmherzigkeit, die Gott ihr erwiesen hat. Die Vergangenheit war so, wie sie war, aber Gott schenkte ihr eine Zukunft. Für alle anderen um sie herum war Hagar ein Niemand, aber nicht für Gott.

Wenn Sie eine Frau sind, die sich vergessen fühlt, dann bete ich, dass Hagars Geschichte Ihnen hilft zu erkennen, dass Gott Sie niemals vergisst. Als Hagar in die Wüste floh, schnitt sie sich gewissermaßen von der einzigen Hilfe oder Hoffnung ab, die es damals für eine Sklavin gab. Für Abraham und Sara ging das Leben weiter. Es wurde keine Suchmannschaft ausgeschickt, um die junge Frau zu finden. Ihrer Umwelt lag nichts daran, ob sie starb – aber der Himmel hatte sie nicht vergessen. Der Gott, der sieht, hatte seine Augen niemals von Hagar abgewendet.

Und er wendet seine Augen niemals von Ihnen ab.

Die Bibel ist voller Geschichten von Frauen, die Gott begegnet sind und danach nie mehr dieselben waren. Ob es Ruth war, die Gott dadurch fand, dass sie ihre Schwiegermutter ehren wollte, oder Rahab, die der Bibel zufolge eine Hure war, aber den Gott Israels als den wahren Gott erkannte, Gott schenkte ihnen eine Zukunft. Und nicht nur das – Ruth brachte Obed zur Welt, den Vater von Jesse, der später der Vater von König David wurde. Diese beiden Frauen, Rahab und Ruth, werden bei der Aufzählung der Vorfahren Jesu im Matthäusevangelium erwähnt (Matthäus 1,5). Sie hatten wirklich eine beeindruckende Zukunft!

In seinem Buch „Every Woman of the Bible" schrieb Dr. Herbert Lockyer, einige Theologen würden behaupten, die Rahab, die unter den Vorfahren Jesu genannt wird, könne nicht die Hure gewesen sein, von der im Buch Josua berichtet wird. Sie fänden die Vorstellung, dass solch eine Frau etwas mit dem Sohn Gottes zu tun haben könnte, zu abstoßend. Er schrieb: „Auch wenn manche Menschen das nicht mit ihrer Vorstellung von Schicklichkeit vereinbaren können, bleibt die Tatsache bestehen, dass Rahab, Tamar und Batseba sündige Frauen waren, die von Gott gereinigt wurden und Teil der königlichen Blutlinie waren, aus der Jesus hervorging."

Mit anderen Worten: Gott vergab ihre Vergangenheit und segnete ihre Zukunft.

Wie viel Lebenszeit haben Sie damit verbracht, in den Rückspiegel zu schauen? Vielleicht hatten Sie eine unglückliche Kindheit und haben sich zeitlebens gewünscht, die Dinge wären anders gelaufen. Vielleicht hatten Sie eine unberechenbare Mutter oder einen gleichgültigen Vater, und Sie sind immer noch tief verletzt. Stecken Sie in der „Es-hätte-anders-sein-sollen"-Falle fest? Wenn das so ist, kann ich das zutiefst nachempfinden.

Wir alle sehnen uns nach der Gewissheit, geliebt und wertgeschätzt zu sein. Die Tatsache bleibt jedoch bestehen, dass niemand auf diesem Planeten völlig heil und vollkommen ist, und darum kann auch niemand ein perfektes Leben führen. Wenn wir zu viel Zeit damit verbringen, in den Rückspiegel zu schauen, geraten wir in Gefahr, einen Unfall zu provozieren.

Vielleicht ist es für Sie heute an der Zeit, loszulassen, was Sie sich gewünscht hätten, und zu akzeptieren, wie die Dinge wirklich waren. Wie schwierig das Leben auch gewesen ist, Gott hat jeden von uns an einem einzigartigen Ort und zu einer einzigartigen Zeit geboren werden lassen. Manchmal geht es uns wie Hagar und unsere Situation scheint trostlos. Aber ich bin dabei zu lernen, darauf zu vertrauen, dass Gott weiß, was er tut. Wenn es um mich herum trocken wird, muss ich nur eins tun – seinen Namen anrufen. Dann wird er mich erfrischen und mir Kraft schenken für den nächsten Abschnitt meiner Lebensreise.

Lass los!

1. Welche Ereignisse oder Enttäuschungen in Ihrer Vergangenheit hindern Sie in Ihrer Entwicklung?
2. Welcher Aspekt der Geschichte Hagars hat Sie besonders angesprochen?
3. Glauben Sie, dass Gott allezeit über Sie wacht? Wenn nicht, warum nicht?
4. Welches Ereignis oder welchen Umstand aus Ihrer Vergangenheit sind Sie bereit loszulassen, damit Sie vorangehen können?

Ein Loslass-Gebet

Himmlischer Vater,
wenn ich auf meine Vergangenheit zurückblicke, dann gibt
es dort vieles, was ich nicht völlig verstehe. Aber ich danke
dir dafür, dass du über mich gewacht hast, auch wenn ich
deine Hand nicht sehen konnte. Bitte schenke mir heute ge-
öffnete Augen, damit ich dich sehe, und geöffnete Ohren,
damit ich deine Stimme höre. Zeige mir, was ich loslassen
muss, damit ich mit dir vorangehen kann.
Das bitte ich im Namen Jesu.
Amen.

5
Die Falle der Unversöhnlichkeit

„Wer Barmherzigkeit verlangt und selbst keine Barmherzigkeit erweist, bricht die Brücke ab, über die er gehen muss" (Thomas Adams).

„Ein Leben ohne Vergebung ist ein Gefängnis" (William Arthur Ward).

„Der erfolgreichste Schachzug Satans in Kirchen und christlichen Organisationen besteht darin, die Menschen gegeneinander aufzubringen. Er sorgt dafür, dass wir unsere Brüder und Schwestern angreifen und verletzen und so den Leib Christi spalten" (Dr. James Dobson).

„Unser Vater im Himmel! Dein Name werde geheiligt. Dein Reich komme. Dein Wille geschehe wie im Himmel so auf Erden. Unser tägliches Brot gib uns heute. Und vergib uns unsere Schuld, wie auch wir vergeben unsern Schuldigern. Und führe uns nicht in Versuchung, sondern erlöse uns von dem Bösen" (Matthäus 6,9-13; Luther).

Sie legte Mara immer erst spät am Abend hin. Sie legte sie vorsichtig neben ihr Bett, wo sie sie noch sehen konnte. Früher hatte sie sich immer hingekniet und gebetet, bevor sie ins Bett ging. Aber Mara nahm viel Raum ein und lenkte sie ab, und so hatte sie vor einiger Zeit damit aufgehört. Außerdem konnte sie ja mit Mara reden.

Meist schlief sie bis zum Morgen durch, aber in manchen Nächten fand sie keine Ruhe, und dann hob sie Mara hoch und nahm sie in die Arme. Mara mochte es, immer wieder dieselbe Geschichte zu hören. Es war „ihre" Geschichte. Sie hatte sie auch anderen erzählt, aber nach einiger Zeit hatte sie gemerkt, dass die Leute genug davon bekamen. Sie und Mara bekamen nie genug davon.

Irgendjemand hatte sogar gemeint, es wäre Zeit, dass sie Mara loswürde und ihr Leben weiterführte. Sie war entsetzt gewesen, denn Mara *war* ihr Leben. Wenn sie Mara endgültig loswürde, was bliebe ihr dann noch?

Sie fand es interessant zu sehen, wie ihr Leben mit Mara ihr Spiegelbild verändert hatte. Es schien, als hätte das ständige Herumschleppen Maras ihre Schultern gekrümmt. Dass sie einander immer wieder ihre Geschichte erzählten, hatte Spuren um ihre Augen und ihre Mundwinkel hinterlassen. Es schien ihr nur allzu angebracht, dass die innerliche Zerstörung auch äußerlich sichtbar war. Die Leute wollten vielleicht ihre Geschichte nicht hören, aber sie mussten ihr Gesicht sehen.

Bevor sie die Lampe ausknipste, warf sie noch einmal einen Blick auf den Vers, den sie vorn in ihre Bibel geschrieben hatte:

„‚Nennt mich nicht länger Noomi', erwiderte sie, ‚nennt mich Mara, denn Gott, der Allmächtige, hat mir ein schweres Schicksal auferlegt'" (Rut 1,20).

Tief verwurzelte Unversöhnlichkeit

An meinen ersten Tag im Gymnasium erinnere ich mich mit einer Klarheit, die mich heute noch schaudern lässt. Als ich an jenem Morgen aufwachte, war ich aufgeregt und ein wenig nervös, weil ich nun in die „große Schule" gehen würde. Meine nagelneue Schuluniform hing über dem Schlafzimmerstuhl – marineblauer Blazer, grauer Rock, weiße Bluse und blau-gold-gestreifte Krawatte. Andächtig legte ich ein Kleidungsstück nach dem anderen an und betrachtete mein neues Ich im Spiegel. Mir gefiel, wie ich aussah.

Nach einem schnellen Frühstück begab ich mich zur Bushaltestelle. Meine Grundschule hatte ich zu Fuß erreichen können, aber das Gymnasium war ein paar Meilen entfernt, und so musste ich zum ersten Mal mit dem Schulbus fahren. Während ich auf einem der breiten Sitze saß und dem Geplapper der anderen Schüler lauschte, sah ich zum fünften Mal alles durch, was sich in meinem Ranzen befand. Mein Federmäppchen mit den frisch gespitzten Stiften und dem neuen Radiergummi und meine Hefte, die ich alle sorgfältig mit meinem Namen beschriftet hatte. Ich hatte einen Snack dabei, falls ich Hunger bekam, und hatte auch ein bisschen Taschengeld für den Schulkiosk gespart (falls der Snack nicht reichen sollte!). Das Abenteuer konnte beginnen.

Aber bevor der Bus an der Schule ankam, begannen Regentropfen an die Fensterscheiben zu prasseln. Ich war enttäuscht – ich wollte nicht, dass mein neuer Blazer nass wurde. (Wenn es in Schottland regnet, ist das nie ein milder Nieselregen, es ist jedes Mal eine Art Wolkenbruch.) Ich würde zur Schule rennen müssen, wenn der Bus ankam.

Schließlich hielt der Bus, und wir Schüler drängten hinaus, die Ranzen über unsere Köpfe haltend. Mit gesenktem Kopf rannte ich so schnell ich konnte vorwärts und versuchte dabei, meine „vernünftigen" schwarzen Schnürschuhe und weißen Strümpfe nicht zu beschmutzen. Ich konnte nicht recht mit der Gruppe mithalten und begann den Beinen vor mir zu folgen. Wir erreichten die Tür und rannten ins Schulgebäude.

Aber als ich den Ranzen vom Kopf nahm und mich umschaute, packte mich lähmendes Entsetzen. Ich war von *grünen* Blazern umgeben – nicht ein einziger blauer war zu sehen. Unsere Schule stand neben der katholischen Schule, und ich war offensichtlich den falschen Beinen gefolgt!

Wenn Sie in Amerika oder Deutschland geboren sind, fällt es Ihnen vielleicht schwer zu begreifen, warum dieser Vorfall so schockierend war. Aber in Schottland und Irland gab es – vor allem zur damaligen Zeit – einen enormen Hass zwischen Protestanten und Katholiken. Wir besuchten unterschiedliche Schulen und lebten in streng voneinander getrennten Wohnvierteln.

Bei den blutigen Auseinandersetzungen, die Mitte der Sechzigerjahre in Nordirland ausbrachen, handelte es sich im Wesentlichen um ein Wiederaufleben des Hasses, der seit dem siebzehnten Jahrhundert zwischen Protestanten und Katholiken geschwelt hatte. Zu Beginn der Siebzigerjahre rückten britische Truppen ein, die den Auftrag hatten, den Frieden zu erhalten, aber die Gewalt eskalierte dadurch erst recht. Eine meiner lebhaftesten Erinnerungen aus jener Zeit ist, dass ich eines Abends in den Nachrichten sah, wie kleine Kinder Soldaten mit Steinen bewarfen. Die Kinder waren höchstens sechs oder sieben Jahre alt, aber ihre

Mienen ließen einem das Blut in den Adern gefrieren. Ein Reporter hielt einem der Mädchen ein Mikrofon hin und fragte, warum sie die Soldaten mit Steinen bewarf.

„Weil ich sie hasse", sagte sie.

Der Reporter fragte, warum.

„Weil meine Mami es mir gesagt hat."

Hass und Bitterkeit sind ansteckend. Denken Sie an die zahllosen Länder, die bis heute mit sozialen Unruhen zu kämpfen haben, sei es aus religiösen oder anderen Gründen. Denken Sie an die Spannungen, die heute noch in Amerika zwischen den Menschen unterschiedlicher Hautfarbe bestehen. Das Problem mit dieser Art von tief verwurzelter Bitterkeit ist, dass kein Ausmaß an Vergeltung jemals genügt. Auf jeden Schlag, der der einen Seite zugefügt wird, reagiert diese mit einem neuen, und der Kreislauf geht weiter. Es ist nie genug Blut vergossen worden, um die Bitterkeit wegzuspülen.

Aber wie zerstörerisch Unversöhnlichkeit auf einer nationalen oder Stammesebene auch ist, für einen Einzelnen ist sie tödlich.

Zorn, die Ursache vieler Schmerzen

Vom ersten Buch Mose bis zur Offenbarung zieht sich die Vergebung als Schlüssel zum Loslassen und zur Befreiung wie ein roter Faden durch die Bibel. Wenn wir unfähig sind oder uns weigern zu vergeben, werden wir zu Gefangenen des vergangenen Schmerzes. Wir binden uns sozusagen an ihn, wenn wir ihn nicht loslassen. Ebenso wie bei der Frau im oben erzählten Gleichnis kann Bitterkeit unsere Seele vergiften und unser Leben zerstören. Wir können uns so sehr in sie hineinsteigern, dass sie förmlich zu einem Teil unseres Wesens wird.

Bitterkeit beeinträchtigt jedoch nicht nur unser seelisches und geistliches Wohlbefinden, sie hat auch Auswirkungen auf unsere Gesundheit. Manchmal scheint es, als würden der Zorn und die Unversöhnlichkeit, die wir in uns tragen, uns auch körperlich niederdrücken und uns auf vielfältige Weise schaden – bis hin zu körperlicher Krankheit. Ärzte wissen das. In der Zeitschrift *Archives of Internal Medicine* stellten die Herausgeber in der Ausgabe vom 27. Oktober 1997 Ärzten die Frage: „Welche Charaktereigenschaft verursacht körperliche Krankheit?" Die Antwort der Ärzte lautete: Wut.[5]

Das ist keine neue Entdeckung. In der Thora und anderen jüdischen Schriften wird die Gallenblase als Sitz aller Krankheiten betrachtet. Das hebräische Wort für Gallenblase lautet *marah* – „bitter". Das Wort *marah* ist auch in dem Zahlwort *machalah* enthalten – „dreiundachtzig". Die jüdische Kultur glaubt, die Quelle der dreiundachtzig Krankheiten, unter denen (ihrer Einteilung zufolge) die Menschheit leidet, sei die Gallenblase, die zu viel Gallenflüssigkeit produziere, wenn sie durch unverarbeitete Wut und Bitterkeit gestresst wird. Denken Sie einmal an das letzte Mal, als Sie wütend waren und Ihr Magen wie zugeschnürt war – dann wissen Sie, was gemeint ist.

Die Bibel ist voller Geschichten von Menschen, deren Leben durch Wut und Bitterkeit ruiniert wurde, sowohl in seelischer als auch in körperlicher Hinsicht. Wenn wir uns beispielsweise die allererste Familie anschauen, sehen wir schon, welch eine Zerstörung ein tief verwurzelter Groll anrichten kann. Er kostete einen Menschen das Leben und spaltete eine ganze Familie.

Eva brachte zwei Söhne zur Welt, Kain und Abel. Und wie in den meisten Familien unterschieden sich die Kinder in ihren Begabungen und ihrem Charakter.

> „Abel wurde ein Hirte, Kain ein Bauer. Die beiden wuchsen heran. Zur Zeit der Ernte opferte Kain dem Herrn von dem Ertrag seines Feldes. Abel schlachtete eines von den ersten Lämmern seiner Herde und brachte die besten Fleischstücke dem Herrn als Opfer dar. Abels Opfer nahm der Herr an, das von Kain aber nicht. Darüber wurde Kain zornig und starrte mit finsterer Miene vor sich hin. ‚Warum bist du so zornig und blickst so grimmig zu Boden?‘, fragte ihn der Herr. ‚Wenn du Gutes im Sinn hast, kannst du doch jedem offen ins Gesicht sehen. Wenn du jedoch Böses planst, dann lauert die Sünde dir auf. Sie will dich zu Fall bringen, du aber beherrsche sie!‘“ (1. Mose 4,2-7).

Gott warnte Kain davor, was unbewältigter Groll anrichten kann, aber Kain ignorierte die Warnung: „Kain ... fiel ... über Abel her und schlug ihn tot" (Vers 8).

Diese Art von Wut entsteht nicht von einem Moment zum nächsten. Sie beginnt mit kleinen Dingen, die unbeachtet bleiben. Ich frage mich, wie viele solcher Momente es in Kains Kindheit gab. Vielleicht hatte er das Gefühl, dass Eva seinen Bruder vorzog oder dass Adam Abel einmal ein schöneres Geschenk gemacht hatte als ihm. Kains Wut wuchs, bis er sie nicht länger beherrschen konnte. Und er beging eine Kurzschlusshandlung, die von einem Augenblick zum anderen das Leben von vier Menschen veränderte.

Wenn sich so viel Gift angesammelt hat, muss es irgendwohin. Bevor Jesus sich selbst auf Golgatha opferte, musste irgendjemand den Preis bezahlen. In diesem Fall zahlte ihn Abel. Und Kain ebenfalls. Wenn Kain schlicht und einfach imstande gewesen wäre, seine Gefühle loszulassen, statt zuzulassen, dass sie wer weiß wie lange an ihm nagten, hätte sein Bruder nicht sterben müssen, und Kain selbst hätte vielleicht ein erfülltes Leben gehabt. Stattdessen wurde er verbannt (1. Mose 4,11-16). Ich frage mich, ob er das Gefühl hatte, dass seine Unversöhnlichkeit ihren Preis wert war.

Warum ist es so schwer zu vergeben?

„Aber Sheila", fragen Sie mich nun vielleicht, „wenn es für Christen so wichtig ist zu vergeben, warum ist es dann so schwer?" Sie sind nicht die Einzige, die so fragt. Ich habe viele ähnliche Reaktionen von anderen Menschen erhalten. In ein paar der häufigsten spürte ich

- Furcht: „Was ist, wenn ich vergebe und sie tun mir wieder dasselbe an?"
- Misstrauen: „Ich habe das alles schon gehört, und ich glaube nicht, dass es ihm/ihr wirklich leidtut."
- Schmerz: „Wie können die Worte ‚Ich vergebe dir' die tiefe Wunde in meinem Innern heilen?"
- Bitterkeit: „Nichts kann irgendetwas an dem ändern, was mir passiert ist."

Lassen Sie uns jedes dieser Gefühle in Augenschein nehmen und untersuchen, wie sie sich auf uns auswirken.

Was ist, wenn ich vergebe und sie tun mir wieder dasselbe an?

Vergebung heißt, wir verzichten auf unseren Anspruch zu wissen, wie das Ganze ausgeht. Das ist schwer. Wir wollen wissen, dass der Mensch, dem wir vergeben, bereut, was er uns angetan hat, und uns nie wieder verletzt. Wenn wir jemandem vergeben und er sich umdreht und dasselbe wieder tut, dann werden wir nicht nur aufs Neue verletzt, sondern fühlen uns auch noch töricht. Und das hat keiner gern.

Vor einigen Tagen, als ich auf der Bank war, stand ich in der Schlange und wartete darauf, einen Scheck einzulösen. Dabei bekam ich mit, wie zwei kleine Brüder vor mir miteinander verhandelten. Der eine mochte etwa sechs und der andere vier Jahre alt gewesen sein. Ihr Gespräch lautete etwa folgendermaßen:

„Komm, Sam, lass mich deinen Lutscher halten. Ich esse ihn nicht auf, ehrlich."

„Aber das hast du letztes Mal auch gesagt."

„Ich weiß, aber diesmal meine ich es wirklich."

„Na gut."

Und dann, etwas später:

„Er hat meinen Lutscher aufgegessen, Mama!"

„Und warum hast du ihm den gegeben?"

Mir tat der Kleine so leid. Er hatte nicht nur seinem Bruder ein zweites Mal vertraut, jetzt bekam er auch noch das Gefühl, dass er selbst schuld war, weil er so gutgläubig gewesen war.

Das Leben ist manchmal hart. Und unsicher. Aber wir haben Zugang zu einem wahrhaft guten Vater, der uns trösten kann, wenn die Rüpel und Betrüger kommen oder wenn wir uns wegen der Fehler, die wir begehen, wie Trottel fühlen. Es dauert vielleicht einige Zeit, ehe Vertrauen wächst und Heilung geschieht, aber Gott ist geduldig. Er hat nie gesagt, dass unser Leben leicht würde. Aber er hat versprochen, für uns da zu sein – gleichgültig, ob wir richtige oder falsche Entscheidungen getroffen haben.

Ich habe das alles schon gehört, aber ich glaube nicht, dass es ihm/ihr wirklich leidtut.

Ein anderer Grund, warum das Thema Vergebung uns Schwierigkeiten macht, ist, dass dieses Wort heutzutage oft so leichtfertig gebraucht wird. Gerade unter Christen wird das Thema oft auf der emotionalen Ebene abgehandelt und man tut so, als sei Vergebung etwas, das einfach und schnell geschieht. Man klebt sie sozusagen wie ein Pflaster über eine Wunde, ohne der Tatsache Rechnung zu tragen, dass die Wunde benannt, eingestanden, anerkannt und betrauert werden muss, bevor Vergebung real und von Dauer sein kann. Und das ist ein Prozess. Oft wird der Schmerz eines anderen mit einem „Hey, tut mir leid, du!" abgetan, dem dann vielleicht noch ein gedankenlos dahingesprochenes Gebet hinzugefügt wird. Aber solange das Fehlverhalten nicht eingestanden und der dadurch verursachte Schmerz nicht nachempfunden wird, ist solch ein Verhalten schlichtweg beleidigend. Es kann unser Vertrauen in den Betreffenden untergraben und es uns schwer machen, Vergebung auszusprechen.

In Wirklichkeit hören wir vielleicht niemals eine echte Entschuldigung von demjenigen, der uns verletzt hat. Aber mal ehrlich – was nützt es uns, wenn wir unserem Schmerz erlauben, weiterhin an uns zu nagen? Fühlen wir uns besser, wenn wir uns in unsere heiße Wut oder ärgerlichkühle Schnippigkeit hüllen wie in einen Harnisch? Und noch wichtiger: Verbessert es unsere Beziehungen zu anderen und zu Gott?

Jesus hat gesagt: „Euer Vater im Himmel wird euch vergeben, wenn ihr den Menschen vergebt, die euch Unrecht getan haben. Wenn ihr ihnen aber nicht vergeben wollt, dann wird Gott auch eure Schuld nicht vergeben" (Matthäus 6,14-15).

Die Botschaft ist eindeutig: Wenn wir frei und in Liebe mit Jesus verbunden sein wollen, müssen wir vergeben. Ich glaube, wenn wir dorthin gelangen, wird das zutiefst heilsam für unsere Seele sein und das Ausmaß der Wiederherstellung und Vergebung, die wir selbst erfahren, enorm erhöhen. Darum sollten wir immer ehrlich prüfen, wie wir damit umgehen, wenn andere uns kränken oder Schaden zufügen.

Wie können die Worte „Ich vergebe dir" die tiefe Wunde in meinem Innern heilen?

Eines Tages nahm ich mir meinen Kleiderschrank vor, um ihn zu „aktualisieren". Obwohl es erst Mai war, herrschten in Dallas schon sommerliche Temperaturen über 30 Grad, und so war es Zeit, die Wintermäntel und Pullover wegzuräumen. Sie hatten für die paar Tage im Jahr, an denen es hier unter 20 Grad ist, ihren Zweck erfüllt.

Während ich sortierte, wurde mir klar, dass ich ein paar neue Sommersachen brauchte. Also setzte ich mich, als ich fertig war, ins Auto und fuhr zum Einkaufszentrum. Ich kam mit vier T-Shirts und zwei Sommerpullis nach Hause, probierte sie an und fragte Barry, wie er sie fand.

Er sah mich an und zögerte.

Ich drehte mich herum, damit er sie besser sehen konnte.

Er lächelte und sagte: „Das ist eine hübsche Farbe."

Es war offensichtlich, dass er mit irgendetwas hinterm Berg hielt. Dann fragte er: „Hatten sie sie auch eine Nummer größer?"

Ich erklärte ihm, dass die Sachen wunderbar passten und dass er keine Ahnung hätte, wovon er redete.

Er sagte, es täte ihm leid, und sie sähen prima aus.

Ich lief den ganzen Tag lang mit einem kleinen knurrenden Hund in meinem Innern herum. Ein paarmal schnappte ich nach Barrys Fersen, bis ich schließlich zugeben musste, was los war: Er hatte mich wirklich verletzt und ein paar alte Wunden aufgerissen.

Oberflächlich betrachtet, scheint das vielleicht eine Kleinigkeit. Zweifellos haben unzählige Frauen die Erfahrung gemacht, dass ihre Ehemänner einfach die folgende „goldene Regel" nicht zu begreifen scheinen: Wenn deine Frau dich fragt, wie sie aussieht, dann sag ihr um Himmels willen, dass sie toll aussieht! Aber wie ich an anderer Stelle in diesem Buch (und in anderen) erwähnt habe, hatte ich in der Vergangenheit sehr damit zu kämpfen, dass ich zu viel gegessen habe, um mich über einige tiefe Verletzungen in meinem Leben hinwegzutrösten. Als Barry andeutete, meine Kleider seien zu eng, erinnerte mich das sofort an meine früheren Gewichtsprobleme. Es ging nicht nur darum, dass ich ein paar Pölsterchen zu viel hatte, es ging um eine viel tiefer sitzende seelische Not.

Erst als ich meine Ängste zugab und Barry sich aufrichtig entschuldigte, konnte dieser Schmerz heilen. Er sah mir in die Augen und sagte mir, dass es ihm wirklich leidtat, und bat mich um Vergebung. Und indem ich die Sache im Gebet

Gott übergab und ihn um Kraft bat, konnte ich innerlich loslassen.

Ich weiß, dass das nur ein unbedeutendes Beispiel ist und dass Sie vielleicht mit täglichen Verletzungen kämpfen, die viel schlimmer sind als solch ein gedankenloser Kommentar eines Ehemanns. Aber das Prinzip gilt für die ganze Skala menschlicher Empfindungen. Ich glaube, wir können nur vergeben, wenn wir vor uns selbst zugeben, wie tief wir verwundet sind, und unseren Schmerz zulassen – also der Tatsache ins Auge sehen, dass wir verletzt sind. Es ist verlockend, den Schmerz vom Tisch zu wischen und zu leugnen, dass wir verwundet sind. Es kann beschämend sein, Verletzungen zuzugeben. Wir fühlen uns schwach und ausgeliefert. Darum ignorieren wir sie.

Wir müssen akzeptieren, dass wir in einer Welt leben, in der Schmerzen manchmal einfach unvermeidlich sind. Nur wenn wir ehrlich zugeben, dass wir verletzt sind, und uns erlauben, den Schmerz zu empfinden, können wir ihn zu Jesus bringen, damit er ihn heilt. Erst dann kann der Prozess der Vergebung beginnen.

Nichts kann irgendetwas an dem ändern, was mir passiert ist.
Eines Tages war ich im Supermarkt und stand an der „Höchstens-zehn-Artikel"-Kasse. Und meistens bedeutet dies – wie wir alle wissen –, dass die Probleme vorprogrammiert sind. Der Mann am Anfang der Schlange hatte elf Artikel in seinem Wagen. Das weiß ich nur, weil die Frau, die direkt hinter ihm stand, sie laut zählte, damit alle es hören konnten. Dem Mann schien das aufrichtig peinlich zu sein, und er bot an, irgendetwas zurückzulegen, aber die Kassie-

rerin besaß den Anstand, ihm zu sagen, dass das nicht nötig sei.

Aber das goss noch Öl auf das Feuer der „Geschädigten", und sie überschüttete den Übeltäter mit einer Flut wüster Verbalattacken. Ich stelle mir vor, dass sie zu Hause den ganzen Abend lang über den Vorfall geschimpft hat und sich noch beim Schlafengehen damit beschäftigte, wie sie es dem armen Schlucker heimzahlen konnte, der es gewagt hatte, sich unberechtigterweise an die Schnellkasse zu stellen.

Aber lassen Sie uns nun die Gardinen ein wenig zurückziehen und darüber nachdenken, was sich im Innern dieser Frau abspielte und sie dazu veranlasste, über diesen ahnungslosen Käufer herzufallen. Vielleicht hatte diese Frau über Tage, Wochen und Jahre hinweg in sich Kümmernisse aufgehäuft? Vielleicht waren einige darunter, die wirklich schwerwiegend waren? Vielleicht hat dieser Frau irgendwann in ihrem Leben jemand schweres Unrecht zugefügt und sie hat niemals die heilende Kraft der Vergebung erfahren? Vielleicht konnte sie ihren Schmerz niemals loslassen, weil sie befürchtete, dadurch das Unrecht, das ihr angetan wurde, zu schmälern? In solch einer Situation kann es dazu kommen, dass durch kleinere oder größere Kränkungen die negativen Gefühle immer mehr überhandnehmen, bis solch eine Kleinigkeit wie ein überzähliger Artikel im Einkaufswagen das Fass zum Überlaufen bringen kann. Wenn sie wieder und wieder verletzt worden ist, lautet das Lied, das sich in ihrem Kopf abspielt: *Es wird sich nie etwas ändern – einmal Opfer, immer Opfer.*

Wie oft ist es Ihnen passiert, liebe Leserin, dass Sie jemanden angegiftet haben und dabei genau wussten, dass der Grund für Ihre Unzufriedenheit etwas ganz anderes war? Haben Sie jemals in Ihrem Herzen nach Verletzungen geforscht, die Sie lieber unter den Teppich kehren, statt sie loszulassen? Ich schon. Manchmal merke ich, dass ich mich maßlos über irgendwelche Kleinigkeiten aufrege, weil es irgendetwas viel tiefer Liegendes gibt, mit dem ich mich nicht auseinandergesetzt habe. Das Einzige, was das bewirkt, ist, dass es den inneren Druck erhöht.

Wollen wir sein wie Kain, der zuließ, dass sein Ärger nicht nur sein eigenes Leben, sondern auch das seines Bruders zerstörte? Wollen wir sein wie die Frau im Supermarkt, die zuließ, dass etwas so Kleines wie ein zusätzliches Paket Cornflakes ihren Tag ruinierte? Oder wollen wir unsere Frustration loslassen und Gott, der alles sieht, zutrauen, dass er sich zu seiner Zeit um diese Dinge kümmert?

Wenn wir vergeben wollen – wenn wir unseren Schmerz zu Jesus bringen –, müssen wir darauf verzichten, uns selbst „Recht zu verschaffen".

Die vielen Farben der Vergebung

Je nachdem, wie tief wir in unserem innersten Wesen verletzt worden sind, kann es sehr schwer sein, das Erlebte loszulassen. Seien wir ehrlich: Es entspricht der menschlichen Natur, denjenigen verletzen zu wollen, der uns verletzt. Allzu oft halten wir an unserer Unversöhnlichkeit fest, weil wir nicht auf die Möglichkeit der Rache verzichten wollen – sei sie berechtigt oder unberechtigt. Aber wie wir wissen, behält sich Gott selbst das Recht vor, Rache zu üben (5. Mose 32,35). So schwer es uns auch fällt, das zuzugeben: Wir dürfen nicht erwarten, dass all unsere Kümmernisse immer so aufgelöst werden, dass uns das ein rundum gutes Gefühl gibt. Wir müssen einfach darauf vertrauen, dass die Gerechtigkeit ihren von Gott verordneten Lauf nimmt.

Das heißt nicht, dass Christen nicht eindeutig Stellung beziehen sollen, wenn es darum geht, was richtig und was falsch ist. Wir sind dazu berufen, uns für Gerechtigkeit einzusetzen. Wir entschuldigen es nicht, wenn jemand Unrecht tut, und wir erwarten nicht, dass Vergebung die Folgen dieses Unrechts beseitigt. Ein Freund, dem unrechtmäßig Schaden zugefügt wurde, kann sich entscheiden, die Vergangenheit Vergangenheit sein zu lassen. Aber das bedeutet nicht, dass man dem Übeltäter erlaubt, einfach immer so weiterzumachen. Eine Frau, die ihren Mann anzeigt, weil er sie geschlagen hat, kann sich um ihres Seelenfriedens willen entschließen, ihm zu vergeben. Aber das bedeutet nicht, dass er nicht nach den geltenden Gesetzen bestraft werden sollte.

Ich habe einmal mit einer Frau gesprochen, die sehr aufgeregt war, nachdem Mitglieder ihrer Gemeinde ihr gesagt hatten, wenn sie ihrem gewalttätigen Ehemann vergeben hätte, solle sie auch zu ihm zurückkehren. Diese – meiner Ansicht nach theologisch wie menschlich falsche – Forderung brachte sie in einen schweren inneren Konflikt. Sie wollte ihm vergeben, aber sie hatte Angst, es zu tun, weil sie dachte, dass sie dann zu ihm zurückkehren müsste und vielleicht erneut geschlagen würde. Da er weder seelsorgerliche noch therapeutische Gespräche gesucht hatte und auch keine Selbsthilfegruppe besuchte, konnte sie nicht davon ausgehen, dass er sich verändert hatte. Ich glaube, dass Gott uns in solchen Situationen die Vergebung als Möglichkeit anbietet, um innerlich frei zu werden, nicht, um ein Pflaster über das grobe Fehlverhalten eines anderen zu kleben.

Als ich mit Dr. Pat Robertson zum Gastgeberteam des „Club 700" gehörte, berichteten wir in einer Fernsehsendung über das Leben einiger Mitglieder der berüchtigten „Familie" von Charles Manson. Vielleicht erinnern Sie sich daran, dass am 9. August 1969 verschiedene Mitglieder der „Manson-Familie" in Los Angeles fünf Personen umgebracht haben. Eine von ihnen war die Schauspielerin Sharon Tate, die damals im neunten Monat schwanger war. Sie bettelte um das Leben ihres ungeborenen Sohnes, aber die Mörder zeigten keine Gnade.

Am nächsten Abend brachen dieselben Mörder in die Wohnung von Rosemary und Leno LaBianca ein und brachten beide um. Ihre Tochter Susan war diejenige, die ihre Leichen entdeckte. Der entsetzliche Anblick bewirkte, dass sie einen völligen Zusammenbruch erlitt.

Charles „Tex" Watson, der zu den brutalsten dieser Mörder gehörte, erhielt die Todesstrafe, die jedoch 1972 in eine lebenslängliche Haftstrafe umgewandelt wurde. Drei Jahre später betete er mit dem Gefängnisseelsorger und vertraute sein Leben Jesus an. Heute lebt er in dem kalifornischen Gefängnis „Mule Creek State Prison". Er ist verheiratet, hat vier Kinder und ist ein ordinierter Pastor. Er hat dreizehn Mal ein Gnadengesuch gestellt, aber es wurde jedes Mal abgelehnt.

Worauf es uns in dieser Sache für die Sendung ankam, war, dass während der Anhörungen bezüglich der Gnadengesuche zwei Frauen anwesend waren: Die eine von ihnen war Susan, die Tochter der LaBiancas, und die andere Patti Tate, Sharon Tates jüngere Schwester. Susan ist Christin und hat Tex Watson im Gefängnis besucht. Sie ist davon überzeugt, dass er seine Verbrechen von Herzen bereut, und hat ihm vergeben. Als sie 1990 zur Anhörung erschien, kam sie, um für seine Freilassung zu plädieren.

Patti Tate hingegen war gekommen, um zu verlangen, dass Watson weiterhin in Gefangenschaft blieb. Ihre Mutter, die inzwischen verstorben ist, hat den Rest ihres Lebens damit verbracht, sich dafür einzusetzen, dass die Manson-Mörder nie mehr freigelassen wurden. Sie hat öffentlich erklärt: „Glaube und Straferlass sind zwei völlig verschiedene Dinge, die nichts miteinander zu tun haben."

In vielerlei Hinsicht sind beide Frauen immer noch an das Ereignis gekettet, das ihr Leben für immer verändert hat. Wenn man nie so etwas Entsetzliches erlebt hat, kann man sich kaum vorstellen, wie man so etwas bewältigen und die Kraft finden kann, weiterzuleben. Aber ich glaube, gerade hier zeigt sich, welche Macht die Vergebung hat: Sie öffnet unsere geballten Fäuste und befähigt uns dazu loszulassen. Die Vergebung sagt zu Gott: „Ich kann nicht ändern, was geschehen ist, auch wenn alles in mir nach Gerechtigkeit schreit. Ich glaube nicht, dass es hier auf Erden noch wahre Gerechtigkeit gibt; darum lege ich diese unaussprechlich schmerzhafte Situation in deine Hände. Ich brauche nicht dafür zu sorgen, dass die Täter leiden, und ich brauche nicht dafür zu sorgen, dass sie sich besser fühlen. Ich übergebe sie dir, und heute, gerade jetzt, wähle ich im Namen Jesu das Leben."

Unversöhnlichkeit kann einem Menschen alle Freude und alle Hoffnung rauben, das Leben im Leben. Sie kann den Betreffenden in Ereignissen festhalten, die viele Jahre zurückliegen. Aber bis zu dem Tag, wenn wir vor dem

Thron des Höchsten stehen und Jesus, das Lamm Gottes, von Angesicht zu Angesicht sehen, hat Gott uns die Möglichkeit der Vergebung geschenkt, um unsere Herzen zu heilen und uns zu befreien. Liebe Leserin, Sie können von Bitterkeit und Unversöhnlichkeit befreit werden – gleichgültig, wie lange Sie daran festgehalten haben oder wie sehr Ihr Leben bis zum heutigen Tag davon geprägt worden ist. Ich bin in meinem tiefsten Herzen davon überzeugt, dass Sie im Namen Jesu frei sein können.

Lass los!

1. Wer hat Sie in Ihrem Leben innerlich verletzt?
2. Was empfinden Sie, wenn Sie an diesen Menschen oder an diese Situation denken?
3. Wollen Sie von diesem Schmerz geheilt werden?
4. Schreiben Sie ein kurzes Gebet auf und bitten Sie Gott, Ihnen dabei zu helfen, auf das Recht zur Vergeltung zu verzichten.

Ein Loslass-Gebet

Himmlischer Vater,
ich komme zu dir in dem mächtigen Namen Jesus. Du allein kennst die Bitterkeit und Unversöhnlichkeit, an der ich so lange festgehalten habe. Ich will frei sein, Vater. Ich will geheilt werden, damit ich dich von ganzem Herzen lieben kann.
Ich verzichte auf mein Recht, es denjenigen heimzuzahlen,

die mir Unrecht getan und mich verletzt haben. Ich liefere dir meinen Willen und mein Herz aus. Ich entscheide mich zu vergeben, unabhängig davon, wie ich mich fühle. Danke für das Geschenk deines Heiligen Geistes, der mich in alle Wahrheit leiten wird.

Das bete ich im Namen Jesu.

Amen.

6
Verzichten Sie darauf, Gleiches mit Gleichem zu vergelten

„Wenn wir Vergebung praktizieren, entdecken wir immer mehr, dass Vergebung gleichbedeutend ist mit Heilung" (Agnes Sanford).

„Ein Leben, in dem es keine Vergebung gibt, ist ein Gefängnis" (William Arthur Ward).

„Er bestraft uns nicht, wie wir es verdienen; unsere Sünden und Verfehlungen zahlt er uns nicht heim. Denn so hoch, wie der Himmel über der Erde ist, so groß ist seine Liebe zu allen, die ihm mit Ehrfurcht begegnen. So fern, wie der Osten vom Westen liegt, so weit wirft Gott unsere Schuld von uns fort!" (Psalm 103,10-12).

„Ich werde euch alles vergeben – aus freien Stücken. Ich werde alles Böse für immer vergessen" (Jesaja 43,25).

„Wenn wir behaupten, sündlos zu sein, betrügen wir uns selbst. Dann ist kein Fünkchen Wahrheit in uns. Wenn wir aber unsere Sünden bekennen, dann erfüllt Gott seine Zusage treu und gerecht: Er wird unsere Sünden vergeben und uns von allem Bösen reinigen" (1. Johannes 1,8-9).

„Vergebung ist letzten Endes eine Kunst, eine ganz praktische Kunst, vielleicht die am meisten vernachlässigte von allen Heilungskünsten. Sie ist die Kunst, die inneren Wunden zu heilen, die uns durch das Fehlverhalten anderer Menschen zugefügt wurden" (Lewis Smedes).

Der Käfig stand in einem hübschen Bereich der Wohnung: am Fenster, wo das Vogelweibchen den blauen Himmel und die flaumigen weißen Wolken sehen konnte, die an einem windigen Tag über ihn hinwegzogen. Ab und zu setzten sich andere Vögel auf die Fensterbank, um mit ihr zu sprechen.

„Hallo!", sagten sie eines Morgens. „Wie geht es dir an diesem schönen Tag?"

„Sehr gut, danke", erwiderte sie. „Wie ist das Leben unter freiem Himmel?"

„Gestern war es windig, das war lustig", antwortete einer der Vögel. „Wenn der Wind gerade die richtige Stärke hat, dann ist es, als müsste man bloß ans Fliegen denken, und schon ist man dabei, durch die Luft zu wirbeln und auf das Meer zuzusegeln."

„Ich weiß schon gar nicht mehr, was für ein Gefühl das ist", sagte die junge Vogelfrau. „Es ist so lange her, seit ich den Wind unter meinen Flügeln gespürt habe."

„Darf ich sie fragen, Mama?", flüsterte ein junger Vogel.

„Ja", antwortete seine Mutter.

„Sagen Sie", begann der Kleine, „warum leben Sie in diesem Käfig? Die Käfigtür ist offen, aber ich habe Sie noch nie einen Schritt nach draußen tun sehen."

„Das kommt, weil ich einen gebrochenen Flügel habe", erwiderte die junge Vogelfrau. „Vor einiger Zeit hat mich einer von den Dunklen in der Luft angegriffen, und seitdem konnte ich nicht mehr fliegen."

„Haben Sie Angst, dass Sie ihm wieder begegnen, wenn Sie den Käfig verlassen?", fragte der junge Vogel.

„Nein, mein Kleiner", antwortete sie. „Ich habe keine Angst mehr. Ich habe ihm vergeben. Ich habe nur einen gebrochenen Flügel."

„Darf ich es ihr sagen, Mama?", wisperte der Kleine.

„Ja."

„Also, ich glaube, wenn Sie es ausprobieren würden, würden Sie sehen, dass Ihr Flügel schon seit einiger Zeit wieder heil ist", sagte der kleine Vogel.

„Glaubst du das wirklich?", antwortete sie. „Ich frage mich ..."

„Ja, das glaube ich wirklich!", sagte der Kleine mit Nachdruck.

Also trat die Vogelfrau aus ihrem Käfig heraus, breitete die Flügel aus und erhob sich in die Luft.

„Sieh mal, wie sie fliegt, Mama! Sieh mal, wie sie fliegt!"

Ins Gefängnis gekommen, um frei zu werden

Im Herbst 2007 bekam ich eine E-Mail von einer Frau, die eine „Women-of-Faith"-Konferenz in Little Rock, Arkansas, besucht hatte, bei der ich gesprochen hatte. Sie schrieb mir, dass es nur einige Kilometer von Little Rock entfernt ein Frauengefängnis gab, und fragte mich, ob ich bei meinem nächsten Besuch in der Stadt auch einen Abend im Gefängnis einplanen könnte. Ich sagte gern zu. Ich wusste, dass ich im April wieder dorthin kommen würde, und schrieb den Termin in meinen Kalender.

Als der Tag gekommen war, holte sie mich in meinem Hotel ab, und wir fuhren die paar Meilen zur Haftanstalt. Als wir uns dem bedrohlichen Stacheldrahtzaun näherten, bat ich sie, mir mitzuteilen, was sie von den Inhaftierten wusste. Sie erzählte mir, dass sie in einem Trakt des Gefängnisses ausgeholfen hatte, in dem fünfzig Frauen an einem

Programm teilnahmen, das sich „Inner Change Freedom Initiative" nannte („Initiative Freiheit durch innere Veränderung"). Dieses Programm wurde von „Prison Fellowship" durchgeführt, einer christlichen Organisation, die mit Gefangenen arbeitet; es handelt sich um ein intensives, auf biblischen Werten beruhendes Persönlichkeitstraining. Die Gefangenen verpflichten sich zu einer achtzehnmonatigen Teilnahme, und nach ihrer Entlassung bekommen sie Hilfe zur Wiedereingliederung in die Gesellschaft.

Ich lernte einige Mitglieder des Vollzugspersonals kennen und wurde in den großen Saal geleitet, in dem ich sprechen sollte. Zwei der Gefangenen wurden damit beauftragt, meinen CD-Spieler zu bedienen, damit ich auch ein paar Lieder singen konnte. Es waren liebenswerte, freundliche Frauen, die einigen Sinn für Humor besaßen. Als ich sah, dass einige Kerzen auf dem Podium standen, fragte ich eine der Gefangenen, ob ich sie anzünden sollte.

„Fragen Sie mich lieber nicht", erwiderte sie. „Ich bin wegen Brandstiftung hier!"

Während die anderen Inhaftierten in den Saal strömten, betrachtete ich ihre Gesichter. Sie sahen aus, als könnten sie meine Schwestern oder Freundinnen sein. Ich wusste, dass einige von ihnen wegen Mord oder Totschlag einsaßen und viele von ihnen wegen Drogenkriminalität oder Diebstahl. Dennoch konnte ich ohne Furcht durch die Reihen gehen und den Frauen die Hand geben oder umarmen.

Ich werde diesen Abend nie vergessen. Ich sprach über Freiheit und Vergebung – dass wahre Freiheit nicht das Fehlen von Gitterstäben ist, sondern die reale Gegenwart Christi. Wie der Leitvers des Gefangenenmissionsdienstes „Freedom Initiative" es ausdrückt: „Gehört jemand zu

Christus, dann ist er ein neuer Mensch. Was vorher war, ist vergangen, etwas Neues hat begonnen" (2. Korinther 5,17). Diese Frauen waren lebendige Beispiele dafür. Als ich am Ende meines Vortrags ein Lied sang, standen viele Frauen auf und beteten Gott mit erhobenen Armen an, während ihnen Tränen übers Gesicht liefen. Die Gegenwart Jesu unter diesen zerbrochenen Frauen war so deutlich spürbar, dass ich unwillkürlich an die Worte des Psalmisten denken musste: „Das Opfer, das dir gefällt, ist ein zerbrochener Geist. Ein zerknirschtes, reumütiges Herz wirst du, Gott, nicht ablehnen" (Psalm 51,19; Neues Leben).

Nach der Veranstaltung war die Aufseherin so freundlich, mich mit einigen Gefangenen persönlich sprechen zu lassen. Während ich ihre Geschichten anhörte, wurden mir zwei Dinge sehr deutlich: Erstens, Vergebung hat die Kraft, selbst die schlimmsten Wunden zu heilen, und zweitens, die Person, der wir am schwersten vergeben können, kann diejenige sein, die wir jeden Morgen im Spiegel sehen.

Die schlimmsten Wunden

Einer der größten Heiligen in der Geschichte der Christenheit begann als einer ihrer größten Verfolger – Saulus von Tarsus, der der Apostel Paulus wurde. Wir lesen in Apostelgeschichte 8,3: „Saulus aber setzte alles daran, die Gemeinde Jesu auszurotten. Er schleppte Männer und Frauen aus ihren Häusern und ließ sie ins Gefängnis werfen." Es war seine erklärte Absicht, die Gemeinde zu zerstören.

Im Kapitel 9 lesen wir weiter: „Saulus verfolgte noch immer mit grenzenlosem Hass alle, die an den Herrn glaubten, und drohte ihnen an, sie hinrichten zu lassen. Er ging zum Hohenpriester und ließ sich von ihm Briefe für die jüdischen Gemeinden in Damaskus mitgeben. Sie ermächtigten ihn, auch in diesem Gebiet die Gläubigen aufzuspüren und sie – ganz gleich, ob Männer oder Frauen – als Gefangene nach Jerusalem zu bringen" (Verse 1-2).

Saulus ahnte nicht, was ihm bevorstand – dass er durch das blendend helle Licht des auferstandenen Herrn vom Pferd geworfen würde. Aber genau das geschah eines Tages, als er sich auf dem Weg nach Damaskus befand. Er hörte eine Stimme, die zu ihm sagte: „Saul, Saul, warum verfolgst du mich?" (Vers 4). Saulus war völlig verwirrt. Er fragte: „Wer bist du, Herr?"

Saulus wusste, dass das eine Botschaft von Gott sein musste (in Apostelgeschichte 26,13 sagte er, dass das Licht, das ihn umstrahlte, heller als die Sonne war) – aber die Frage, die Gott ihm stellte, ergab für ihn keinen Sinn. Seiner Ansicht nach war es nicht so, dass er Gott verfolgte – im Gegenteil war er bemüht, das wahre Judentum zu verteidigen.

Dann sagte Jesus: „Ich bin Jesus, den du verfolgst" (Apostelgeschichte 9,5).

Können Sie sich auch nur im Entferntesten vorstellen, welch ein Schock das für Saulus war? Er hatte soeben erfahren, dass Jesus Christus wirklich der Messias war – und er war die ganze Zeit darauf aus gewesen, seine Nachfolger zu vernichten.

Nach diesem Gespräch musste Saulus mit den Jüngern Jesu und den anderen Gläubigen bekannt gemacht werden. Er musste denjenigen von Angesicht zu Angesicht gegenübertreten, deren Familien er zerstört hatte. Wie konnten sie ihm vergeben, dass er ihnen so schreckliche Wunden zugefügt hatte?

Wir lesen in Apostelgeschichte 9,26: „Nachdem Saulus in Jerusalem angekommen war, versuchte er sich dort der Gemeinde anzuschließen. Aber alle hatten Angst vor ihm, weil sie nicht glauben konnten, dass er sich wirklich zu Jesus bekannte." Es muss furchtbar schwer gewesen sein, die Tatsache zu akzeptieren, dass dieser Mann, der für seinen Hass und seine Grausamkeit den Christen gegenüber berüchtigt war, nun ein Bruder war. Ich frage mich, wie viele von ihnen wohl Schwierigkeiten mit seiner Bekehrung hatten – nicht so sehr, weil sie deren Echtheit bezweifelt hätten, sondern vielleicht eher, weil sie sich fragten, ob er solch ein Geschenk verdient hatte.

Aber es war nun einmal so, dass er ein Bruder in Christus war. Und Saulus-Paulus wurde ein großer Leiter und Glaubensheld der frühen Kirche. Mit derselben Leidenschaft, mit der er zuvor die Gemeinde verfolgt hatte, liebte er sie nun. Die Reue, die er über sein bisheriges Tun empfand, war unübersehbar. Und dass seine Glaubensgeschwister ihm vergaben, war berechtigt und wurde tausendfach belohnt.

Ich glaube, wenn wir von jemandem tief verletzt wurden – auch von jemandem, der das nicht im Entferntesten bedauert –, ist Vergebung der Balsam, der uns heilt. Wir brauchen sie der betreffenden Person gegenüber noch nicht einmal auszusprechen. Es kann einfach eine Sache zwischen uns und Gott sein.

Eine jener Frauen im Gefängnis gab mir einen Brief. Darin erzählte sie mir ihre Geschichte. Es war ein herzzerreißender Bericht von sexuellem Missbrauch und körperlicher Gewalt, der schlimmer war als alles, was ich bis dahin gehört hatte. Was mich besonders bewegte, war der Satz, mit dem sie ihren Brief beendete. Sie schrieb: „Gott brachte mich ins Gefängnis, um mich frei zu machen."

In meinen früheren Büchern habe ich davon berichtet, dass ich mich freiwillig in eine psychologische Klinik aufnehmen ließ. Ich habe so oft gerade diesen Satz benutzt – Gott brachte mich ins Gefängnis, um mich frei zu machen –, um zu beschreiben, welch ein Geschenk dieser einmonatige Aufenthalt für mich war. Dort „eingesperrt" zu sein bedeutete, dass ich nicht länger vor mir selbst weglaufen konnte. Ich war gezwungen, mich meiner Depression zu stellen und mich in Gottes liebevolle Arme zu werfen. Dass eine Schwester in Christus, die an ihrem Körper und in ihrer Seele die Narben trug, die die Grausamkeit anderer Menschen ihr zugefügt hatten, dieselben zehn Wörter gebrauchte, um ihren Weg zu beschreiben, beschämte mich zutiefst. Ich kann mir kaum vorstellen, wie sehr sie gelitten hat.

Und dennoch – ebenso wie ich dem auferstandenen Herrn inmitten meiner dunkelsten Nacht begegnet bin, ist auch sie ihm begegnet.

Einige der Menschen, die diese Frau verletzt haben, sind inzwischen gestorben. Andere weigern sich, ihre Schuld anzuerkennen. Aber sie ist keinem von ihnen mehr unterworfen. Sie hat ihre Wunden ans Kreuz von Golgatha gebracht, und ebenso wie Jesus ihr ihre Schuld vergeben hat, hat sie denjenigen vergeben, die an ihr schuldig geworden sind. Sie hat losgelassen. Und darum ist sie nun frei – geheilt von ihren furchtbaren Wunden.

Ich werde mich immer an ihr Gesicht erinnern. Auch

wenn sie viele Falten um die Augen hatte, strahlte es eine stille Schönheit und Ruhe aus. Die innere Leichtigkeit einer Frau, deren Flügel gebrochen waren und die nun wieder fliegen kann.

Der schwerste Kampf

Für die meisten von uns gibt es in unserem Leben irgendwelche Dinge, die wir uns selbst nur schwer verzeihen können. Immer wieder werden wir von Schuldgefühlen gequält. Wir liegen nachts im Bett und plagen uns mit Gedanken wie „Was wäre geschehen, wenn …" oder „Hätte ich doch nur …" und verachten uns wegen unserer Schwachheit. Ich glaube nicht, dass es sinnvoll ist, wenn wir uns mit unnötigen Schuldgefühlen abquälen; trotzdem ist es nicht zwangsläufig schlecht, wenn es uns schwerfällt, uns selbst zu verzeihen. Ich glaube nicht, dass es „leicht und easy" sein sollte.

Bevor Sie mir nun schreiben und mich fragen, warum ich nicht einfach Gottes Vergebung annehmen kann, lassen Sie mich erklären, was ich meine! Wenn ich etwas getan habe, was einen anderen Menschen verletzt und Gott beleidigt hat, dann ist es meiner Ansicht nach nur angebracht, wenn ich darunter leide. Gottes Gnade ist umsonst, aber sie ist nicht billig. Es hat Jesus alles gekostet, uns den Thronsaal des Himmels zu öffnen – darum sollte ich, wenn ich Vergebung brauche, sie nicht so selbstverständlich in Anspruch nehmen, als sei das überhaupt nichts Besonderes.

Wir leben in einer Welt der schnellen Lösungen, in der jedes Bedürfnis, das wir verspüren, unmittelbar befriedigt wird. Aber was für Drive-in-Restaurants funktioniert, taugt nicht in gleicher Weise für unsere Seele und unseren Geist. Jesus sagte seinen Nachfolgern, sie würden die Wahrheit erkennen und die Wahrheit werde sie frei machen (Johannes 8,32). Es ist verlockend, gleich die Freiheit in Anspruch zu nehmen, ohne vorher der Wahrheit ins Auge zu sehen. Aber wenn ich wirklich frei werden will von allem Unrecht, das ich getan habe, muss ich mich diesem Unrecht zuvor stellen – und es dann von dem trennen, was ich bin.

Der einzige Weg zu wahrer Freiheit und Vergebung ist, dem, was wir getan haben, schonungslos ins Auge zu sehen und volle Verantwortung dafür zu übernehmen. Saulus wurden drei Tage geschenkt, um sich seiner Schuld zu stellen, ehe ihm das Augenlicht wiedergegeben wurde (Apostelgeschichte 9,9). Die Frau, der ich im Gefängnis begegnete, wurde frei, als sie der Tatsache ins Auge sah, dass ihre kriminelle Reaktion auf das, was ihr angetan worden war, keine Lösung war. Wenn wir durch Gottes Gnade fähig werden, die Wahrheit über uns selbst zu akzeptieren, dann brauchen wir nicht länger zu befürchten, dass sie irgendwann ans Licht kommen könnte.

Es ist jedoch von entscheidender Bedeutung, dass wir das, was wir getan haben, trennen von dem, was wir sind.

Wenn Sie wie ich ein Mensch sind, der weiß, was tiefe Scham ist, dann gilt diese Nachricht Ihnen! Wie oft haben Sie sich selbst schon einmal Dinge gesagt wie:

- „Ich bin ein schlechter Mensch."
- „Wie konnte ich nur so dumm sein?"
- „Ich werde mich nie ändern!"
- „Ich habe das Schlechte, das mir passiert, verdient!"

- „Wenn die anderen mich wirklich kennen würden, wüssten sie, dass ich eine Betrügerin bin."

Das ist kein angemessenes Schuldempfinden. Das ist Scham, und damit haben Sie als Tochter des himmlischen Königs nichts zu tun. Ich bin gerade dabei zu lernen: Wenn ich etwas tue oder sage, das verletzend oder unfreundlich ist, dann habe ich *etwas Schlechtes getan*. Aber ich bin *kein schlechter Mensch*.

In seinem Buch „Vergeben und Vergessen. Über die heilende Kraft der Vergebung"[6] schrieb Lewis Smedes:

> „Wir vergeben uns selbst, was wir tun. Wir nehmen uns an, wie wir sind. Manchmal, obwohl wir der sind, der wir sind. Aber immer so, wie wir sind."

Mit anderen Worten: Uns selbst zu verzeihen bedeutet, uns selbst zu akzeptieren, mit unseren guten und unseren schlechten Seiten. Wir brauchen nicht vollkommen zu sein. Was für ermutigende Worte!

Smedes empfiehlt seinen Lesern eine Übung, die uns zunächst vielleicht ein bisschen komisch vorkommt, die jedoch äußerst sinnvoll und hilfreich ist. Er rät, lange und intensiv in den Spiegel zu schauen und zu sagen: „Gott vergibt dir, und ich verzeihe dir auch." Tun Sie das doch auch einmal. Nur wenn Sie wirklich fähig sind, sich selbst zu verzeihen, werden Sie mit sich selbst in Frieden leben können.

Flieg weg!

Ich bin davon überzeugt, dass Vergebung der Triumph des glaubenden Menschen über die Tatsache ist, dass wir auf einem gefallenen Planeten leben. Sie ist eine mächtige Waffe, die das Böse in dieser Welt überwindet und unseren verletzten Seelen Heilung bringt – aber wir müssen uns nach ihr ausstrecken und sie annehmen. Wenn wir sagen, dass wir keine Vergebung verdienen, bedeutet das, unserer Sünde mehr Macht einzuräumen als dem Blut Jesu. Wenn Gott uns vergibt, müssen wir uns selbst auch verzeihen. Wenn wir uns weigern, das zu tun, verleihen wir unseren eigenen Maßstäben oder denen anderer Menschen mehr Bedeutung als den Maßstäben eines allwissenden, allmächtigen Gottes. Es muss das Herz unseres Vaters tief verletzen, wenn wir das Geschenk, das er uns anbietet, nicht annehmen – es hat ihn so viel gekostet! Sie wurden mit einem hohen Preis erkauft, liebe Schwester. Das Blut des Lammes bedeckt jede Schuld. Solch ein Angebot abzulehnen ist Stolz, der ans Kreuz gebracht werden muss.

Vergebung mit dankbarem Herzen anzunehmen bedeutet nicht, dass all unsere Narben verschwinden werden. Aber wir dürfen sie als etwas betrachten, das uns an die Gnade und Barmherzigkeit erinnert, die Gott uns erweist. Unsere Flügel weisen vielleicht einige Bruchstellen auf und wir mögen ein paar Federn gelassen haben – aber wenn wir die Freiheit annehmen, die Gott uns in seiner Gnade schenkt, werden wir fliegen.

Lass los!

1. Welchen Einfluss hat die Geschichte von Paulus' Bekehrung auf Ihr Verständnis von Vergebung?
2. Was fällt Ihnen schwerer: anderen zu vergeben oder sich selbst zu verzeihen? Warum?
3. Gelingt es Ihnen in Bezug auf Ihr eigenes Leben, Schuld und Scham voneinander zu trennen?
4. Wie könnten Sie Ihre Verletzungen heute als „Mahnmale" der Barmherzigkeit Gottes sehen?

Ein Loslass-Gebet

Himmlischer Vater,
ich kann das Ausmaß dessen, was du mir alles vergeben hast, nicht im Entferntesten erfassen. Ich danke dir und preise dich dafür, dass du mir einen neuen Anfang und ein neues Herz geschenkt hast. Ich bitte dich, dass du mir in deiner Barmherzigkeit und durch die Kraft des Heiligen Geistes ein neues Verständnis für die Schuld schenkst, die du für mich bezahlt hast.
Ich danke dir auch, dass du es mir in deiner Gnade ermöglichst, meinen Mitmenschen zu vergeben und auch mir selbst zu verzeihen. Danke für den Frieden und die Heilung, die du mir dadurch schenkst.
Dafür danke ich dir im Namen Jesu.
Amen.

7
Das Problem mit der Versuchung ist, dass sie so verlockend ist

„Wer ist so fest, den nichts verführen kann?" (William Shakespeare).

„Eva war mit allen Früchten des Paradieses gesegnet, außer einer einzigen. Aber statt diese eine stehen zu lassen, verlor sie alle anderen" (Thomas Moore).

„Gott liebt unsere Versuchungen, und gleichzeitig hasst er sie. Er liebt sie, wenn sie uns ins Gebet treiben; er hasst sie, wenn sie uns zur Verzweiflung treiben" (Martin Luther).

„Erfüllt vom Heiligen Geist, kam Jesus vom Jordan zurück. Der Geist Gottes führte ihn in die Wüste, wo er sich vierzig Tage aufhielt. Dort war er den Versuchungen des Teufels ausgesetzt" (Lukas 4,1-2).

„Was eurem Glauben bisher an Prüfungen zugemutet wurde, überstieg nicht eure Kraft. Gott steht zu euch. Er lässt nicht zu, dass die Versuchung größer ist, als ihr es ertragen könnt. Wenn euer Glaube auf die Probe gestellt wird, schafft Gott auch die Möglichkeit, sie zu bestehen" (1. Korinther 10,13).

Die Party lief prima. Samantha hatte sich immer wieder gefragt, ob es klug gewesen war, zweiundzwanzig sechsjährige Kinder ins Haus zu holen, aber bis jetzt war alles bestens. Sie war beeindruckt von der jungen Frau, die sie als Clown engagiert hatte. Wenn das Gelächter, das aus der

Diele kam, ein Indiz für ihren Erfolg war, dann war Miss Rosebud ein Renner!

„Sieh mal, Mami", rief ihre Tochter, während sie in die Küche stürmte. „Miss Rosebud hat mir eine Krone aus rosa Ballons gemacht!"

„Das ist ja toll", sagte Samantha. „Du siehst aus wie eine kleine Prinzessin."

Es war Zeit für den Geburtstagskuchen. Sie zündete die sechs Kerzen an, und auf ihr Zeichen hin drehte ihr Mann das Licht in der Diele herunter.

Zum Geburtstag viel Glück,
zum Geburtstag viel Glück!
Zum Geburtstag, liebe Abby,
zum Geburtstag viel Glück!

Abby schloss die Augen, wünschte sich etwas und blies alle sechs Kerzen aus.

Samantha trug den Kuchen zurück in die Küche und schnitt ihn in kindgerechte Stücke. Emma, eine von Abbys Freundinnen, folgte ihr und sagte, sie wolle helfen. Ganz vorsichtig brachte Emma jedem Mädchen ein Stück rosa Prinzessinnentorte. Aber beim letzten Stück verfing sich Emmas Fuß in dem Tüllrock ihres Prinzessinnenkostüms. Sie stolperte, und das letzte Stück Kuchen, das sie austeilen wollte, fiel zu Boden.

„Macht nichts, Emma", sagte Samantha. „Hauptsache, dir ist nichts passiert. Wir haben noch viel mehr Kuchen."

Samantha schob das Stück vom Küchenfußboden auf einen Pappteller und stellte es auf den Rand der Anrichte.

„Ich esse das Stück, Mrs Conner", sagte Emma.

„Sei nicht albern", sagte Samantha. „Niemand wird dieses Stück essen. Ich denke, du solltest ein extra großes Stück bekommen, weil du so fleißig geholfen hast."

Während Emma sich aufrichtete, schnitt Samantha ihr ein dickes Eckstück ab und ging dann in die Diele, um alle Teller und eventuellen Kuchenreste einzusammeln, ehe der Hund sich darüber hermachte. Als sie in die Küche zurückkam, aß Emma das Kuchenstück, das auf den Boden gefallen war.

„Warum isst du denn dieses Stück, Emma?", fragte sie.

„Weil Sie gesagt haben, dass ich es nicht haben könnte", erwiderte Emma.

Ein verlockendes Angebot

Die Wüste kann ein grausamer Ort sein. Trocken und heiß am Tag, bitterkalt in der Nacht, kahl und leer. Kein Ort, an dem man viel Zeit verbringen möchte – zumindest nicht ohne ein Minimum an Komfort. Dennoch beobachten wir, dass Gott die Wüste mehr als einmal für seine Zwecke genutzt hat.

Nehmen Sie einmal das Volk Israel. Wie im 2. Buch Mose berichtet wird, mussten die Leute des Volkes, nachdem sie einige schlimme Fehler begangen hatten, vierzig Jahre durch die Wüste ziehen. Sie waren gerade aus der Sklaverei in Ägypten befreit worden und hatten das Versprechen erhalten, ein neues Leben beginnen zu können. Ihre Geschichte liest sich wie eine Tragödie von Shakespeare. Bei jeder Seite, die ich umblättere, halte ich den Atem an.

- *Werden sie es diesmal richtig machen?*
- *Werden sie endlich den richtigen Weg wählen, oder nehmen sie wieder eine falsche Abbiegung, die sie nur noch tiefer in die Verzweiflung treibt?*
- *Sehen sie denn nicht, was sie tun? Werden sie nie lernen?*

In ihrem Verlangen nach unmittelbarer Befriedigung wandten sich die Israeliten immer wieder von Gott ab. Wieder und wieder gaben sie der Versuchung nach und hatten dann die Konsequenzen zu tragen – vierzig Jahre lang!

Auch Jesus musste in der Wüste Entscheidungen treffen. Er wurde vom Geist gerade deshalb in die Wüste geführt, um von dem bösartigen Feind seiner Seele auf die Probe gestellt zu werden. Vierzig Jahre lang haben die Israeliten Gott enttäuscht, aber Jesus hat, nachdem er vierzig Tage lang seine körperlichen Bedürfnisse verleugnet hatte, dem Feind die Stirn geboten und uns eine neue Art zu leben gezeigt.

Jesus wurde versucht, und er widerstand der Versuchung. Wir haben jeden Tag damit zu kämpfen, nein zu Dingen zu sagen, die uns ein Bein stellen, und ja zu Dingen, die richtig sind. Warum ist das so? Weil wir wie die Israeliten egoistisch sind. Um es einfach auszudrücken: Wir wollen, was wir wollen, und wir wollen es gleich. Das ist die menschliche Natur, und die Wurzel dieses Verhaltens reicht zurück bis zu jenem leckeren Stück Obst im Paradies. Mit der Zeit und durch Gottes Gnade lernen wir, unsere selbstsüchtige Natur zu zügeln, aber eine Spur davon lauert immer noch unter der Oberfläche.

Natürlich werden wir alle von unterschiedlichen Dingen versucht. Für einige von uns (okay, für viele von uns) ist es Essen. Wir verlangen nach Essen, wenn wir uns gut fühlen, wenn wir uns schlecht fühlen und wenn wir uns nicht ganz darüber im Klaren sind, wie wir uns fühlen. Wieder und wieder stopfen wir uns voll, bis wir uns nicht mehr rühren können.

Für andere sind es Beziehungen. Wir suchen den perfekten Mann, der die Leere in uns füllt. Wir fordern ein bestimmtes Ideal und geben uns nicht mit weniger zufrieden, selbst wenn das bedeutet, dass wir ziemlich viel Zeit allein verbringen.

Für einige besteht die Versuchung darin, sich ständig mit der Vergangenheit zu beschäftigen und sich nicht vorzuwagen in das, was Gott für uns bereithält. Vielleicht haben wir das Gefühl, wenn wir vorangingen, würden wir etwas loslassen, das ein Teil unserer Identität ist. Für viele von uns ist die Vergangenheit die (mehr oder weniger) „gute alte Zeit", an der wir uns festhalten, einfach, weil sie uns vertraut ist – ohne an all das zu denken, was die Zukunft für uns Gutes bereithalten könnte.

Worin auch immer die Versuchung besteht, der entscheidende Punkt ist immer die Zeit und die Kraft, die wir brauchen, wenn wir uns auf sie einlassen. Das ist es, worauf es Satan ankommt. Sein Motiv ist ganz einfach: Ein Mensch, der sich um sich selbst dreht, kann sich nicht auf Gott einlassen. Jesus wurde von dem Bösen genau in drei Lebensbereichen versucht, mit denen wir alle auf dieser Erde konfrontiert sind: mit dem Verlangen, ein unmittelbares Bedürfnis zu befriedigen, mit dem Wunsch, Schmerzen aus dem Weg zu gehen, und mit der Gefahr, uns mehr von der Ausstrahlung eines anderen als von seinem Charakter beeindrucken zu lassen. Lassen Sie uns diese drei Versuchungen genauer ins Auge fassen.

Die große Versuchung:
ein Bedürfnis unmittelbar befriedigen

Ich will es, und ich will es jetzt!

„Wenn du Gottes Sohn bist, dann mach aus diesen Steinen Brot!" (Matthäus 4,3).

Vor Kurzem war ich ziemlich spät am Abend im Einkaufszentrum, um noch ein paar Sachen zu besorgen, bevor ich für das Wochenende wegfuhr. Während ich in der Schlange stand, um ein Paar Strümpfe zu bezahlen, bemerkte ich einen „turbulenten Vorfall" schräg gegenüber an der Kasse der Kinderabteilung. Eine entnervte Mutter versuchte, die rosafarbenen Clogs ihrer kleinen Tochter zu bezahlen, aber anscheinend brauchte sie ein bisschen länger. Das Kind zerrte an ihrem Pullover und schrie so laut, dass man sie noch drei Häuserblocks weiter hören konnte: „Ich will sie, und ich will sie jetzt!"

Friede ihrem sündigen kleinen Herzen!

Schließlich sagte ihre Mutter zu ihr: „Molly, würdest du bitte aufhören, an mir herumzuzerren, und eine halbe Minute warten?"

„Aber ich will nicht warten!", jammerte Molly.

Ich habe mich selbst in dieser ungeduldigen kleinen Seele gesehen. Allzu oft müssen meine Gebete für Gott klingen wie ihre Forderung nach unmittelbarer Befriedigung.

Mit welchem unmittelbaren Bedürfnis versuchte Satan Jesus? Essen.

Es war klar, dass er Jesus von Anfang an auf den Fersen

gewesen war. Als Jesus nach seiner Taufe aus dem Jordan stieg, hatte Gott erklärt: „Dies ist mein geliebter Sohn ..." (Matthäus 3,17). Als Satan sich Jesus näherte, nahm er das wieder auf, was er bei der Taufe gehört hatte: „Wenn du Gottes Sohn bist ..." (Matthäus 4,3).

Es war ein wohlüberlegter Angriff. Die Versuchung war real und verständlich. Jesus war sehr hungrig, nachdem er vierzig Tage nichts gegessen hatte. (In vielen guten Büchern zum Thema Fasten steht, vierzig Tage seien die Zeit, die ein Mensch fasten kann, bevor sein Körper damit beginnt, sein eigenes Muskel- und Bindegewebe anzugehen.) Wenn Sie jemals wirklich hungrig gewesen sind, werden Sie bemerkt haben, dass man in diesem Zustand viel reizbarer ist und weniger klar denken kann. Ein arabischer Philosoph gab seinem Sohn einmal folgenden Rat: „Mein Sohn, geh morgens nie aus dem Haus, ehe du etwas gegessen hast. Denn dann wirst du innerlich gefestigter sein, und wenn du von irgendjemandem verletzt werden solltest, wird deine Bereitschaft größer sein, das geduldig zu ertragen. Denn Hunger zehrt einen Menschen aus und bringt seinen Verstand in Unordnung."[7]

Jesus wurde mit etwas sehr Grundlegendem versucht – mit etwas, das wir alle problemlos nachvollziehen können. Ich glaube, das ist bemerkenswert, denn zumindest zeigt es uns, wie raffiniert Satan ist. Statt Jesus mit etwas offensichtlich Bösem wie Lust oder Mord zu versuchen, benutzte er etwas, das auf den ersten Blick völlig harmlos schien. Wir alle müssen essen, um zu leben, und Satan bot Jesus nur eine Kleinigkeit an, um ihm über die Zeit hinwegzuhelfen, bis er wieder bei seinen Freunden und Angehörigen war und sich dort mit der Nahrung stärken konnte, die sein Körper benötigte.

Jesus antwortete: „Nein, denn es steht in der Heiligen Schrift: ‚Der Mensch lebt nicht allein von Brot, sondern von allem, was Gott ihm zusagt!'" (Matthäus 4,4). Seine Antwort zeigte, dass er ein ungeteiltes Herz hatte. Jesus erfüllte im Grunde das Gesetz, das dem Volk Israel von Mose gegeben worden war. Das Einzige, was die Israeliten interessiert hatte, war das, was sie brauchten oder ihrer Ansicht nach nicht haben konnten, aber Jesus sagte, dass es andere Dinge gibt, die wichtiger sind. Körperliche Sättigung und Befreiung aus der Hand der Feinde sind Dinge, die nur vorübergehenden Wert haben, aber was von Gott kommt, hat ewigen Bestand.

Ich war vor einiger Zeit mit meiner Familie in einem Restaurant, und Barry bat Christian, für das Essen zu danken. Als die Bedienung kam, um unsere Wassergläser aufzufüllen, sagte sie: „Es ist lange her, dass ich das hier jemanden habe tun sehen." Was für eine interessante Bemerkung. Es scheint, als hätten wir heutzutage die leiblichen von den geistlichen Dingen getrennt, statt das ganze Leben als ein Geschenk Gottes zu betrachten.

Wenn wir nach irgendetwas dringendes Verlangen verspüren, ist dies immer äußerst aufschlussreich. Wie oft haben Sie schon gedacht: *Das ist es, was ich brauche, damit ich mich besser fühle.* Ob „das" etwas zu essen, ein neues Kleidungsstück oder eine neue Beziehung ist, die Befriedigung des Bedürfnisses zeigt uns dann, dass wir uns nach etwas anderem gesehnt haben, nach etwas Tieferem, weil die Befriedigung nur so kurzfristig ist. Jesus sagte Satan, dass Brot vielleicht für den Moment befriedigen kann, dass wir jedoch das Wort Gottes brauchen, um wirklich zu leben und um innerlich satt zu sein.

Nachdem Jesus die Möglichkeit, seine unmittelbaren Bedürfnisse zu befriedigen, von sich gewiesen hatte, machte der Durcheinanderbringer ein weitaus verlockenderes Angebot. Und wenn Jesus jener zweiten Versuchung nachgegeben hätte, wäre das unser aller Ende gewesen.

Die große Versuchung: Schmerzen aus dem Weg gehen

Die Krone ohne das Kreuz

> „Alle Macht über diese Welt und ihre ganze Pracht will ich dir geben; denn mir gehört die Welt, und ich schenke sie, wem ich will. Wenn du vor mir niederkniest und mich anbetest, wird das alles dir gehören" (Lukas 4,6-7).

Satan führte Jesus auf einen hohen Berg und zeigte ihm in einem einzigen Augenblick alle Reiche der Welt. Er bot ihm an, dass all dies ihm gehören würde – unter einer Bedingung. Ohne Golgatha. Ohne Leid und Todesnot. In theologischen Kreisen wird darüber debattiert, ob Satan Jesus in einer Vision die ganze Erde zeigte oder ob er ihn auf einen Berg führte, von dem aus er ganz Judäa und einige der Nachbarländer sehen konnte. Aber wie es auch gewesen sein mag, es war ein spektakulärer Anblick. Ob die Sonne über den arabischen Bergen aufging oder sanfter Regen auf die Ebenen Moabs fiel? Ob der Jordan gerade Hochwasser führte und das Tote Meer wie ein gläserner Spiegel vor ihm ausgebreitet war? Denken Sie daran, dass Jesus, das lebendige Wort Gottes, diese Schönheit ins Leben gerufen hat. Unsere Erde und die Menschen, die auf ihr leben, sind seine Leidenschaft. Satan bot Jesus all diese Herrlichkeit an, ohne dass er den grausamen Tod zu erleiden hätte, der ihm in nur drei Jahren bevorstehen sollte.

Oberflächlich betrachtet, scheint Satans Angebot eine tolle Idee zu sein: absolute Autorität zu besitzen, ohne sterben zu müssen. Aber Satan und Jesus wussten beide, dass es um mehr ging. Wenn Jesus sein Angebot angenommen hätte, wäre unsere Erlösung unmöglich geworden. Wenn er das Kreuz nicht auf sich genommen und stattdessen Satan angebetet hätte, hätte er nicht Gottes fehlerloses Opferlamm werden können. Er hätte auch nicht erfüllt, was die Propheten über den Messias vorausgesagt hatten: dass er durch Leid zur Herrlichkeit gelangen würde. Wenn er Satans „Geschenk" angenommen hätte, hätte es keine Kreuzigung, kein Blutvergießen und keine Vergebung gegeben.

Jesus lehnte ab. Er zitierte aus dem 5. Buch Mose, in dem Mose dem Volk das Gesetz gab: „Du sollst außer mir keine anderen Götter verehren!" (5. Mose 5,7). Die Israeliten hatten auch in diesem Punkt jämmerlich versagt, aber Jesus versagte nicht. Er verließ sich auf die Verheißung, dass Gott alles in seiner Hand hält.

Ich glaube, wir gehen manchmal zu schnell über diese Versuchung hinweg. Wir erinnern uns automatisch daran, dass Jesus Gottes Sohn war und dass es immer Gottes Plan gewesen war, dass er leiden sollte, um uns zu erlösen. Wir vergessen, dass Jesus auch wahrer Mensch war. Er wusste, dass er in nur drei Jahren einen hohen Preis für Sie und mich bezahlen würde – und er stand auf jenem Berggipfel und weigerte sich, den Weg des geringsten Widerstandes zu wählen.

Haben Sie sich jemals versucht gefühlt, einen leichteren Weg als den zu wählen, von dem Sie glaubten, dass er gut wäre, dass er Gott freuen und ihm Ehre machen würde? Vielleicht haben Sie in einer Prüfung betrogen und sich eingeredet, dieses eine Mal würde schon nichts ausmachen. Vielleicht haben Sie in einem Geschäftsbericht die Unwahrheit geschrieben, oder Sie haben zweifelhafte Methoden benutzt und sich selbst gesagt, dass der Zweck die Mittel rechtfertigt. Vielleicht leben Sie in einer schwierigen Ehe und fühlen sich zu einem anderen Menschen hingezogen, der in Ihnen Gefühle auslöst, die Sie schon lange nicht mehr verspürt haben.

Ich weiß, wie es ist, wenn man versucht wird, sich das zu nehmen, was einem angenehm oder reizvoll oder naheliegend erscheint, oder sich auf einem leichten Weg aus der schwierigen Aufgabe herauszustehlen, Jesus nachzufolgen.

Die meisten von uns kämpfen damit, dass sie Schmerz vermeiden wollen. Wie ich schon sagte, es entspricht der menschlichen Natur, das zu wollen, was wir nicht haben können – in diesem Fall ein Ende des Leidens, sei es groß oder geringfügig.

Und doch verschenken wir, wenn wir die Dinge selbst in die Hand nehmen, die Möglichkeit, dass Gott sich der Sache annimmt und umso größeren Segen für uns bewirkt.

Vor einigen Tagen nahm ich abends an einem Online-Chat (falls Sie nicht wissen, was das ist, fragen Sie Ihre Kinder) zum Thema Gebet teil. Eine Frau schrieb, dass sie für ein Kind gebetet habe, das seit drei Jahren schwer krank sei, und dass Gott zu schweigen scheine. Sie war versucht,

Gott den Rücken zu kehren. Warum beten, wenn er nicht antwortet?

Ich sah sie innerlich auf dem Gipfel dieses Berges stehen und hörte, wie Satan flüsterte: „Vergiss Gott; er hat dich auch vergessen. Bete mich an."

Einer der schwersten Punkte in unserem Leben mit Gott ist, ihn weiterhin anzubeten, ihn unseren Gott sein zu lassen, auch wenn es wehtut. Jesus sah alles an, was Satan ihm anbot, blickte in die Zukunft, auf das Kreuz und die Todesqual, und entschied sich dafür, Gott anzubeten.

Die große Versuchung: sich mehr von der Ausstrahlung eines anderen als von seinem Charakter beeindrucken lassen

Mal so richtig groß rauskommen

> „Jetzt nahm ihn der Teufel mit nach Jerusalem und stellte ihn auf die höchste Stelle des Tempels. ‚Spring hinunter!', forderte er Jesus auf. ‚Du bist doch Gottes Sohn! Und in der Heiligen Schrift steht: ‚Gott wird seine Engel schicken, um dich zu beschützen. Sie werden dich auf Händen tragen, und du wirst dich nicht einmal an einem Stein verletzen!'" (Lukas 4,9-11).

Bei dieser letzten Versuchung brachte Satan Jesus direkt auf die Zinne des Tempels in Jerusalem, wo nach rabbinischer Tradition der Messias erscheinen sollte. Wahrscheinlich ist das die Stelle, die als Königsgalerie bezeichnet wurde. Der jüdische Historiker Josephus schrieb darüber Folgendes: „Sie verdient, zu den wunderbarsten Dingen unter der

Sonne gezählt zu werden. Über einem ungeheuer tiefen Tal, zu dessen Grund der Blick des Betrachters beinah nicht vordringen kann, hat Herodes eine Galerie enormer Höhe errichtet. Schwindel würde jeden ergreifen, der von ihr in die Tiefe hinabschauen würde, denn sein Blick könnte diese Tiefe nicht fassen."[8] Die Aussicht war schwindelerregend. Und hier versuchte Satan Jesus, zu beweisen, dass er Gottes Sohn ist.

Satan zitierte zwei Verse aus Psalm 91 (Verse 11 und 12) und ließ dabei einen wichtigen Satz aus. Psalm 91,11 lautet nämlich: „Denn er hat seinen Engeln befohlen, dass sie dich behüten *auf allen deinen Wegen*" (Luther; Hervorhebung von der Autorin). Diese Auslassung ist bezeichnend. Das Alte Testament spricht oft von den „Wegen" eines gerechten Menschen:

- „Nun, ihr Israeliten! Was verlangt der Herr, euer Gott, von euch? Nichts anderes, als dass ihr ihn achtet und immer seinen *Wegen* folgt" (5. Mose 10,12).
- „Denn ich halte die *Wege* des Herrn und bin nicht gottlos wider meinen Gott" (Psalm 18,22; Luther).
- „Wohl dem, der den Herrn fürchtet und auf seinen *Wegen* geht!" (Psalm 128,1; Luther).
  (Hervorhebungen von der Autorin)

Durch diese raffinierte Auslassung forderte Satan Jesus auf, so zu handeln, wie dies ein gottesfürchtiger Mensch nie tun würde – etwas Spektakuläres zu tun, um mal so richtig groß rauszukommen.

Zusammenfassend können wir sagen, Satan wollte Jesus dazu bringen, anzugeben. Er verlockte ihn mit dem Sensationellen – schließlich wäre es doch ein toller Anblick, wenn Jesus sich mitten in Jerusalem von der Zinne des Tempels stürzen würde! Und wenn alle sähen, wie die himmlischen Heerscharen im Sturzflug herbeieilten, um den Sohn Gottes zu retten!

Aber Jesus weigerte sich, Gott auf die Probe zu stellen. Er wusste, dass Gott jederzeit ein Zeichen tun konnte (wie er es am Jordan mit der Taube getan hatte; s. Matthäus 3,16), aber er würde nicht von sich aus darum bitten. Die Kinder Israels hatten in der Wüste Zeichen um Zeichen verlangt, aber die Wunder hatten überhaupt nichts bewirkt. Jedes Mal, wenn Gott ihnen geantwortet hatte, fielen sie wieder in ihr falsches Verhalten zurück. Jesus weigerte sich, dem selbstsüchtigen Verlangen nachzugeben, Gott zu einer Reaktion zu zwingen, indem er sein Leben aufs Spiel setzte. Stattdessen achtete Jesus darauf, unter dem „Schatten von Gottes Flügeln" (Psalm 17,8; Luther) zu bleiben.

Jesus wusste: Herzen werden nicht durch Wunder verändert, sondern durch Gehorsam.

Ich frage mich, wie das bei Ihnen aussieht. Es kann schwer sein, ich weiß. Wir wünschen uns so oft ein Wunder – etwas, das uns überwältigt und in Erstaunen versetzt. Wir wünschen uns vielleicht im Grunde das Richtige, aber wir lassen uns von der Art und Weise blenden.

Gott hat uns seinen Heiligen Geist geschenkt, um uns zu führen und zu leiten. Er hat uns sein Wort gegeben als Licht, das Tag für Tag unseren Weg erhellt. Er hat uns den Leib Christi, die Gemeinde geschenkt, damit wir uns gegenseitig darin unterstützen, in Ehrfurcht vor Gott und in Hingabe zu leben (s. Philipper 2,12). Aber allzu oft genügt uns das nicht. Wir wollen die Super-Glücksgefühle, hätten

Gott manchmal gern wie einen Zauberer, der Wunder aus seinem Hut zieht.

Ich würde sagen, wenn Sie sich ein besonderes Gefühl wünschen, dann werfen Sie einen langen, intensiven Blick auf das Kreuz. Gott hat niemals ein größeres Zeichen gesetzt als damals, als sein Sohn aus Liebe zu Ihnen und mir an den Galgen ging.

Wird sie stehen bleiben oder wird sie fallen?

Satan kann und wird uns auf viele Arten versuchen. Was er nicht weiß, ist, wie wir reagieren werden. Werden wir es machen wie das kleine Mädchen bei der Geburtstagsfeier und uns das heruntergefallene Stück Kuchen einfach deshalb schnappen, weil es den Reiz hat, dass es nicht für uns gedacht ist? Werden wir es machen wie das Kind im Supermarkt und einen Anfall bekommen, wenn wir nicht bekommen, was wir wollen? Satan weiß es nicht.

Wir können nachgeben. Wir können uns wünschen, was wir nicht haben. Wir können uns die Herrlichkeit wünschen ohne das Leid. Oder wir können auf Jesus schauen, der uns bei seinen Begegnungen mit Satan gezeigt hat, welche die besten, die perfekten Antworten sind:

- „Gott ist mein Versorger."
- „Ich werde nicht versuchen, mich auf einem leichten Weg aus meiner schwierigen Aufgabe herauszustehlen."
- „Ich werde keine spektakulären Erlebnisse suchen; ich werde Gottes Angesicht suchen."

Ich weiß nicht, mit welchen Situationen Sie gerade jetzt konfrontiert sind, aber ich weiß, dass Jesus, unser Retter, seine Fußspuren in der Wüste hinterlassen hat, damit wir ihnen folgen können. Das, womit Satan uns versucht, ist niemals das, wonach wir uns wirklich sehnen. Es mag so scheinen, als würde es im Moment ein Bedürfnis befriedigen, aber es wird uns nur immer tiefer in die Wüste führen. Die Wege Jesu dagegen halten uns nahe am Herzen Gottes.

Lass los!

1. In welchen Bereichen Ihres Lebens werden Sie am stärksten versucht? Geht es darum, sich etwas zu nehmen, von dem Sie das Gefühl haben, dass Sie es jetzt brauchen? Sich einen leichten Ausweg aus einer schwierigen Situation zu suchen? Oder etwas völlig Unüberlegtes, Verantwortungsloses zu tun?
2. Was ist die stärkste Versuchung, mit der Sie zurzeit kämpfen?
3. In welchen Situationen in Ihrem Leben sind Sie versucht gewesen, einen leichten Ausweg zu suchen?
4. Gibt es in Ihrem persönlichen oder familiären Leben Bereiche, in denen Sie möglicherweise falsche Zugeständnisse gemacht haben?

Ein Loslass-Gebet

Himmlischer Vater,
ich danke dir, dass du deinen eigenen Sohn in der Wüste
versuchen ließest, damit ich lernen kann, Versuchungen zu
überwinden.
Ich bekenne, dass es Zeiten in meinem Leben gibt, in denen
ich mir nehmen will, was ich haben möchte, gleichgültig,
ob es wirklich gut, ob es dein Wille für mich ist oder nicht.
Vergib mir, Vater.
Ich bekenne, dass ich mich manchmal danach sehne, einen
leichteren Weg zu gehen als den, den du für mich vorgese-
hen hast. Vergib mir, Vater.
Ich bekenne, dass es Bereiche in meinem Leben gibt, die
nach den Maßstäben dieser Welt geprägt sind, nicht nach
dem, was in deinem Herzen gut ist. Vergib mir, dass ich das
zugelassen habe, Vater.
Lehre mich in deiner Gnade, Jesus ähnlicher zu werden.
Das bitte ich im Namen Jesu.
Amen.

8
Loslassen und mit dem Sieg leben

„Der überwindende Christ kämpft nicht um den Sieg; er feiert einen Sieg, der bereits errungen wurde. Das siegreiche Leben ist die Sache Christi, nicht deine" (Reginald Wallis).

„Der erste Schritt auf dem Weg zum Sieg ist, den Feind zu erkennen" (Corrie ten Boom).

„Schließlich habe ich gelernt, in jeder Lebenslage zurecht-zukommen. Ob ich nun wenig oder viel habe, beides ist mir durchaus vertraut, und so kann ich mit beidem fertig werden: Ich kann satt sein und hungern; ich kann Mangel leiden und Überfluss haben. Alles kann ich durch Christus, der mir Kraft und Stärke gibt" (Philipper 4,11-13).

„Lass dich nicht vom Bösen besiegen, sondern besiege das Böse durch das Gute" (Römer 12,21).

„Weil ihr Gottes Barmherzigkeit erfahren habt, fordere ich euch auf, liebe Brüder und Schwestern, mit eurem ganzen Leben für Gott da zu sein. Seid ein lebendiges Opfer, das Gott dargebracht wird und ihm gefällt. Ihm auf diese Weise zu dienen ist die angemessene Antwort auf seine Liebe" (Römer 12,1).

„Es ist nicht so, dass ich Angela nicht mag", begann sie. „Ich mag sie schon. Es ist nur, dass sie ein bisschen ... na ja, irgendwie so eine Musterchristin ist, wenn du weißt, was ich meine."

„Oh ja, allerdings", antwortete ihre Freundin und stellte ihre Kaffeetasse auf den Küchentisch. „Sie meldet sich immer freiwillig, wenn es irgendwas zu tun gibt. Das ist natürlich nett – aber manchmal zweifle ich wirklich an ihren Motiven."

„Ja, und dann dieses Lächeln", setzte die erste Frau hinzu. „Niemand kann die ganze Zeit so glücklich sein."

„Besonders mit diesem Ehemann!", bestätigte die zweite mit einem kurzen Lachen.

„Glaubst du, dass sie glücklich sind?"

„Das kann ich mir nicht vorstellen. Und trotzdem ist sie immer so nett zu ihm, wenn man sie zusammen sieht", bemerkte ihre Freundin.

„Das ist sicher bloß Schauspielerei, oder?"

„Na ja, aber eine Art von Schauspielerei, gegen die mein Mann auch nichts einzuwenden hätte!"

Es klingelte, und die Frau ging zur Tür, um nachzusehen, wer in aller Welt das sein konnte.

„Wer war das?", fragte ihre Freundin, als sie zurückkam.

„Jemand hat Blumen geschickt. Sie sind für mich. Mal schauen, wer mein heimlicher Verehrer ist!"

Ich denke an dich.
Angela

Der Duft der Blumen erfüllte jeden Winkel des Zimmers.

Mit unserem ganzen Leben für Gott da sein

In Römer 12, 1 fordert Paulus dazu auf, „mit eurem ganzen Leben für Gott da zu sein. Seid ein lebendiges Opfer, das Gott dargebracht wird und ihm gefällt". Jahrelang habe ich mit der Frage gerungen, was es konkret bedeutet, mit meinem ganzen Leben für Gott da zu sein. Wie sollte ich mit all den kleinen Dingen, die ich tagtäglich tue, für ihn da sein? Handelte es sich darum, alles im Gebet mit ihm zu besprechen, oder ging es um mehr? Wenn die Voraussetzung dafür, dass ich in meiner Schwachheit seine Kraft erfahren und so Versuchungen überwinden konnte, darin bestand, dass ich ihm alles auslieferte, was ich tat – wie sollte ich das dann machen?

Um diese Frage zu beantworten, möchte ich Sie gern mitnehmen auf die Freizeit „Spring Harvest", an der ich im Sommer 1980 in Großbritannien teilnahm. Mehr als zweitausend junge Menschen waren in der kleinen Stadt Prestatyn in Wales zusammengekommen. Ich gehörte zum Lobpreisteam, und der Hauptsprecher war der argentinische Evangelist Luis Palau. Ich war damals eine junge, eifrige Christin, und die Leidenschaft, mit der er sprach, fesselte mich. Ich war die meiste Zeit meines Lebens zur Kirche gegangen, aber ich wollte mehr als das. Ich wollte wissen, was Gott sich für mich vorstellte. Ich wollte meine Bestimmung erfüllen und die Gewissheit haben, dass mein Leben Bedeutung hatte und einen Unterschied machte. Ich wollte eine echte Jüngerin Jesu sein und nicht nur darüber reden.

Am letzten Abend der einwöchigen Freizeit sprach Luis über die Einladung Jesu, die im Matthäusevangelium festgehalten ist: „Wer mir nachfolgen will, darf nicht mehr sich selbst in den Mittelpunkt stellen, sondern muss sein Kreuz auf sich nehmen und mir nachfolgen. Wer sich an sein Leben klammert, der wird es verlieren. Wer aber sein Leben für mich einsetzt, der wird es für immer gewinnen" (Matthäus 16,24-25).

Ich hatte diesen Text seit meiner Kindheit gekannt, aber ich hatte ihn nie verstanden. Wie trug man ein Kreuz?

Damals fragte ich mich, ob der Evangelist Arthur Blessitt der Einzige war, der das „kapiert hatte". Seit dem 1. Weihnachtsfeiertag 1969 hatte er ein 3,60 Meter langes Kreuz um die Welt getragen und überall, wo er hinkam, über die Liebe Jesu gesprochen. Als ich sechzehn war, besuchte ich mit meiner Jugendgruppe eine Veranstaltung, auf der er sprach. Seine Botschaft inspirierte uns sehr – so sehr, dass George, ein Mitglied unserer Jugendgruppe, sich ein ähnliches Kreuz machte und es überallhin mitschleppte, wohin er ging. Das tat er zwei Wochen lang – bis er sich bei einem unserer „Glaubensmärsche" zu schnell umdrehte und meiner besten Freundin Andree den Querbalken vor den Kopf rammte. Was als „Glaubensmarsch" begonnen hatte, endete um ein Haar als Faustkampf! Danach schlug unser Pastor vor, dass er das Kreuz von nun an vielleicht besser zu Hause ließ.

Aber ehrlich gesagt, war ich verwirrt. Wenn Gott wollte, dass wir alle Kreuze mit uns herumtrugen, dann war ich bereit und unser Küchentisch musste dran glauben. Aber irgendwie ergab das keinen Sinn. Wir konnten das nicht alle machen – sonst würde die Welt zu einem Ort voller Menschen, die den Kopf voller Beulen hatten und nicht wussten, wo sie sich zum Mittagessen hinsetzen sollten.

Dann hörte ich Luis predigen, und zum ersten Mal begann ich zu verstehen. Luis Palau sprach darüber, dass unser Wille und unsere Gefühle oft nicht im Einklang mit dem Wort Gottes seien. Er sagte, oft befänden sie sich im Kriegszustand miteinander. Und die Lösung, die er vorschlug, klang einfach: Jedes Mal, wenn mein Wille sich im Widerspruch zu dem offenbarten Willen Gottes befinde, solle ich meinen Willen ganz bewusst dem Willen Gottes unterordnen und mich neu dafür entscheiden, mein Leben unter seinen Schutz zu stellen. Genau das würde es bedeuten, täglich mein Kreuz auf mich zu nehmen.

Gut, das hatte ich nun also verstanden. Aber in den Monaten, die auf diese Erkenntnis folgten, machte ich eine interessante Entdeckung: Manchmal wäre es viel leichter für mich gewesen, ein hölzernes Kreuz durch die Welt zu schleppen, als meinen Willen in Einklang mit dem Willen Gottes zu bringen. Eine bestimmte Aufgabe zu erfüllen, mag ja noch recht einfach sein, aber schlechte Gewohnheiten oder selbstsüchtige Verhaltensweisen zu überwinden, die man seit Jahren praktiziert hat, ist ein überaus schwieriges, mühsames Unterfangen.

Wie geht es Ihnen in dieser Hinsicht? Wir haben alle mit unterschiedlichen Schwierigkeiten zu kämpfen. Unser Wille, und in direktem Zusammenhang damit unsere Angst, machen es uns schwer, in manchen Bereichen unseres Lebens wirklich voranzukommen. Wir kämpfen mit dem, was wir als wahr erkannt haben, wir haben Schwierigkeiten damit, den Willen Gottes zu akzeptieren, und wir argumentieren, dass wir selbst am besten wüssten, was richtig ist. Mit anderen Worten, wir sind unseren eigenen Wünschen vollkommen ausgeliefert. Wir würden lieber dieses Holzkreuz nach Timbuktu und zurück tragen, als die Kontrolle über unser Leben loszulassen.

Aber das ist im besten Fall Dummheit – und im schlimmsten Fall bewusste Sünde. Jesus hat alles eingesetzt, was er hatte, damit Sie und ich von den Dingen befreit werden können, die uns gefangen halten. Warum entscheiden wir uns dann dafür, an ihnen festzuhalten?

Vielleicht, weil sie so vertraut oder tröstlich sind. Oder vielleicht, weil wir schwach sind. Corrie ten Boom schrieb, der erste Schritt auf dem Weg zum Sieg sei, den Feind zu erkennen[9], aber allzu oft sind wir unser eigener schlimmster Feind. Wenn wir uns selbst überlassen sind, werden wir uns unweigerlich trotz bester Absichten immer wieder selbst ein Bein stellen. Wenn wir jedoch lernen, unseren Willen mit Gottes Willen in Einklang zu bringen, wird er uns lehren, in jedem Bereich unseres Lebens siegreich zu sein, auch wenn wir in diesem Leben auf vielerlei Arten auf die Probe gestellt werden.

Wie Jesus Versuchungen überwand

Das griechische Wort, das in Lukas 4 für „Versuchung" benutzt wird, ist *pereismos*. Das bedeutet einfach „Prüfung". Das Wort Gottes unterscheidet drei Arten von Prüfungen: Satan versucht Menschen, Menschen können Gott versuchen oder prüfen, und Gott prüft sein Volk.

Lassen Sie uns einen kurzen Blick auf diese drei Aspekte werfen und nachlesen, wie das Wort Gottes uns anleitet, Versuchungen zu überwinden. Wir wollen uns mit den Wegen befassen, wie Versuchungen auf uns zukommen, und die Waffen anschauen, die Jesus benutzte, um sie zu überwinden.

Satan versucht Menschen

Paulus schrieb an die Gemeinde in Thessalonich: „Nun wollte ich aber genau wissen, wie es euch geht, und darum habe ich Timotheus zu euch geschickt. Er sollte mir berichten, ob euer Glaube all diesen Angriffen standgehalten hat oder ob euch der Versucher zu Fall bringen konnte. Dann allerdings wäre all unsere Arbeit vergeblich gewesen" (1. Thessalonicher 3,5).

Gott versucht uns nie oder stellt uns eine Falle, um zu sehen, ob wir ihm treu sind. Im Jakobusbrief lesen wir: „Niemand, der in Versuchung gerät, kann behaupten: ‚Diese Versuchung kommt von Gott.' Denn Gott kann nicht vom Bösen verführt werden, und er verführt auch niemanden zum Bösen" (Jakobus 1,13). Aber wie oft haben Sie schon gehört, dass Menschen Gott anklagen, wenn ihnen ein Unglück zustößt? Und wie oft sind Sie selbst dieser Ausrede zum Opfer gefallen?

Gott ist niemals der Urheber des Bösen. Satan ist es. Aber Satans Ziel ist, das vergessen zu machen. Wenn wir uns stets der Wahrheit bewusst sind, dass der Böse selbst derjenige ist, der uns heimtückisch lächelnd und mit Vorbedacht Böses über den Weg schickt, dann wird es uns leichter fallen, der Versuchung in der entsprechenden Situation zu widerstehen und sie zu überwinden.

Menschen können Gott versuchen oder prüfen

Das ist im Alten Testament wieder und wieder geschehen, wenn Gottes Volk ein Zeichen verlangte, um zu sehen, ob

Gott immer noch mit ihm war. Es ist wirklich verlockend, so etwas tun zu wollen. Ich kann mich an viele Situationen in meinem Leben erinnern, in denen ich wollte, dass Gott mir irgendein Zeichen gab, dass er meine Gebete gehört hatte oder dass er sah, was in meinem Leben vorging. Vielleicht haben Sie diese alte Methode auch schon ausprobiert, die Bibel einfach irgendwo aufzuschlagen und den Finger auf einen Vers zu legen.

Wenn ich an diese Momente zurückdenke, in denen ich zweifelte, dann sehe ich das heute so, dass ich Gott nicht genügend vertraut habe – und sogar, dass ich nicht daran geglaubt habe, dass Gott mich wirklich liebt.

Vielleicht ist das einer von Satans größten Tricks: dafür zu sorgen, dass wir die Liebe Gottes infrage stellen. Ich kann mir nur wenig vorstellen, womit wir Gott, unseren Vater, mehr verletzen als dadurch, dass wir seine Liebe anzweifeln. Was hätte er mehr tun können, um sie uns zu beweisen? Es ist eine Sache, wenn ein Mensch, der gerade erst zum Glauben gekommen ist, Gott um ein Zeichen bittet. Aber wenn wir in unserem Glauben wachsen, dann ist das Merkmal unserer zunehmenden Reife ja gerade, dass wir Gott mehr und mehr vertrauen. Wir können von Furcht und Zweifel schier überwältigt werden, oder wir können uns im Glauben an das halten, was wir als Wahrheit erkannt haben, und durch Vertrauen die Furcht überwinden.

Gott prüft sein Volk
Einer der wichtigsten Abschnitte der Thora steht in 5. Mose 8:

„Erinnert euch an den langen Weg, den der Herr, euer Gott, euch bis hierher geführt hat, an die vierzig Jahre in der Wüste. Er ließ euch in Schwierigkeiten geraten, um euch auf die Probe zu stellen. So wollte er sehen, wie ihr euch entscheiden würdet: ob ihr nach seinen Geboten leben würdet oder nicht. Er legte euch Entbehrungen auf und ließ euch hungern. Dann gab er euch das Manna zu essen, das weder ihr noch eure Vorfahren kanntet. Er wollte euch damit zeigen, dass der Mensch nicht allein von Brot lebt, sondern von allem, was der Herr ihm zusagt. In diesen vierzig Jahren ist eure Kleidung nicht verschlissen, und eure Füße sind nicht geschwollen. Daran könnt ihr erkennen, dass der Herr, euer Gott, es gut mit euch meint. Er erzieht euch wie ein Vater seine Kinder" (5. Mose 8,2-5).

Die Israeliten wurden während dieses Zeitraums ihrer Geschichte viele Male geprüft. Zuerst wurden sie von den Ägyptern versklavt. Dann, nachdem der Pharao sie „nur" 430 Jahre, nachdem sie in Gefangenschaft gerieten, ziehen ließ, änderte er plötzlich seine Meinung und schickte ihnen Soldaten hinterher. Sie müssen furchtbare Angst bekommen haben, als sie die Streitwagen sahen, die auf sie zustürmten.

Und schließlich irrten sie aufgrund ihrer falschen Entscheidungen vierzig Jahre lang in der Wüste umher. Sie gerieten an die Grenzen ihrer Kräfte, schrien zu Gott, dass er ihnen antwortete, und fragten sich, ob sie einen Fehler gemacht hatten, als sie Ägypten verließen.

Warum wurde ihnen so viel zugemutet? Ich meine: damit sie das Herz Gottes kennenlernten. Damit sie verstanden, dass sie geliebt und wertgeachtet waren. Damit sie begriffen, dass sie völlig auf Gott angewiesen waren und ihr Vertrauen ohne Wenn und Aber auf ihn setzen mussten. Und damit sie sahen, wozu sie imstande waren, wenn sie das wirklich taten. Ich glaube, eine der wichtigsten „Früchte" einer Prüfung ist, dass wir schließlich zu begreifen beginnen, dass wir, wie schwach wir selbst auch sein mögen, in der Kraft Jesu stark sein können. Im Vertrauen auf ihn. Jedes Mal, wenn wir geprüft werden und durch die Gnade Gottes standhalten, lernen wir ihn besser kennen und werden in der Zuversicht bestärkt, dass wahr ist, was Paulus schreibt: „Alles kann ich durch Christus, der mir Kraft und Stärke gibt" (Philipper 4,13).

Wenn wir diese drei Arten der Versuchung oder Prüfung näher anschauen, sehen wir sofort, wie bedeutungslos die beiden ersten sind. Wenn Satan uns versucht oder wenn wir Gott auf die Probe zu stellen versuchen, dient das keinem wirklichen Ziel. Aber wenn Gott uns prüft, tut er das unseretwegen – um uns zu zeigen, wie es in unserem Innern aussieht. (Es ist offensichtlich, dass er nicht herauszufinden braucht, wie es in seinem Innern aussieht.) Ich kenne sein Herz gut genug, um zu wissen, dass er uns nicht prüft, um uns zu beschämen. Ich glaube, es handelt sich dabei immer um ein Geschenk der Liebe – er schenkt uns eine Einsicht, die uns zum Segen dient. Er zeigt uns, wo wir stark sind: in ihm. Er sagt uns, dass es in Ordnung ist, dieses „Kreuz des ständigen Bemühens" abzulegen und uns ihm auszuliefern.

Finden Sie diesen Gedanken erschreckend? Jahrelang schleppte ich mein Kreuz durchs Leben, weil ich befürchtete, wenn ich es ablegte, könnten zwei Dinge geschehen. Erstens hatte ich Angst, dass mich der Feind überrumpeln könnte, wenn ich mich nicht länger so sehr darum bemühen würde, eine „gute" Christin zu sein. Ich wusste, dass er den Kindern Gottes Fallen stellt, und in meinem menschlichen Verstand dachte ich, je mehr ich mich anstrengte, desto schwieriger würde es sein, mich zu Fall zu bringen. Und zweitens befürchtete ich, wenn ich aufhören würde, mich so sehr zu bemühen, würde nur noch sehr wenig in mir übrig bleiben, das Gott lieben konnte.

Ich habe viele Jahre gebraucht, um zu verstehen, dass Gott schlicht und einfach von uns möchte, das anzunehmen, was er bereits für uns getan hat, und darin Ruhe zu finden. Ich habe erkannt: Wenn ich mich so sehr anstrenge, um ein gutes Leben zu führen, kreise ich vollkommen um mich selbst. Dann ist das Einzige, was ich sehe, dass ich Fehler mache oder versage. Wenn ich hingegen den Blick von mir selbst und meiner eigenen Leistung abwende und mich stattdessen auf die Liebe Gottes und die Gemeinschaft mit Jesus konzentriere, dann empfinde ich nicht nur eine erstaunliche Freude, sondern auch tiefen Frieden. Jesus will, dass wir in seinem Frieden leben. Er hat den Feind bereits überwunden. Er hat schon für unsere Schuld bezahlt.

Als ich ein junges Mädchen war, ließ ich einmal einen Porzellanteller fallen, der meiner Mutter viel bedeutete. Ich war entsetzt. Zuerst versuchte ich, alle Scherben zu verstecken, aber ich fühlte mich so jämmerlich schuldig, dass ich es ihr einfach sagen musste. Sie sah sich die Scherben an, um herauszufinden, ob man sie wieder zusammenkleben konnte, aber da war nichts mehr zu machen. Also warf sie die Scherben fort. Später im Laufe des Tages holte ich sie wieder aus dem Mülleimer, fest entschlossen, den Teller zu reparieren. Ich verbrachte einige frustrierende Stunden in dem fruchtlosen Bemühen, die Scherben wieder zusammenzukleben. Meine Mutter hörte mich in meinem Zimmer weinen, und als sie sah, was ich tat, sagte sie: „Sheila, ich habe dir schon verziehen, dass du den Teller kaputtgemacht hast. Das ist vergeben und vergessen. Denk einfach nicht mehr dran."

In der Liebe Gottes zu ruhen bedeutet, all die Bruchstücke loszulassen, die wir so krampfhaft festhalten, und uns stattdessen an ihn zu klammern. Eine Überwinderin ist keine Frau, die nie gefallen ist, sondern eine, die weiß, wo ihre wahre Stärke liegt.

Was hindert eine Überwinderin daran, zu überwinden?

Wenn wir über die drei Versuchungen nachdenken, die Satan Jesus in solch einer ansprechenden Verpackung präsentiert hat, dann erkennen wir, dass Furcht das gemeinsame „Geschenkband" ist, das sie verbindet. Bei der ersten Versuchung probierte Satan sich die Tatsache zunutze zu machen, dass Jesus buchstäblich zu verhungern begann. Er versuchte ihn dazu zu bringen, auf das zu schauen, was er nicht hatte.

Sehen Sie, wie Satan unsere Furcht benutzt, um uns vom Glauben abzubringen?

- Schau dir mal deine Kontoauszüge an. Diesen Monat kommst du bestimmt nicht über die Runden.
- Sieh mal, wie erschöpft du bist. Du hast nicht die Kraft, das zu tun, was erforderlich ist.
- Du hast dich schon wieder vollgefressen und deine Diät gebrochen. Du kannst genauso gut aufhören.
- Siehst du, wie deine Tochter dem Glauben den Rücken zukehrt? Sie wird nie zurückkommen. Du hast versagt.

Die ganze Zeit über flüstert er uns die tödliche Botschaft zu: *Sieh mal, wie schwach du bist. Es ist doch klar, dass du es nie schaffen wirst!*

Jesus gibt darauf eine kurze, kraftvolle Antwort. Er verweist uns auf das Wort Gottes. Damit können wir dem, was *im Moment wahr zu sein scheint*, das entgegensetzen, was *immer wahr ist.*

> „Macht euch keine Sorgen! Ihr dürft Gott um alles bitten. Sagt ihm, was euch fehlt, und dankt ihm! Und Gottes Friede, der all unser Verstehen übersteigt, wird eure Herzen und Gedanken im Glauben an Jesus Christus bewahren" (Philipper 4,6-7).

In der englischen Bibelübersetzung „The Message" lautet der letzte Satz dieses Abschnitts folgendermaßen: „Es ist wundervoll, was geschieht, wenn Christus die Sorge aus dem Mittelpunkt eures Lebens entfernt." Ich liebe diesen Satz. So hat Jesus die Versuchung überwunden, und so wird es auch uns gelingen.

Dann präsentierte Satan seine zweite Versuchung: Er wollte Jesus dazu bringen, einen leichten Ausweg aus dem Schmerz zu wählen. Ich denke, wenn wir einmal im Himmel sind, wird es interessant sein zu sehen, wie wir dann über den Schmerz und das Leid denken, das wir hier auf Erden durchgemacht haben. Ich versuche hier keinesfalls, die Not zu bagatellisieren, die viele von uns während unseres Lebens ertragen müssen. Ich habe mit Eltern gesprochen, die ihre Kinder verloren haben. Ich habe Frauen im Gefängnis besucht, deren Leben durch die Grausamkeit anderer Menschen zerstört worden war. Ich habe eine Frau kennengelernt, die keine Kinder bekommen kann, weil ihr Becken zertrümmert wurde, als ihr Vater sie als Kind vergewaltigte.

Das Böse ist ganz real. Aber es ist längst nicht so stark wie die Liebe Gottes. Auch wenn wir einen Weg vor uns haben, den wir uns nie freiwillig ausgesucht hätten, will Gott uns als Erlöser dabei zur Seite stehen, davon bin ich fest überzeugt. Nichts, was wir erlebt haben, ist umsonst gewesen, und nichts, was wir verloren haben, ist für immer verloren. Ebenso wie Satan es liebt, uns zu zeigen, was uns fehlt, liebt er es, mit unserer Furcht zu spielen. Aber Jesus hat gesagt, dass seine Gnade genügt. Nichts von dem, was heute oder morgen auf Sie oder mich zukommt, werden wir allein bewältigen müssen. Jesus wird in allem, was wir zu ertragen haben, bei uns sein.

Denken Sie einmal an Paulus. In seinem zweiten Brief an die Christen in Korinth schrieb er ihnen, dass er etwas hatte, was er als „Stachel im Fleisch" bezeichnete. Er hatte Gott drei Mal gebeten, ihn zu entfernen, und Gott hatte nein gesagt. Aber hören Sie, wie Paulus auf diese Antwort reagierte:

> „Ich habe unbeschreibliche Dinge geschaut. Aber damit ich mir nichts darauf einbilde, hat Gott mir einen ‚Stachel ins Fleisch' gegeben: Ein Engel des Satans darf mich mit Fäusten schlagen, damit ich nicht überheblich werde. Dreimal habe ich zum Herrn gebetet, dass der Satansengel von mir ablässt. Aber der Herr hat zu mir gesagt: ‚Du brauchst nicht mehr als meine Gnade. Je schwächer du bist, desto stärker erweist sich an dir meine Kraft'" (2. Korinther 12,7-9; Gute Nachricht).

Als Letztes versuchte Satan Jesus damit, durch eine spektakuläre Tat auf sich aufmerksam zu machen. Er probierte die mögliche Befürchtung auszunutzen, in Gottes großem Plan nur eine unbedeutende Rolle zu spielen.

Haben Sie manchmal das Gefühl, ein Niemand zu sein? Fragen Sie sich, ob irgendjemand sieht, was Sie alles tun, oder ob irgendjemandem etwas an Ihnen liegt? Haben Sie manchmal das Gefühl, dass Ihre Stimme einfach nie gehört wird? Unsere Kultur und manchmal auch unsere Gemeinden scheinen mehr Wert auf Charisma als auf Charakter zu legen. Sie sehen es tagtäglich in den Nachrichten. Wir machen Helden aus ganz fehlerhaften Menschen und fragen uns dann, warum sie eine klägliche Bruchlandung machen.

Es ist schon immer eine von Satans mächtigsten Waffen gewesen, uns damit zu versuchen, „jemand" sein zu wollen. Im Paradies war das der Trick, mit dem er sich Eva angenähert hat: „Gott weiß: Wenn ihr davon esst, werden eure Augen geöffnet – ihr werdet sein wie Gott und wissen, was Gut und Böse ist" (1. Mose 3,4). Dieses Angebot war so verlockend, dass Eva ihm nicht widerstehen konnte, und so nahm sie eine Frucht von dem einzigen Baum im Garten, der ihr verboten war.

Satan sprach Jesus auf der Zinne des Tempels nach derselben Methode an: *Zeig ihnen doch, was du draufhast! Zeig ihnen, wer du wirklich bist!* Vielleicht hoffte Satan, dass Jesus sich zu Tode stürzen würde.

Wie oft hat Satan uns dadurch zu Fall gebracht, dass er uns verlockt hat, uns etwas herauszunehmen, was uns nicht zustand? Macht ist eine starke Droge. Satan flüstert uns zu: *Du kannst dir das erlauben, es passiert schon nichts.* Aber Jesus sagte: „Es steht aber auch in der Schrift: Du sollst Gott, deinen Herrn, nicht herausfordern!" (Matthäus 4,7). Gott, und Gott allein, gebührt alle Ehre. Unser Teil ist, seine Fürsorge zu genießen.

Wir brauchen nichts zu fürchten. Gott hat uns immer

und immer wieder gezeigt, dass er nur unser Bestes im Sinn hat. Er wird für uns sorgen. Er wird uns trösten. Er wird sich uns offenbaren.

Die Freude des Dienens

Während der letzten zwölf Jahre bin ich jedes Jahr etwa dreißig Wochenenden mit einem Team von Frauen unterwegs gewesen, die sich „Women of Faith" nennen. In der letzten Zeit hat sich das Stammteam ein bisschen verändert. Wir haben unsere liebe Barbara Johnson verloren, die im Juli 2007 an einem Gehirntumor starb, und Anfang 2008 nahm Thelma Wells andere Einladungen als Sprecherin auf Konferenzen und im Fernsehen wahr. Aber zehn Jahre lang waren wir alle zusammen.

Eine der größten Lektionen, die Gott mich während dieser Jahre gelehrt hat, ist, wie viel Freude es macht, denen zu dienen, die mit uns unterwegs sind und Seite an Seite mit uns arbeiten. Seite an Seite mit uns, nicht hinter oder unter uns. Es gibt etwas in uns, das sich dagegen sträubt, mit anderen verglichen zu werden, aber wenn es sich nicht vermeiden lässt, dann würden wir schon gern ganz oben stehen. Einer der befreiendsten „Geheimtipps" Gottes ist, für den Erfolg der Menschen zu beten, die um uns herum sind. Satan hasst es, wenn wir uns weigern, seinem Theater auf den Leim zu gehen. Aber ich habe entdeckt, dass es schwierig ist, auf die Nase zu fallen, wenn wir jemandem die Füße waschen.

Jesus zeigte seinen Freunden, dass in der neuen Welt Gottes ganz andere, neue Lebensregeln gelten:

„Als sie im Haus waren, fragte Jesus die Jünger: ‚Worüber habt ihr unterwegs gesprochen?‘ Doch sie schwiegen verlegen; denn sie hatten sich darüber gestritten, wer von ihnen der Wichtigste sei. Jesus setzte sich, rief die zwölf Jünger zu sich und sagte: ‚Wer der Erste sein will, der soll sich allen anderen unterordnen und ihnen dienen‘“ (Markus 9,33-35).

Zu den größten Vorteilen, die es hat, wenn wir dieses selbst gemachte Kreuz ablegen, das wir durchs Leben schleppen, gehört, dass wir dadurch die Hände frei bekommen. Wir werden frei, unseren Vater anzubeten. Wir werden frei, unserer Schwester die Füße zu waschen. Wir werden frei, Seite an Seite durchs Leben zu gehen, ohne uns gegenseitig an die Köpfe zu schlagen und Splitter ins Haar zu bekommen. Wir werden frei, Jesus ähnlicher zu werden.

Je länger ich mein Leben in der Beziehung zu Jesus lebe, desto einfacher scheint es zu werden. Bitte beachten Sie: Ich sagte *einfacher,* nicht *leichter.* Wenn ich an meine Teenagerzeit zurückdenke und an die Verwirrung, die der Ausdruck „sein Kreuz auf sich nehmen" in mir auslöste, dann erkenne ich heute: Eine Überwinderin in Jesus zu sein bedeutet einfach, die Dinge zu tun, wie Jesus sie getan hat. Die großartige Nachricht bei alldem ist: Was Jesus die Kraft gab, dem Feind zu widerstehen, den inneren Kampf zu gewinnen oder die Ablehnung seitens seiner Mitmenschen zu ertragen, war das Wort Gottes und die Gemeinschaft mit dem Vater. Wir mühen uns oft so ab, alles richtig zu machen, aber Jesus hat gesagt: „Folgt einfach mir und tut, was ich tue!"

Lass los!

1. In welchen Bereichen Ihres Lebens können Sie sich einladen lassen, Ihren Willen mit dem Willen Gottes in Einklang zu bringen?
2. In welchen Situationen fällt es Ihnen schwer, Gott zu vertrauen? Woran liegt das Ihrer Ansicht nach?
3. Haben Sie in irgendeinem Punkt das Gefühl, Sie würden Ihr Kreuz durchs Leben schleppen?
4. Auf welche neuen Weisen könnten Sie Ihren Mitmenschen dienen?

Ein Loslass-Gebet

Himmlischer Vater,
ich danke dir, dass keine Versuchung auf mich zukommen wird, mit der Jesus nicht vor mir konfrontiert wurde. Ich bekenne dir, dass meine Entscheidungen manchmal nicht von Glauben, sondern von Furcht motiviert sind, und dass ich deshalb oft ein schweres Kreuz mit mir herumschleppe. Hilf mir, die Furcht aus meinem Lebensmittelpunkt zu rücken und Jesus an ihre Stelle zu setzen. Hilf mir, die Lügen des Feindes zu erkennen und ihnen zu widerstehen. Danke, dass du mich gerade jetzt genau so liebst, wie ich bin, und dass Überwinder am besten auf ihren Knien dienen können.
Ich preise dich im Namen Jesu.
Amen.

9

„Schäm dich ... nicht!"

„Der Sinn unserer Schuld ist, uns zu Jesus zu bringen. Sobald wir dort sind, hat sie ihren Zweck erfüllt. Wenn wir damit fortfahren, uns schuldig zu fühlen und uns Vorwürfe zu machen, ist das in sich selbst Sünde" (Corrie ten Boom).

„Nichts ist so bohrend, nichts so bitter wie Scham" (William Langland).

„Wenn wir von Schamgefühlen durchdrungen sind, leben wir in der ständigen Überzeugung, ein durch und durch schlechter, unfähiger, fehlerhafter, wertloser Mensch zu sein" (Merle Fossum).

„Da schleppten die Pharisäer und Schriftgelehrten eine Frau heran, die beim Ehebruch überrascht worden war, stießen sie in die Mitte und sagten zu Jesus: ‚Lehrer, diese Frau wurde auf frischer Tat beim Ehebruch ertappt'" (Johannes 8,3-4).

„Der Pharisäer hatte das alles beobachtet und dachte: ‚Wenn dieser Mann wirklich ein Prophet wäre, müsste er doch wissen, was für eine Frau ihn da berührt'" (Lukas 7,39).

Sie hatte keinen Führerschein, und weil keiner angeboten hatte, sie abzuholen, nahm sie den Bus. Die Einladung, mit ihren Kolleginnen zum Abendessen zu gehen, hatte sie überrascht. Im Büro waren sie freundlich zu ihr, aber es war klar, dass sie nicht wirklich dazugehörte. Als sie über die Einladung nachdachte, fragte sie sich, ob sie sich verpflichtet gefühlt hatten, sie einzubeziehen. Denn sie war in die Teeküche gekommen, als sie gerade über ihre Pläne für den nächsten Abend gesprochen hatten.

„Ach, Eva, wir haben gerade über eine kleine Party gesprochen, die wir morgen Abend feiern wollen. Nichts Besonderes, aber wir würden uns freuen, wenn du kommst", hatte eine von ihnen gesagt.

Im ersten Moment war sie überglücklich gewesen. Vielleicht war das die offene Tür, für die sie gebetet hatte. Aber als sie im Bus saß, kamen ihr immer mehr Zweifel, und sie begann sich wie ein Dummkopf zu fühlen.

„Warum habe ich nicht gesagt, dass ich schon etwas vorhabe?", fragte sie sich, während ihre Frustration und ihre Furcht zunahmen.

Der Regen setzte ein, als sie aus dem Bus stieg. Es war die Haltestelle, die dem Haus der Millers am nächsten war, aber es war immer noch ein Fußweg von einigen Minuten. Als der Bus abfuhr, fuhr der Hinterreifen durch eine riesige Pfütze und bespritzte ihre Schuhe und ihren Mantel über und über mit Schmutzwasser. Sie zog sich ihr Schaltuch über den Kopf und eilte die Straße hinunter.

Als sie ankam, hörte sie, dass im vorderen Zimmer des Hauses Musik erklang. Sie blieb stehen und spähte durchs Fenster auf die Kolleginnen, die dort versammelt waren. Sie sahen so aus, als würden sie zusammengehören. Sie lachten und redeten, und in dem Moment wusste Eva, dass sie nicht hineingehen konnte. Sie gehörte nicht dazu.

Sie zog sich das Schaltuch tiefer in die Stirn und eilte davon in den Regen.

Scham oder Schuld?

Billiges Parfüm. Genauso empfinde ich Scham. Sie ist wie das billige, süßliche Parfüm, das ich als Kind zu Weihnachten bekam. Es befand sich in einer kleinen Flasche in Hundeform, die ich wunderbar fand, aber der Geruch darin war schrecklich. Als ich bei einem dieser Weihnachtsfeste die Flasche öffnete und daran schnupperte, in der Hoffnung, dass der Hersteller dieses Jahr etwas erfunden hatte, das ein bisschen besser roch, rannte mein kleiner Bruder mit seinem neuen Roboter vorbei. Er rammte mich in voller Fahrt und die ganze Flasche ergoss sich über meinen Pullover. Der Geruch war grauenhaft. Ich zog meinen Pulli aus, nahm ein Bad und dann noch ein Bad. Aber ich roch bis Ostern nach diesem billigen Parfüm!

Scham ist etwas, wovon einem übel wird. Sie ist eine schwere Last. Lewis Smedes beschrieb sie in seinem wunderbaren Buch „Shame and Grace" als „ein totes Gewicht von Nicht-genügen-Können". Sie ist wie ein ausgehungertes, forderndes Monster, dem wir fortwährend zu essen geben, damit es aufhört zu brüllen – aber es ist nie genug. Es sitzt in unserer Magengrube oder schlingt seine kalten Arme um unsere Schultern. Und es lässt nicht los.

Schuld ist etwas anderes. Schuld hat einen Sinn. Sie ist dazu da, dass wir (hoffentlich) etwas lernen, und sie hat einen Anfang und ein Ende. Scham ist nicht so klar definiert wie Schuld. Sie scheint keinen Anfang und kein Ende zu haben; sie ist einfach da.

Die Schuld sagt mir, dass ich etwas verkehrt *gemacht* habe. Wenn mir das bewusst ist, gibt es Hoffnung. Ich kann zu dem Menschen gehen, den ich verletzt habe, und ihn bitten, mir zu vergeben. Oder ich kann etwas tun, um das Unrecht, das ich begangen habe, wiedergutzumachen.

Die Scham hingegen sagt mir, dass ich verkehrt *bin*. Wenn ich in diesem Bewusstsein lebe, gibt es keine Hoffnung für mich. Wohin soll ich mich wenden, um in meinem tiefsten Innern verändert zu werden? Wie kann ich das in Ordnung bringen?

Mein Sohn ist jetzt beinah zwölf, und ich finde es interessant zu beobachten, wie er mit dem umgeht, was er erlebt. Wenn Christian etwas Verkehrtes getan hat, hat er ein sehr angemessenes Schuldgefühl.

Barry fragte mich, bevor dieses Mal die Konferenzen der „Women of Faith" begannen: „Meinst du, es würde Christian Spaß machen, ein Rap-Video von einem christlichen Song aufzunehmen, den er besonders mag? Den könnten wir dann unserem Publikum zeigen." Ich fand die Idee toll. Christian war schon im Alter von sechs Wochen mit mir herumgereist und hatte mich begleitet, bis er acht Jahre alt war. So fragten unsere Konferenzteilnehmer oft, wie es ihm ging und wie er jetzt aussah.

Barry hat früher einmal fürs Fernsehen gearbeitet, und gemeinsam mit unserem Freund Dave Koss drehte er mit Christian einen Spot in unserer Garage. Als sie fertig waren, hatten wir große Papierrollen und eine Reihe Farbdosen übrig (es war ein ziemlich lebendiger Spot). Daher sagte Barry Christian, er könne in den Garten gehen und das Papier so einsprühen, wie er wollte. Später an diesem Abend ging Barry mit unseren Hunden in den Garten und stellte zu seinem Schrecken fest, dass sich dessen Anblick ziemlich verändert hatte. Unsere Magnolie war nun an verschiedenen Stellen rosa eingefärbt. Ein Teil unseres Zaunes war blau. Und auf der Seitenwand unseres Hauses stand in so großen Buchstaben, dass man sie in Schottland lesen konnte, ein kurzes, prägnantes „Hi!" Barry schnappte nach Luft.

Als er Christian darauf ansprach, erstarrte unser Sohn. Schließlich stammelte er etwas davon, dass die Dämpfe aus den Sprühdosen ihm zu Kopf gestiegen wären und dass er sich an nichts erinnern könnte. Barry forderte ihn auf, in sein Zimmer zu gehen und in Ruhe nachzudenken, um seinem Gedächtnis auf die Sprünge zu helfen.

Als Christian schließlich herunterkam, war er sehr zerknirscht. Während ihm die Tränen übers Gesicht liefen, sagte er uns beiden, dass er verstünde, wie enttäuscht wir von ihm wären und darüber, wie der Garten jetzt aussähe. Er bot an, von seinem Taschengeld Farbentferner zu kaufen und einen Tag damit zu verbringen, den Garten wieder in seinen ursprünglichen Zustand zu versetzen. Und das tat er auch – mit solcher Gründlichkeit, dass er die rosa Farbe von jedem einzelnen Magnolienblatt entfernte!

Ich war sehr dankbar, dass mein Sohn zu dieser Art von Reue imstande war. Er hatte einen Prozess durchlaufen und begriffen, was das, was er im Übermut angerichtet hatte, bei uns bewirkte. Das ist ein angemessenes Schuldgefühl, nicht Scham.

Scham ist eine zerstörerische Krankheit der Seele. Sie sagt uns, dass wir uns verstecken müssen. Sie sagt uns, dass wir nicht dazugehören. Sie sagt uns, wenn die Menschen wüssten, wie wir wirklich sind, würden sie uns bitten zu gehen. Scham braucht noch nicht einmal einen Sinn zu haben, denn sie wiegt so schwer und nimmt so viel Raum in unserem Leben ein, dass wir gar nicht auf die Idee kommen, ihr Existenzrecht infrage zu stellen. Schuldbewusstsein wäre die angemessene Reaktion auf Adams und Evas tragischen Ungehorsam im Garten Eden gewesen, aber die Schlange hüllte sie in ihren höllischen Dunst der Scham ein. Schuld kann eine Tür sein, aber Scham ist immer eine Sackgasse.

Aber das Schlimmste von allem ist, Scham gewährt keine Hoffnung.

Verzweifelt genug, um es zu versuchen

Im Markusevangelium steht die Geschichte einer Frau, die an ihrer Hoffnung festhielt, obwohl andere sie mit Scham überhäuft hatten.

> „Unter den Leuten war auch eine Frau, die seit zwölf Jahren an starken Blutungen litt. Sie hatte sich schon von vielen Ärzten behandeln lassen und dabei ihr ganzes Vermögen ausgegeben. Aber niemand hatte ihr helfen können. Ihr Leiden war eher schlimmer geworden" (Markus 5,25-26).

Es ist für uns heute schwer nachzuvollziehen, was das für eine Frau in ihrer Kultur bedeutete. Die meisten Theologen stimmen darin überein, dass sie wahrscheinlich aus der Gebärmutter blutete. Das hieß, dass sie „unrein" war. Die Probleme, die solch eine zeremonielle Unreinheit für eine Jüdin mit sich brachte, waren enorm; sie wurde damit buchstäblich zu einer Ausgestoßenen.

> „Hat eine Frau Blutungen über die normale Zeit hinaus oder außerhalb ihrer monatlichen Regel, dann ist sie während die-

ser Tage unrein wie zur Zeit ihrer Monatsblutung. Jedes Bett, auf dem sie liegt, und jeder Gegenstand, auf dem sie sitzt, wird unrein. Wer eines dieser Dinge berührt, wird ebenfalls unrein" (3. Mose 15,25-27).

Diese Frau hatte kein Leben mehr. In ihrer Verzweiflung hatte sie jeden Cent, den sie besaß, dazu benutzt, sich behandeln zu lassen. Sie war nicht nur nicht geheilt worden, sie war bankrott und es ging ihr schlechter als je zuvor. Sie war verzweifelt. Sie hatte von einem Mann gehört, der Kranke heilte, und ich kann mir vorstellen, dass sie dachte, dies sei ihre letzte Chance.

Damals herrschte der weitverbreitete Aberglaube, dass die Kraft eines Menschen auf seine Kleidung übertragen wurde, und so glaubte sie, wenn sie nur den Saum von seinem Gewand berühren könnte, würde sie geheilt werden. Das Reizvolle an dieser Möglichkeit war auch, dass die Heilung anonym vonstattengehen konnte. Sie konnte sich heranschleichen, sein Gewand berühren und wieder in der Menge verschwinden. Ihre Schamgefühle redeten ihr ein, dass sie nicht dazugehörte, aber sie sehnte sich verzweifelt nach Hoffnung.

Jesus war in die Stadt gekommen. Sie hatte den Lärm gehört, als sie in einer ruhigen Seitenstraße kauerte. Es war nicht der Lärm einer aufgebrachten Menschenmenge oder der Lärm, den die römischen Soldaten machten, wenn sie durch die Stadt ritten; es war der Klang der Hoffnung. Sie hatte gewartet, bis die Menge vorübergezogen war, und dann zwang sie sich, ein paar Schritte auf sie zuzumachen. Ihre Gedanken überschlugen sich.

Was ist, wenn mich jemand sieht?
Was ist, wenn ich erkannt werde?

Oder, noch schlimmer: *Was ist, wenn ich ihn berühre und es passiert nichts? Wie soll ich dann weiterleben?*

Sie wusste, dass sie es versuchen musste. Ihr Leben konnte ja kaum noch schlimmer werden, als es war.

Sie war krank vor Verzweiflung und Einsamkeit. Mit gesenktem Kopf näherte sie sich der Menge. Die Leute standen dicht gedrängt. Sie schubsten einander zur Seite, um Jesus besser zu sehen, um ihm näher zu kommen. Ironischerweise war es gerade ihre Scham, die bewirkte, dass man ihr Platz machte. Wegen ihres nach vorn gebeugten, gesenkten Kopfes drehten sich ein oder zwei Leute um, um zu sehen, was hinter ihnen war, und machten gerade genug Platz, dass sie ihren schmalen Arm ausstrecken und Jesus am Saum seines Gewandes fassen konnte.

Da, im Bruchteil einer Sekunde, geschah es. Sie spürte es in ihrem Innern! Es war, als hätte jemand die Gardinen aufgezogen, die die dunklen Tiefen ihrer Seele verhüllten, sodass sie von einem blendend hellen, heilenden Licht durchflutet wurde. Sie wusste nicht, ob sie lachen oder weinen sollte. Sie hörte ein Lachen, aber sie spürte Tränen. Es war wahr! *Er ist der Messias und ich habe ihn berührt!* Sie dachte an ihre Familie. Jetzt konnte sie ihre Lieben in die Arme schließen. Endlich konnte sie sie berühren und für sie kochen und ihnen in die Augen schauen.

Gerade in dem Moment, als sie sich umdrehte, um durch die Menge davonzuschlüpfen, passierte etwas. Jesus war es gewöhnt, von schiebenden Menschenmengen umgeben zu sein, aber er wusste, dass etwas anderes geschehen war. Er hatte gespürt, dass heilende Kraft aus seinem Körper geströmt war. Er fragte: „Wer hat mich berührt?" Die Jünger fanden diese Frage lächerlich – schließlich war er von Leuten umgeben, die sich um ihn herumdrängten –, aber Jesus wartete geduldig auf eine Antwort.

Die Frau hätte nichts zu tun brauchen; Jesus hätte sie in der Menge untertauchen lassen. Aber er gab ihr Gelegenheit zu reden. Er gab ihr Gelegenheit, auf einer tieferen Ebene geheilt zu werden. Sie war von ihrem körperlichen Gebrechen geheilt worden, aber sie musste auch ihre Scham loslassen.

Es muss diese Frau all ihren Mut gekostet haben, nach vorn zu kommen, aber sie tat es. Sie erzählte Jesus die ganze Geschichte. Und Jesus sagte zu ihr: „Meine Tochter, dein Glaube hat dir geholfen. Gehe in Frieden. Du bist geheilt" (Markus 5,34). Dies ist das einzige Mal in allen vier Evangelien, dass Jesus eine Frau als „Tochter" anspricht. Ich bin sicher, das dieses zärtliche, vertraute Wort ihre Scham so schnell vertrieb wie die Morgensonne den Frühnebel.

Loslassen

Als ich die Geschichte dieser Frau noch einmal las und mir vorstellte, wie das damals war, sah ich auf einmal Sie und mich neben ihr stehen. Unsere Probleme mögen anders sein, aber wir haben dieselben Bedürfnisse. Eines der beängstigendsten Dinge, die wir auf dieser Erde tun können, ist auszusprechen, dass wir ein Problem haben. Unsere Scham will uns daran hindern, unser Geheimnis preiszugeben, aber wer besitzt den Schlüssel zu unserem Gefängnis? Wenn wir beschließen, dass es Zeit ist zu reden, entdecken wir, dass wir selbst ihn die ganze Zeit in der Hand gehalten haben.

Diese Frau streckte sich nicht nur nach Hilfe aus, sie

streckte sich nach Jesus aus. In unserer Gesellschaft gibt es viele Angebote, wohin schamerfüllte Menschen sich wenden können, aber nur Jesus hat die Kraft zu heilen. Vielleicht besteht das Befreiendste an ihrer Geschichte für uns darin, dass sie Jesus die ganze Wahrheit sagte. Sie erzählte ihre Geschichte und hat es überlebt. Sie hat uns einen Weg gezeigt, dem wir folgen können.

Sie ging ein Risiko ein

Diese Frau ging den ersten entscheidenden Schritt, überhaupt etwas zu *unternehmen*. Das ist vielleicht das Schwierigste von allem. Es ist ein Risiko zuzugeben, dass wir ein Problem haben. Wenn wir Schamgefühle hegen, ist das schwer, denn die Scham versucht uns davon abzuhalten, jemals wieder ein Risiko einzugehen.

Das Entscheidende bei alldem ist, wie verzweifelt wir sind. Mir hat einmal jemand gesagt, wenn die Qual, so zu bleiben, wie ich bin, mir mehr Not bereiten würde als die Furcht vor der Veränderung, sei ich bereit, mich zu verändern. Bei mir war es 1992 so weit. Ich wusste wirklich nicht, was mit mir los war, aber ich wusste, dass ich mich elend fühlte und keinen Lebensmut mehr hatte. Wenn ich in der Lage gewesen wäre, eine Sünde zu nennen, die ich begangen hatte oder in der ich lebte, hätte ich sie bekannt. Aber das war nicht der Punkt. Der Punkt war, dass ich das Gefühl hatte, durch und durch „schlecht" zu sein.

Kommt Ihnen das irgendwie bekannt vor? Leben Sie in dem ständigen Gefühl, nicht gut genug zu sein? Unsere Scham isoliert uns. Wir machen den Mund nicht auf, denn wer sind wir schon, dass wir etwas zu sagen hätten? Wir fühlen uns nicht frei, gemeinsam mit anderen zu beten, weil wir sicher sind, dass sie uns in irgendeiner Hinsicht verurteilen.

Es hätte damals ganz anders laufen können für jene Frau in der Menge. Was wäre gewesen, wenn sie es bis zu Jesus geschafft hätte und im letzten Moment auf ihre alte innere Stimme gehört hätte, die ihr sagte, dass sie nicht das Recht hatte, in der Öffentlichkeit auch nur ihr Gesicht zu zeigen? Vielleicht hätte sie sich für den Rest ihres Lebens gefragt, ob das ihr Moment gewesen war, und sich Vorwürfe gemacht, dass sie ihn nicht genutzt hatte.

Sie streckte sich nach Jesus aus

Diese Frau hörte, dass da jemand war, der Menschen heilte, und dass er Jesus hieß. Sie ging zu dem Einzigen, der imstande zu sein schien, Leben zu verändern. Obwohl mein eigener Lebensweg mich in eine Klinik führte, wo ich wegen einer Depression behandelt wurde und eine hervorragende Therapie erhielt, wusste ich, dass nur Jesus Christus, mein Erlöser, imstande sein würde, mich im tiefsten Innern zu heilen. Er ist der Einzige, der die Krankheit heilen kann, die unsere Seele befallen hat.

Ich finde es so wunderbar, dass die Frau direkt zu Jesus ging. Sie versuchte nicht, einen seiner Freunde anzusprechen und ihn dazu zu bringen, sie Jesus vorzustellen; sie ging direkt zu ihm. Manchmal neigen wir dazu, uns an unsere Freunde zu wenden, ehe wir uns zu dem Vater unserer Freunde begeben. Ich glaube von ganzem Herzen an die Bedeutung und Kraft, die der Leib Christi besitzt, aber wir dürfen nie vergessen, dass Christus selbst das Haupt ist.

Sie erzählte ihre Geschichte und ließ dadurch zu, dass sie wahrgenommen wurde

Ich glaube, das ist der schönste Teil ihres Heilungsweges. Jesus ließ ihr die Wahl. Sie hätte ihre Heilung empfangen und wieder in der Menge untertauchen können, aber sie entschloss sich zu reden. Sie entschloss sich, Jesus ihre Geschichte zu erzählen, und empfing einen noch größeren Segen. Als Jesus fragte: „Wer hat mich angefasst?", hätte sie ungesehen davongehen können. Sie wäre körperlich gesund gewesen, aber im Herzen krank geblieben.

Ich werde nie das erste Mal vergessen, als ich vom Podium herab meine Geschichte erzählte. Ich hatte schreckliche Angst. Vor einer großen Schar von Christinnen zu stehen und zuzugeben, dass die Scham und Verzweiflung, die ich in meinem Leben empfand, mich in ein „Gefängnis" gebracht hatten, ehe ich freigesetzt werden konnte, widersprach allem, was ich von Kind an geglaubt hatte. Mit elf Jahren gab ich mein Leben Jesus, aber ich behielt meine Scham. Ich glaubte, wenn irgendjemand wüsste, was für ein wertloser Mensch ich wäre, würde ich bloßgestellt und ausgestoßen werden.

Ob Sie mir das glauben oder nicht – ich habe immer noch manchmal mit diesem Problem zu kämpfen. Obwohl ich zu einem Team wunderbarer Frauen gehöre, die mich lieben und meine Freundinnen sind, gibt es Momente, in denen meine alten Überzeugungen sich wieder zu Wort melden. Satan flüstert:

- *Du gehörst nicht hierher.*
- *Die Leute haben dich nicht wirklich gern.*
- *Jeder kann sehen, dass mit dir irgendwas nicht stimmt.*

Wenn das geschieht, muss ich mich ganz bewusst entscheiden, den Lügen des Feindes zu widerstehen. Ich muss mich daran erinnern: Auch wenn meine Kindheit sehr stark von Schamgefühlen geprägt und überschattet war – als Frau Gottes habe ich eine ganz neue Seite aufschlagen dürfen. Das Bild, das ich nun in meinem Innern trage, ist bunt und schön. Wie alle Erwachsenen bin auch ich manchmal enttäuscht und frustriert, aber Gott hat mich verändert. Er flüstert mir zu:

- *Du bist schön.*
- *Du wirst geliebt.*
- *Du bist liebenswert.*

Viele von Ihnen schauen in den Spiegel und sehen immer noch die Narben ihrer Jugend, ihren Schmerz, ihre Scham. Die Botschaften aus Ihrer Kindheit sind mächtig. Wenn man Ihnen als Kind gesagt hat, Sie wären dick oder hässlich, Ihre Eltern hätten einen Fehler gemacht, Sie zu bekommen, oder Sie wären nur eine Belastung für sie, dann hatten Sie keine Möglichkeit, sich dagegen zur Wehr zu setzen. Kinder glauben, was Erwachsene ihnen sagen.

Ich habe eine Freundin, die sexuell missbraucht wurde, als sie gerade fünf Jahre alt war. Sie war zu diesem Zeitpunkt ein bildhübsches Kind mit wunderschönem langen Haar und einem strahlenden Lächeln. Sie konnte ihren Eltern nicht sagen, was geschehen war, weil sie sich so sehr schämte, und begann sich immer mehr zurückzuziehen. Im Laufe der Jahre gewöhnte sie sich an, das Essen als Wand zu benutzen, hinter der sie sich verschanzte, damit ihr niemand mehr etwas antun konnte.

Manchmal bäumte sie sich auf. Ihr war klar, dass sie etwas für ihr Äußeres tun musste. Um das überflüssige Gewicht loszuwerden, das sie sich durch jahrelange Essanfälle angefuttert hatte, probierte sie jede Diät aus, die auf dem Markt war. Sie funktionierten alle eine Zeit lang, aber der Erfolg war nie von Dauer, denn Essen war nicht das wirkliche Problem. Sie brauchte vierzig Jahre und die Hilfe eines guten Therapeuten, um zu begreifen, dass sie im tiefsten Innern fest entschlossen war, nie wieder hübsch auszusehen, weil hübschen Mädchen schlimme Dinge passierten. Sie musste lernen, all ihre Scham loszulassen. Heute ist sie – Gott sei Dank! – so frei wie jene Frau, die Jesus geheilt hat.

Die Liebe eines Vaters

Eines der Dinge, deren Fehlen mir in meinem Leben deutlich bewusst ist, ist die Liebe meines Vaters. Er starb, als meine Schwester, mein Bruder und ich alle noch unter sieben waren, und die Erinnerungen, die ich an ihn habe, sind sehr lückenhaft und beruhen zum Teil nur auf Fotos. Meine Mutter hat Großartiges geleistet, uns sehr viel Liebe geschenkt und dafür gesorgt, dass wir in stabilen Verhältnissen und einem christlichen Umfeld aufwuchsen. Aber ich weiß, dass es sehr schwer ist, solch einen Verlust im Leben einer Tochter auszugleichen.

Es ist unser Vater, der uns sagt, dass wir schön sind.

Es ist unser Vater, der uns hoch über seinen Kopf hebt und auf seinen Schultern herumträgt.

Es ist unser Vater, der es mit den Monstern unter unserem Bett aufnimmt.

Es ist unser Vater, der uns sagt, dass wir sehr wertvoll sind und es nicht nötig haben, den ersten Jungen zu heiraten, der uns sagt, dass wir hübsch sind.

Und wenn es diesen Vater nicht gibt? Viele junge Mädchen wachsen heute mehr oder weniger ohne Vater auf. Für sie wäre es ideal, wenn Menschen aus ihrer Gemeinde diese Lücke füllen würden. Aber allzu oft ist gerade die Gemeinde ein Ort, an dem Scham genährt wird. Ich habe einmal jemanden sagen hören, die ein oder zwei (oder drei oder vier, je nach Denomination!) Stunden, die wir sonntags im Gottesdienst verbringen, seien vielleicht die unehrlichsten, unwahrhaftigsten Stunden der ganzen Woche (und wie gut, dass es Gemeinden gibt, wo es anders aussieht). Nicht offen und ehrlich sein können, sein wollen – vielleicht liegt das daran, dass wir Angst haben, uns so zu geben, wie wir wirklich sind, damit wir nicht abgelehnt oder verurteilt werden. Ich erinnere mich an einen Vorfall, den ich als Teenager erlebte und der mir ziemlich lange nachging. Mit Andree, meiner besten Freundin, hatte ich den Sonntagnachmittag damit verbracht, Leuten am Strand von Jesus zu erzählen und sie zu einem Jugendgottesdienst einzuladen, der am nächsten Sonntag stattfinden sollte. Als die Sonne zu sinken begann, merkten wir, dass wir es nicht mehr rechtzeitig zum Abendgottesdienst unserer Gemeinde schaffen würden, und dachten uns, dass es eine nette Abwechslung wäre, eine andere Gemeinde zu besuchen, die näher war. Wir hatten solch einen tollen Tag gehabt, dass wir mit anderen Christen zusammen sein und Gott danken wollten.

Wir kamen an, als der Gottesdienst gerade begann. Während wir hinten standen und nach zwei freien Plätzen Ausschau hielten, kam einer der Ältesten auf uns zu und forderte uns auf, den Raum zu verlassen. Er erklärte uns, dass wir nicht am Gottesdienst teilnehmen konnten, weil wir Jeans trugen. Mit diesen Worten schloss er die Tür.

Ich dachte lange über diesen Vorfall nach. Jener Mann hatte keine Ahnung, dass meine Freundin und ich überzeugte Christinnen waren. Wir hätten Mädchen sein können, die Gott kennenlernen wollten und gerade den ersten Anlauf machten, einen Gottesdienst zu besuchen. Die Botschaft, die wir empfingen, lautete: „Ihr passt nicht hierher. So könnt ihr hier nicht auftauchen. Kommt zurück, wenn ihr ‚richtig‘ ausseht."

Wenn Sie von anderen Christen beschämt worden sind, haben Sie mein tiefes Mitgefühl.

Ich frage mich, ob jene Frau in der Menge damals irgendwelche Blicke zugeworfen bekam, die sie zur Umkehr hätten bewegen können. Wenn das so war, hat sie sich von ihnen nicht aufhalten lassen. Sie ging ein Risiko ein und ließ sich nicht von ihrem Vorhaben abbringen.

Der einzige Weg

Die Quellen der Scham sind vielfältig. Es könnte Ihr Äußeres sein, für das Sie sich schämen, oder Ihr Mangel an Bildung. Es kann etwas so Einfaches sein wie das Gefühl, nicht richtig dazuzugehören, wenn Sie mit anderen Menschen zusammen sind. Was auch immer die Ursache ist, Scham nimmt uns den Wind aus den Segeln und isoliert uns. Jesus lädt uns ein, gerade so zu ihm zu kommen, wie wir sind, und den Saum seines Gewandes zu berühren. Er sehnt sich danach, uns zu heilen und uns frei zu machen, damit wir unsere Geschichte erzählen können.

Ich frage mich manchmal, welche Auswirkungen das Leben dieser Frau auf die Menschen in ihrer Umgebung hatte, nachdem sie geheilt worden war. Sie war ein Mensch gewesen, der noch nicht einmal das Recht gehabt hatte, einem anderen in die Augen zu sehen, und nun war sie zu einer Frau geworden, die von Jesus persönlich berührt und angesprochen worden war. Das Großartige daran, wenn wir von dem erdrückenden Gewicht der Scham befreit werden, ist die Hoffnung, die das unseren Mitmenschen vermitteln kann. Vielleicht ermutigte ihr beherzter Schritt, sich einen Weg durch die Menge zu bahnen, um Jesus zu berühren, andere dazu, dasselbe zu tun. Wenn Sie selbst frei geworden sind, wird Ihr Leben zu einer offenen Tür, die anderen den Weg zeigt.

Lass los!

1. Nehmen Sie sich etwas Zeit, um sich Momente in Ihrem Leben bewusst zu machen, in denen Sie sich beschämt fühlten.
2. Was sagen Ihnen die Stimmen der Scham?
3. Welche Gefühle ruft die Scham in Ihnen hervor? Sind es Angst, Ekel oder Einsamkeit?
4. Glauben Sie, dass Sie bereit sind für eine Veränderung? Wie könnte sie geschehen?

Ein Loslass-Gebet

Himmlischer Vater,
als du diese Welt geschaffen hast, hast du sie angeschaut
und gesagt, dass sie gut sei. Ich weiß, wenn du auf mich he-
rabblickst, dann siehst du auch mich mit liebevollen Augen
an und freust dich über mich. Aber manchmal ist es schwer
für mich, deine Liebe zu empfangen. Hilf mir, die Stimmen
der Scham zu erkennen und zu dir zu kommen, damit du
mich heilst.
Ich werde im Namen Jesu ein Risiko eingehen. Ich werde
zu Jesus kommen. Und ich werde anderen meine Geschich-
te erzählen.
Dafür entscheide ich mich im Namen Jesu.
Amen.

10

Die Schande liegt auf ihm

„Von diesem Fluch des Gesetzes hat uns Christus erlöst. Als er am Kreuz starb, hat er diesen Fluch auf sich genommen, wie es vorausgesagt war: ‚Wer so aufgehängt wird, ist von Gott verflucht'" (Galater 3,13).

„Alexander, Cäsar, Karl der Große und ich selbst haben Weltreiche gegründet, aber worauf haben wir die Schöpfungen unseres Genius aufgebaut? Auf Gewalt. Nur Jesus Christus hat sein Reich auf Liebe gegründet, und zu ebendieser Stunde würden Millionen von Menschen für ihn sterben" (Napoleon Bonaparte).

„Auf alle Anschuldigungen und Angriffe gab Jesus seinen Gegnern nur eine Antwort – ein sündloses Leben" (William Cowper).

„Christus ist Gott und handelt wie Gott, gekleidet in das niedrige Gewand der menschlichen Natur" (A. W. Tozer).

„Er wurde verachtet, von allen gemieden. Von Krankheit und Schmerzen war er gezeichnet. Man konnte seinen Anblick kaum ertragen. Wir wollten nichts von ihm wissen, ja, wir haben ihn sogar verachtet. Dabei war es unsere Krankheit, die er auf sich nahm; er erlitt die Schmerzen, die wir hätten ertragen müssen. Wir aber dachten, diese Leiden seien Gottes gerechte Strafe für ihn. Wir glaubten, dass Gott ihn schlug und leiden ließ, weil er es verdient hatte. Doch er wurde blutig geschlagen, weil wir Gott die Treue gebrochen hatten; wegen unserer Sünden wurde er durchbohrt. Er wurde für uns bestraft – und wir? Wir haben nun Frieden mit Gott! Durch seine Wunden sind wir geheilt" (Jesaja 53,3-5).

„Steh auf ... jetzt!", brüllte die Stimme ihn an.

In dem Licht, das seine Zelle durchflutete, war kaum zu erkennen, wer es war, aber die Stimme war ihm bekannt.

Römischer Abschaum, dachte er.

„Los, beweg dich, bevor sie ihre Meinung ändern", sagte der Wächter.

„Ich bin noch nicht dran", rief er. „Bei mir ist es erst in ein paar Wochen so weit. Heute sind die in meiner Nachbarzelle dran!"

„Steh auf!", war das Einzige, was der Wächter sagte, während er dem Gefangenen gegen die Beine trat. „Raus hier. Geh schon!"

„Wo soll ich denn hingehen? Bekomme ich eine neue Verhandlung?"

„Nein", sagte der Wächter. „Du kannst gehen, wohin du willst."

„Gehen, wohin ich will? Was soll das heißen?", fragte er. „Soll das ein Witz sein?"

„Das ist kein Witz", sagte der Wächter. „Sie haben verlangt, dass du freigelassen wirst."

Die frische Luft und das Sonnenlicht umfluteten sein Gesicht, während er die Stufen zur Freiheit hinaufstolperte. Er ging weiter, bis das Gefängnis außer Sichtweite war. Eine Menschenmenge schob sich den Hügel empor, der vor der Stadt lag, und er beschloss, in ihr unterzutauchen, bis er sich überlegt hatte, wohin er gehen wollte. Während die Leute sich rufend und schreiend vorwärts bewegten, hielt er den Kopf gesenkt. Dann blieben sie plötzlich stehen, und einen Moment lang war es still. Er blickte auf und sah, dass sie auf Golgatha standen, und statt selbst gekreuzigt zu werden, schaute er zu, wie drei andere Männer dem Tod ins Angesicht sahen. Jemand berührte ihn an der Schulter. Als er sich voller Furcht und Misstrauen umdrehte, erkannte er das Gesicht des Mannes.

„Was machst du hier, Barabbas?"

„Ich habe keine Ahnung", sagte er.

Vollständig bezahlt

Als ich ein junges Mädchen war, hatte ich einen wiederkehrenden Albtraum: Ich sollte für ein Verbrechen hingerichtet werden, das ich nicht begangen hatte, und ich konnte niemanden dazu bringen, mir zuzuhören. Zwei Gefängniswärter begleiteten mich durch einen langen Gang, der auf einen geschlossene Tür zuführte. Ich wusste, wenn ich diese Tür erreicht hatte, würde ich hingerichtet werden.

Wir gingen an Leuten vorbei, die ich kannte, aber es war, als könnten sie mich nicht hören; sie unterbrachen noch nicht einmal ihr Gespräch oder wandten sich mir zu. Mein Herz schlug so schnell, dass ich befürchtete, es würde mir aus der Brust springen.

In letzten Moment, bevor wir den Exekutionsraum erreichten, wurde ich wach. Kalter Schweiß rann mir übers Gesicht, gemischt mit Tränen. Der Traum war so real und lebendig, dass ich immer ein paar Augenblicke brauchte, um mich selbst davon zu überzeugen, dass es nur ein Albtraum gewesen war. Ich lag sicher in meinem Kinderzimmer im Bett, neben meiner Schwester, die fest schlief.

Wenn ich heute an diesen Albtraum zurückdenke, weiß ich, dass er mit dem Tod meines Vaters und meinen damaligen Gefühlen von Verwirrung und Schuld zu tun hatte.

Aber ich weiß auch, dass er ein vollkommenes Beispiel dafür ist, was Jesus jedem Einzelnen von uns erspart hat. Für diejenigen von uns, die ihn lieben und Vergebung von ihm empfangen haben, hat er den Albtraum, der uns erwartet hätte, in das Geschenk des Lebens verwandelt. Die meisten von uns haben sich nichts zuschulden kommen lassen, wofür wir von einem menschlichen Gericht verurteilt werden würden, aber in den Augen eines heiligen Gottes sind wir alle schuldig aufgrund der Sünde, in die wir hineingeboren wurden, und der Entscheidungen, die wir getroffen haben. Jesus hat die Schande und das Urteil, das uns getroffen hätte, an unserer Stelle auf sich genommen.

Es schmerzt mich, wenn ich daran denke, wie viele von uns Jesus lieben und dennoch Jahr um Jahr von Gefühlen der Scham und Wertlosigkeit gequält werden, obwohl er schon den vollständigen Preis dafür bezahlt hat, dass wir freie, geliebte Menschen sein können. Das muss nicht so bleiben!

Wir können das, was Jesus am Kreuz für uns getan hat, wohl nie in seiner ganzen Tiefe ausloten. Aber es gibt drei Aspekte seines Werkes, die unsere Aufmerksamkeit und Dankbarkeit in ganz besonderem Maß verdienen.

Der Verfasser des Hebräerbriefes schrieb über die Unvollkommenheit des alttestamentlichen Gottesdienstes, der zur Reinigung und Vergebung der Sünden einen Bock benutzte. Anstelle dieses unzureichenden Opfers hat Jesus sich selbst hingegeben, indem er zum vollkommenen „Sündenbock" für uns wurde (vergl. Hebräer 9,13-14). Nach dem alttestamentlichen Gesetz war es klar, dass jeder, der gekreuzigt oder gehängt wurde, in den Augen Gottes und der Menschen verflucht war. Christus selbst wurde zu diesem Fluch, um uns alle zu befreien.

Der dunkelste Moment der Kreuzigungsgeschichte war vielleicht der, als Jesus ausrief: „Mein Gott, mein Gott, warum hast du mich verlassen?" (Matthäus 27,46).

Wie wir entdecken werden, waren wir selbst an alldem, was damals geschehen ist, beteiligt.

Der Sündenbock

Gott kann Sünde nicht anschauen. Aber sein Volk hat es im Laufe seiner ganzen Geschichte nicht geschafft, nicht zu sündigen. Im Alten Testament musste Gott einen Weg finden, um mit den Sünden des Volkes umzugehen. Im 3. Buch Mose lesen wir, dass ein Ziegenbock ausgesucht wurde, der symbolisch mit den Sünden des Volkes beladen wurde und sie in die Wüste hinaustrug. So wurde die Schuld sozusagen vom Volk „entfernt", sodass sie nicht mehr zu sehen war.

> „Der andere Bock, der durch das Los dem Asasel zugefallen ist, wird zum Heiligtum gebracht. Von dort aus soll er in die Wüste zu Asasel geschickt werden, damit das Volk mit mir, dem Herrn, versöhnt wird" (3. Mose 16,10).

Der Priester erklärte den Bock zum Sühneopfer und legte symbolisch die ganze Schuld Israels auf ihn. Daraufhin wurde das Tier von einem Mann in die Wüste hinausgeführt und freigelassen, wenn sie weit von Jerusalem entfernt waren. Der Mann kehrte dann zurück und musste rituell gereinigt werden; er galt als unrein, da er mit dem Sündenbock zusammen gewesen war.

Es war eine unvollkommene Methode, die später abgeändert wurde, als einmal ein Ziegenbock fröhlich zum Volk zurückkehrte, was die Leute für ein sehr schlechtes Zeichen hielten. Von jenem Jahr an musste der Mann, der den Bock etwa zehn Kilometer in die Wüste hineinführte, diesen dann einen Felsvorsprung hinunterstoßen, um sicherzustellen, dass die Sünden des Volkes nicht zu ihm zurückkamen.

Und dennoch war es so, wie wir im Hebräerbrief lesen:

„Denn die Opfer der alten Ordnung konnten keinen Menschen für immer von seiner Schuld befreien. Jahr für Jahr musste man erneut Opfer bringen. Niemand hätte mehr ein Opfer gebracht, wenn alle schon nach dem ersten Opfer von ihren Sünden befreit worden wären. Dann hätte ja auch die Schuld ihr Gewissen nicht länger belastet. Aber gerade durch diese Opfer werden sie Jahr für Jahr aufs Neue an ihre Sünde und Schuld erinnert. Dabei können wir durch das Blut von Stieren und Böcken unmöglich von unserer Schuld befreit werden" (Hebräer 10,1-4).

Das griechische Wort, das hier für „unmöglich" gebraucht wird, ist das stärkste, das es gibt. Es bezeichnet etwas, das vollkommen unerreichbar und schlicht nicht zu schaffen ist.

Die Israeliten wollten gern glauben, dass ihre Sünden ihnen nie wieder vorgehalten werden konnten. Aber gerade die Tatsache, dass das Ritual mit dem Ziegenbock Jahr für Jahr wiederholt werden musste, zeigt, wie wirkungslos diese Methode war. Wenn die Leute wirklich gereinigt worden wären, hätte keine Notwendigkeit bestanden, die Zeremonie zu wiederholen.

Nur Jesus konnte mit einem einmaligen Opfer unsere Sünden völlig wegnehmen, sodass wir sie nicht länger mit uns herumtragen müssen.

Wenn der Widersacher Gottes Sie mit einer Sünde aus

Ihrer Vergangenheit quält, die Sie bekannt haben, dann denken Sie daran, dass Sie nicht länger nach dem alten System leben, in dem jede alte Ziege Ihnen Ihre Sünde wieder vor die Haustür schleppen konnte. Jesus hat am Kreuz ein vollkommenes Werk vollbracht, und Sie brauchen sich nicht mehr mit Ihrer vergangenen Schuld zu beschäftigen. Gott hat sie so weit von Ihnen fortgeworfen, wie der Osten vom Westen entfernt liegt, und er hat beschlossen, nicht mehr an sie zu denken (Psalm 103,12). Das ist eine gute Nachricht!

Wenn es Ihnen schwerfällt, die Bedeutung dieser guten Nachricht tief in Ihr Herz einsinken zu lassen, möchte ich Ihnen etwas empfehlen, was mir schon sehr geholfen hat: Manchmal, wenn ich sehr bedrückt über einen Fehler war, den ich in der Vergangenheit begangen hatte, oder über eine Schwäche, die ich einfach nicht loswerden konnte, habe ich das betreffende Problem auf ein Blatt Papier geschrieben. Dann habe ich es mir noch einmal ganz bewusst angesehen und es daraufhin vor den Herrn gebracht und verbrannt.

Ich will Ihnen ein Beispiel nennen: Ich habe immer wieder einmal behauptet, ich hätte bestimmte Dinge getan oder bestimmte CDs angehört oder bestimmte Filme gesehen, obwohl das gar nicht stimmte. Ich sagte es nur, um „dazuzugehören". Ich hörte es mich selbst sagen und dachte gleichzeitig: *Das ist lächerlich. Warum habe ich gerade gesagt, dass ich diesen Film gesehen habe, obwohl das gar nicht stimmt?* Erst dadurch, dass ich das als das erkannte, was es ist, und dazu stand, konnte ich es in den Griff bekommen. Ich schrieb auf ein Blatt Papier:

„Himmlischer Vater,
manchmal sage ich Dinge, die nicht wahr sind, weil ich andere
dazu bringen will, mich zu mögen. Ich weiß, dass das falsch ist,
und bitte dich, mir zu vergeben."

Dann zündete ich das Blatt an und warf es in den Kamin.
Während es brannte, dankte ich meinem Vater für seine
Gnade, die meine Schuld bedeckt. Während ich zusah, wie
sich das brennende Papier in Asche verwandelte, wusste ich, dass ich mit Gottes Hilfe nie wieder so zu handeln
brauchte.

Er wurde zum Fluch für uns

Wir leben in einer Kultur, die dem menschlichen Körper
wenig Respekt entgegenbringt. Zurückhaltung und Be-
scheidenheit scheinen der Vergangenheit anzugehören. Es
bricht mir das Herz, wenn ich sehe, wie sich junge Mädchen heutzutage anziehen. Es ist, als hätten sie keine Ahnung davon, wie einzigartig und wie wertvoll sie in Gottes
Augen sind. Zu Jesu Zeiten ist das ganz anders gewesen.
Der Körper wurde als etwas Heiliges betrachtet, und so
konnte es keine größere Kränkung geben, als den Körper
eines Menschen öffentlich bloßzustellen, indem man diesen
an den Galgen brachte.

Erhängen war die extremste Form der Entweihung und
Demütigung, die vorstellbar war. Wenn man jemanden öffentlich aufhängte, sagte das allen, dass diese Person unter dem Fluch Gottes war. Die Juden glaubten, dass dieser
Fluch so stark war, dass er auf ihr Land übergehen und ihm

schaden würde, wenn man den Körper länger als einen Tag hängen ließ.

> „Wenn ihr jemanden für ein Verbrechen hinrichtet und seinen Leichnam an einem Pfahl oder Baum aufhängt, sollt ihr ihn nicht über Nacht dort lassen. Begrabt ihn auf jeden Fall noch am selben Tag! Denn wer so aufgehängt wurde, ist von Gott verflucht. Wenn ihr seinen Leichnam nicht am selben Tag begrabt, verunreinigt ihr das Land, das der Herr, euer Gott, euch schenkt" (5. Mose 21,22-23).

Eine der biblischen Geschichten, die Christian als kleiner Junge am liebsten hörte, war die von dem Kampf um Jericho. Die Vorstellung, dass er siebenmal um eine Stadt herumgehen und in seine Trompete blasen und dadurch die Stadtmauern zum Einsturz bringen könnte, faszinierte ihn ungemein. Es war daher eine große Enttäuschung für ihn, als er ein paar seiner Freunde dafür gewann, diese Strategie mit seinem Kindergarten auszuprobieren, und nichts geschah.

Nachdem Josua und das Volk Israel Jericho besiegt hatten, machten sie sich auf, um die Stadt Ai einzunehmen. Josua wählte dreißig Männer aus, die mit den Männern von Ai kämpfen sollten. Gott war mit ihnen und half ihnen, die Stadt zu besiegen. Alle Männer wurden mit dem Schwert getötet ... bis auf den König von Ai. Der König wurde zu Josua gebracht, und als Zeichen dafür, dass er von Gott verachtet war, wurde er an einen Baum gehängt und dadurch öffentlich bloßgestellt.

Diese Handlung sollte dazu dienen, die Führer der anderen Stämme und Städte einzuschüchtern, wenn sie erfuhren, was geschehen war. Aber selbst dann, so sehr sich Josua auch wünschte, seinen Feinden eine Botschaft zukommen zu lassen, wurde der Körper des Königs bei Einbruch der Dunkelheit abgenommen und am Tor unter einem Steinhaufen begraben. Das Volk Gottes respektierte den Ernst einer solchen öffentlichen Hinrichtung, ließ den Leib des Getöteten jedoch nicht länger als ein paar Stunden hängen, weil der Fluch als so stark galt.

Die Kreuzigung war unter allen Möglichkeiten, wie Jesus unsere Schuld auf sich nehmen konnte, die demütigendste. Wir werden nie imstande sein, völlig zu erfassen, was er für uns getan hat. Er hat nicht nur körperlichen und geistlichen Schmerz erlitten, sondern sich öffentlich erniedrigen und bloßstellen lassen. Er hat an unserer Stelle den Fluch seines eigenen Vaters auf sich genommen, weil er Sie und mich so sehr liebt.

Nach dem römischen Gesetz war die Kreuzigung den niedrigsten sozialen Schichten und den schlimmsten Verbrechern vorbehalten. Kein römischer Bürger konnte auf diese Weise hingerichtet werden, es sei denn durch einen direkten Erlass des Kaisers. Und nicht nur das – es ist heute sogar schwierig, noch irgendwelche Beweise für vollzogene Kreuzigungen zu finden, weil die Leichname normalerweise abgenommen und auf einen Müllhaufen geworfen wurden, um von Tieren gefressen zu werden. Dennoch hat Gott diese Todesart für seinen Sohn gewählt.

Das Leben Christi zeigt uns beispielhaft, wie weit Gott für uns gegangen ist. Jesus hätte nicht in solch eine Armut hineingeboren werden müssen. Er hätte in einem gepflegten, bürgerlichen Haushalt zur Welt kommen können. Er hätte durch Steinigung sterben können, so wie es die Apostelgeschichte von Stephanus berichtet – das war die Hinrichtungsart, der die Juden den Vorzug gaben. Stattdessen wählte Jesus für sein Leben den demütigendsten Beginn und das demütigendste Ende.

Die Tiefe einer solchen Liebe ist schwer auszuloten. Sie zeigt uns, dass unserem Vater im Himmel für uns keine Mühe zu groß und kein Weg zu weit war. Solch eine Liebe sollte uns den Mut geben, unsere Scham im Namen Jesu ein für alle Mal abzuschütteln.

Der Schrei der Verlassenheit

Jesus wurde zu unserem Sündenbock. Er wurde an unserer Stelle zum Fluch. Und nun hing er am Kreuz, verspottet und verlacht.

An jenem Tag verdunkelte sich von zwölf Uhr mittags bis drei Uhr nachmittags der Himmel. Der Prophet Amos hatte von diesem Ereignis geschrieben: „Ich, der Herr, kündige euch an: An jenem Tag lasse ich die Sonne schon am Mittag untergehen, und die Dunkelheit bricht am helllichten Tag über das Land herein" (Amos 8,9).

Hier im Buch Amos galt die Dunkelheit als Zeichen des Gerichtes Gottes. Dieses Gericht galt nicht Christus; sein Gericht kam um drei Uhr nachmittags. Aber während der drei Stunden davor lag das Gericht Gottes auf dem Land und auf den Menschen, die seinen Sohn quälten. Wie Amos schrieb: „Und ich mache es wie bei der Trauer um einen einzigen Sohn und das Ende davon wie einen bittern Tag" (Amos 8,10; Revidierte Elberfelder).

Ich frage mich, ob Jesus spürte, wie sein Vater ihm während dieser Stunden nach und nach seine Nähe entzog. Ich kann mir nur versuchen vorzustellen, welch eine drückende Schwere in der Luft lag, als Gott das Urteil an seinem Volk vollstreckte. Für uns wäre dies beängstigend genug gewesen, aber für Jesus muss es sich angefühlt haben, als würde ihm ein Messer ins Herz gestoßen.

Schließlich, um die neunte Stunde, rief Jesus aus: „Mein Gott, mein Gott, warum hast du mich verlassen?" (Matthäus 27,46).

Es ist für uns unmöglich, die Trennung, die in diesem Moment zwischen ihm und dem Vater bestand, in ihrer vollen Tragweite einzuschätzen und nachzuvollziehen. Das Einzige, was wir tun können, ist, sie zu messen an der engen Gemeinschaft, die Jesus sonst mit seinem Vater hatte.

> „Mein Vater hat mir alle Macht gegeben. Nur der Vater kennt den Sohn. Und nur der Sohn kennt den Vater und jeder, dem der Sohn ihn zeigt" (Matthäus 11,27).

Jesus wusste, dass sein Vater nicht da war, während er selbst das Wesen der Hölle in ihrem ganzen Schrecken durchlebte – die Trennung von Gott. Und doch war dieser Moment auch ein Triumph, weil Jesus ein für alle Mal all unsere Schuld und gleichzeitig jedes Gramm an Schande und Verachtung, die wir jemals verdienen werden, auf sich nahm. Es war ihm bestimmt, an unserer Stelle das Gericht Gottes zu erleiden, und er nahm diese Rolle in seiner Liebe an.

Er hielt uns für so wertvoll, dass er bereit war, mit seinem Leben für uns zu bezahlen – daran zeigt sich, wie groß seine Liebe ist.

Ich werde nie imstande sein, diese Wahrheit mit meinem

Verstand zu begreifen, denn sie übersteigt das menschliche Fassungsvermögen. Aber ich weiß in meinem tiefsten Herzen, dass es so ist. Jesus glaubt, dass ich das alles wert war. Er glaubt, dass Sie jeden Peitschenhieb wert waren, den er auf sich nahm, jede Dorne, die sich in seine Kopfhaut bohrte, jeden Hammerschlag, der ihm die Nägel in die Handgelenke trieb. Sie werden mehr geliebt und geschätzt, als Sie sich vorstellen können. Die größte Liebesgeschichte, die Hollywood sich jemals ausgedacht hat, ist nichts im Vergleich zu der verzehrenden Flamme, die im Herzen Gottes für Sie brennt!

Es ist vollbracht!

In dem Moment, als Jesus am Kreuz seinen letzten Schrei ausstieß, zerriss im Tempel der Vorhang vor dem Allerheiligsten von oben nach unten (Matthäus 27,51). Es war kein Tempel mehr erforderlich, denn Jesus ist der Tempel. Es war kein Vorhang mehr erforderlich, um die Gegenwart Gottes im Allerheiligsten zu verhüllen, denn Jesus ist derjenige, durch den Sie und ich Gott als unseren himmlischen Vater erfahren und ihm von Angesicht zu Angesicht begegnen können.

Jesus nahm unsere Schande auf sich, damit Sie und ich in die Gegenwart Gottes kommen können, wie ein Kind seinem Vater, der es liebt, in die Arme springt. Was ist dem noch hinzuzufügen? Wir sind frei!

Wenn ich darüber nachdenke, was der Tod und das Opfer Christi Ihnen und mir sagen, bin ich überwältigt. So sehr geliebt zu werden, verlangt nach einer Reaktion. Wenn

Gott unser schwaches, zerbrochenes Leben angeschaut und beschlossen hat, dass kein Preis zu hoch war, um es wiederherzustellen, dann will ich keinen Millimeter meiner Geschichte mit ihm verpassen. Ich bin es leid, mich in dem alten Spiegel dessen zu betrachten, was ich über mich selbst denke. Ich will mich so sehen, wie Gott mich sieht.

Lass los!

1. Jesus hat unsere Schande auf sich genommen, damit wir selbst sie nicht länger tragen müssen. Wir sind frei vom Fluch, weil er selbst zum Fluch für uns geworden ist. Wie empfinden Sie das?
2. Fühlen Sie sich verlassen? Wie wäre es, Jesus Ihren Kummer zu übergeben und sich von ihm frei machen zu lassen?
3. Halten Sie noch an irgendeiner heimlichen Sünde fest? Welche ist es? Wir brauchen keinen Sündenbock mehr, denn Jesus hat unsere Sünden für uns ans Kreuz getragen. Möchten Sie Jesus Ihre Sünde heute übergeben?

Ein Loslass-Gebet

Himmlischer Vater,
es gibt keine Worte dafür, wie ich dir auch nur annähernd für das danken könnte, was Jesus für mich getan hat. Dass er bereit war, solche Qualen zu ertragen und nicht um Hilfe zu rufen, ist mehr, als ich begreifen kann.
Vater, dein Herz muss geweint haben über seinen Schmerz und darüber, was meine Sünde ihm angetan hat.

Ich danke dir, dass Jesus meine Schande auf sich nahm, damit ich ohne Scham leben kann. Hilf mir, in dieser Wahrheit zu leben und mich daran zu erinnern: „Es ist vollbracht!"

Das bitte ich im Namen Jesu.

Amen.

Sie sind aus einem ganz bestimmten Grund hier

„Die größte Bürde, die wir im Leben zu tragen haben, sind wir selbst; das Schwierigste, mit dem wir zurechtkommen müssen, sind wir selbst" (Hannah Whitall Smith).

„Niemand als man selbst zu sein – in einer Welt, die Tag und Nacht ihr Bestes tut, um Sie in jemand anderen zu verwandeln – bedeutet, den schwersten Kampf zu kämpfen, den ein Mensch kämpfen kann, und diesen Kampf nie aufzugeben" (E. E. Cummings).

„Fragen, die uns helfen, uns selbst zu erkennen:
1. Was wünschen wir uns am meisten?
2. Worüber denken wir am häufigsten nach?
3. Wofür geben wir unser Geld aus?
4. Was tun wir in unserer Freizeit?
5. Mit wem sind wir gern zusammen?
6. Wen oder was bewundern wir?
7. Worüber lachen wir?"
(A. W. Tozer)

„Jesus war frühmorgens am ersten Tag der Woche von den Toten auferstanden und erschien zuerst der Maria aus Magdala, die er von sieben Dämonen befreit hatte. Sie lief zu den Jüngern, die um Jesus trauerten und weinten, und berichtete ihnen: ‚Jesus lebt! Ich habe ihn gesehen!' Aber die Jünger glaubten ihr nicht" (Markus 16,9-11).

„Merkt ihr denn nicht, dass Gott mir unrecht tut und mich in seinem Netz gefangen hat? Ich schreie ‚Hilfe!', aber niemand hört mich. Ich rufe aus Leibeskräften – aber keiner verschafft mir Recht. Gott hat mir den Weg versperrt, ich komme nicht mehr weiter. Meinen Pfad hat er in tiefe Dunkelheit gehüllt. Ich war angesehen und geachtet, aber er hat meine Krone weggerissen. Zerschmettert hat er mich, bald muss ich gehen; meine Hoffnung riss er aus wie einen Baum" (Hiob 19,6-10).

Sie hatte den Eindruck, dass die Stimmen nachts lauter waren. Vielleicht lag es nur daran, dass die Welt dann stiller war und die Stimmen wenig Konkurrenz hatten. Sie fürchtete die Nächte.

Manchmal kamen die Stimmen gemeinsam wie ein Rudel hungriger Wölfe, die das letzte bisschen Gesundheit verschlingen wollten, an dem sie sich noch festklammerte. Aber heute Nacht war es nur eine. Nur ein Quälgeist, der sie mit Beleidigungen und Gemeinheiten in die Enge trieb. Sein Atem war faulig wie der Gestank, der vom Müll auf der Straße unten heraufstieg, wenn die Sonne am Himmel glänzte.

„Du wirst niemals frei sein", begann er. „Du bist nichts als eine erbärmliche Außenseiterin. Niemand fragt danach, ob du lebst oder stirbst. Du gehörst uns, solange du lebst, und du wirst uns für immer gehören, wenn du stirbst." Sein Lachen war das eines Verrückten.

Sie fragte sich, warum sie geboren worden war, denn niemand freute sich über ihr Dasein, am wenigsten diejenige, deren trauriges Abbild sie sah, wenn sie versehentlich in einen Spiegel schaute.

„Vielleicht lassen sie mich heute Nacht sterben", flüsterte sie. „Gott ... wenn es einen Gott im Himmel gibt ... lass mich heute Nacht sterben."

Ein besseres Leben

Die meisten von uns müssen in ihrem Leben nicht unter solchen Qualen leiden wie Maria Magdalena. Ehe sie Jesus begegnete und ein für alle Mal von den bösen Geistern befreit wurde, die sie gequält hatten, war ihr Leben die Hölle auf Erden gewesen. Es gibt jedoch Frauen, und vielleicht sind Sie eine von ihnen, die in einer anderen Art von Albtraum leben. Ob es ein untreuer Ehemann ist, Alkohol- oder Drogenabhängigkeit, die zerstörerische Kraft einer Krankheit oder irgendeins der vielen anderen Probleme, von denen mir Frauen erzählt haben – die Not, der Sie heute, der Sie tagein, tagaus ausgesetzt sind, ist real. Ich staune immer wieder darüber, wie stark Frauen sind. Der Film „Magnolien aus Stahl – Die Stärke der Frauen" hat einen guten Titel, denn es scheint, als könnten viele Frauen eine Bürde tragen, unter der sie eigentlich zusammenbrechen müssten.

Haben Sie sich jemals in einer stillen Stunde dabei ertappt, dass Sie sich wünschten, jemand anders zu sein? Diese Sehnsucht braucht nicht „logisch nachvollziehbar" oder für einen anderen Menschen verständlich zu sein. Vielleicht verstehen Sie sie selbst nicht ganz. Sie sehnen sich einfach danach, anders zu sein. Besser.

Natürlich können unsere Vorstellungen davon, was „besser" ist, ganz unterschiedlich aussehen. Für manche ist es vielleicht körperliche Schönheit. Für andere ist es Macht oder Reichtum. Oder eine Kombination aus alldem. Für manche ist es einfach das Gefühl, dass sie dazugehören und dass ihr Leben einen Sinn und eine Bedeutung hat.

Jede Kultur prägt ein Idealbild, das es anzubeten gilt –

das ist so gewiss wie die Tatsache, dass die Kinder Israel in der Wüste das Goldene Kalb angebetet haben.

Wenn es um Schönheit geht, stellen wir uns in den westlichen Ländern meist eine große, lächerlich dünne Frau vor, deren Zähne so strahlend weiß sind, dass man sie als Scheinwerfer benutzen könnte, um ein Flugzeug im Nebel zu landen. Und wenn es um Macht geht, vielleicht einen Generaldirektor, der uns aus einer Zeitschrift anlächelt, fotografiert vor dem Hintergrund einer beeindruckenden Villa und umgeben von schicken Autos oder hinter einem dieser riesigen Mahagoni-Schreibtische, die förmlich nach Reichtum riechen. Was auch immer unser Idealbild der Vollkommenheit sein mag, wenn wir ihm nicht entsprechen – und das tun die wenigsten von uns –, werden wir durch die Medien täglich daran erinnert, dass wir nicht so sind, wie wir eigentlich sein könnten oder sollten.

Die meisten von uns erreichen irgendwann ein Alter, in dem wir erkennen, dass Gott viel mehr Wert auf unser Herz legt als auf unsere Kleidergröße oder den Inhalt unseres Portemonnaies. Aber es gibt andere, weniger offensichtliche Vergleiche, die uns herunterziehen. Vielleicht schauen Sie sich die Ehe eines anderen Paares an, das viel glücklicher zu sein scheint als Sie und Ihr Mann. Sie betrachten sich deren Kinder und stellen fest, wie gut sie sich in der Kirche benehmen, während Ihre eigenen Kinder sich gebärden wie eine wilde Büffelherde. Sie vergleichen Ihre Beziehung zu Gott mit der Ihrer Freundin, und es scheint, als würde Gott ihre Gebete erhören und sie wie sein Lieblingskind behandeln, während Sie sich fühlen wie eine eben geduldete Stieftochter.

Ich glaube, irgendwann haben wir alle unser Leben mit

kritischen Augen betrachtet und uns etwas anderes gewünscht. Manchmal erkennen wir, dass wir unrealistisch sind oder dass wir dem verführerischen Diktat unserer Kultur auf den Leim gegangen sind, und verabschieden uns von unseren Träumen. Manchmal erkennen wir, dass wir ganz in Ordnung sind so, wie wir sind. Manchmal beschließen wir, dass wir etwas dafür tun können, um unsere Sehnsüchte zu verwirklichen, und setzen sie in die Tat um.

Aber wenn Sie nichts an Ihrer Situation ändern können? Wenn Sie sich danach sehnen, jemand anders zu sein oder etwas anderes zu besitzen, und doch wissen, dass das niemals geschehen wird? Wenn Sie jeden Morgen in dem Bewusstsein aufwachen, dass Sie Hilfe brauchen, um aus dem Bett und in einen Rollstuhl zu kommen, dann sind Sie in Ihren Entwicklungsmöglichkeiten sehr eingeschränkt. Wenn Sie morgens Ihre Augen öffnen und Ihr Mann Ihnen sagt, dass es ein schöner, sonniger Tag ist, und Ihre Welt so dunkel bleibt wie die Nacht, dann diktiert Ihre Blindheit Ihnen, welche Möglichkeiten Sie haben. Ich habe einige Freundinnen, die unter irgendeiner körperlichen Einschränkung leiden, mit der sie sich tagtäglich auseinandersetzen müssen. Viele von ihnen haben mir erzählt, dass sie inmitten ihrer Enttäuschung Gottes Gnade erfahren haben – aber sie mussten tief graben, um diese Perle in der Dunkelheit zu entdecken.

Harte Gnade

Während der Jahre meines Reisedienstes bin ich Tausenden von Frauen begegnet. In jeder größeren Stadt in unserem Land gibt es ein paar Gesichter, die ich besser kennengelernt habe als andere. Ich sehe sie auf jeder Reise. Wir tauschen uns am Rand einer Veranstaltung kurz aus oder wenn sie zu mir kommen, um ihre Bücher signieren zu lassen, umarmen uns, zeigen uns gegenseitig die neusten Bilder unserer Kinder oder beten kurz miteinander.

Vier Menschen davon fühle ich mich besonders nahe. Wir schreiben uns mindestens einmal in der Woche. Diese vier sind eine Mutter und ihre Tochter und eine Mutter und ihr Sohn – Rosanna und Sarah und Karen und Eric. Sarah ist körperbehindert und muss einen Rollstuhl benutzen, und Eric hat das Down-Syndrom. Ich habe von beiden Familien viel gelernt.

Mich berühren Karens Ehrlichkeit und Erics Freundlichkeit. Mein Büro zu Hause ist voller kleiner Geschenke, die Eric für mich gemacht hat. Er ist ein wunderbarer junger Mann, aber sein Gesundheitszustand ist ein ständiges Problem, und er ist häufig krank. Oft hat Karen mir schnell eine E-Mail geschrieben und mich um Gebetsunterstützung gebeten, wenn sie ihn zur Notaufnahme bringen musste. Aber trotz dieser Schwierigkeiten hat Eric eine ganz konkrete, greifbare Beziehung zu Gott und ein tiefes Bewusstsein von der Realität des Himmels, und das schätze ich an ihm.

Von Sarah lerne ich, Herausforderungen anzunehmen und Neues zu wagen und dabei darauf zu vertrauen, dass Gott mich auf diesem Weg begleitet. Sie hat die Gabe der Ermutigung, und oft, wenn ich meine Mails öffne, finde ich eine Nachricht von ihr, in der sie mir mitteilt, dass sie für mich betet. Sie engagiert sich stark im Gebetsdienst und bei den Einkehrwochenenden ihrer Gemeinde, und sie hat erlebt, wie Gott ihr Leben in vielfacher Hinsicht gebraucht. Sarah musste den Mut aufbringen, ihre körperlichen und seelischen Barrieren zu überwinden, um das Leben zu führen, zu dem sie sich berufen weiß. Sie hat nicht darum gebeten, mit Spina bifida zur Welt zu kommen, aber sie lässt nicht zu, ihre Identität durch ihre körperlichen Einschränkungen definieren zu lassen. Sie glaubt, dass sie aus einem ganz bestimmten Grund gerade die Sarah ist, die sie ist.

Die Wahrheit ist, dass alle meine vier Freunde so empfinden. Keine(r) von ihnen verschwendet ihre (seine) Zeit damit, sich zu wünschen, jemand anders zu sein. Sie sind erfüllt von der Gewissheit, dass Gott mit ihrem Leben Gutes im Sinn hat, und das hilft ihnen, nicht darüber zu grübeln, warum die Dinge so sind, wie sie sind. Sie wissen, dass sie kein Zufallsprodukt sind. Dieses Bewusstsein ändert nichts an den Kämpfen, die jede(r) Einzelne von ihnen durchstehen muss, aber sie stellen sich ihnen mit ehrlichem Herzen. Ich glaube, das ist wahrscheinlich eines der größten Geschenke, die Karen mir gemacht hat. Sie hat keine Angst, unbequeme Fragen zu stellen oder ihre Gefühle „unzensiert" bloßzulegen. Als Mutter leidet sie, wenn Eric leidet, aber sie ist dankbar und glücklich über das, was Eric ihr und allen anderen Menschen, die ihn kennen, durch sein Dasein schenkt. Ich glaube, Karen kann so tiefe Freude empfinden, weil sie ebenso imstande ist, die Bitterkeit und Enttäuschung zum Ausdruck zu bringen, die sie sonst so leicht verzehren könnten.

Wenn Sie selbst oder ein anderer Mensch, der Ihnen

nahesteht, unter körperlichen Problemen leidet, glauben Sie dann, dass es sich dabei um Fehler handelt, die nicht hätten passieren dürfen? Der Psalmist David dachte offenbar nicht in diesen Kategorien. Hören Sie das Loblied, das er für Gott anstimmte:

> „Du hast mich geschaffen – meinen Körper und meine Seele, im Leib meiner Mutter hast du mich gebildet.
> Herr, ich danke dir dafür, dass du mich so wunderbar und einzigartig gemacht hast! Großartig ist alles, was du geschaffen hast – das erkenne ich!
> Schon als ich im Verborgenen Gestalt annahm, unsichtbar noch, kunstvoll gebildet im Leib meiner Mutter, da war ich dir dennoch nicht verborgen.
> Als ich gerade erst entstand, hast du mich schon gesehen. Alle Tage meines Lebens hast du in dein Buch geschrieben – noch bevor einer von ihnen begann!"
> (Psalm 139,13-16)

Bevor Sie imstande waren, Ihren ersten Atemzug zu tun, kannte Gott jeden Knochen in Ihrem Körper. Das bedeutet, er kannte diejenigen, die sich korrekt aufgebaut hatten, und diejenigen, bei denen das nicht der Fall war. Er wusste, dass ich braune Augen bekommen würde und Barry blaue. Er kannte die Augen, die grün sein und niemals sehen würden, und die Glieder, die nicht funktionieren würden, und die Ohren, die nicht hören würden. Er kannte uns alle, und er freute sich über uns. Ich frage mich, wie wir da anders sein sollten, als wir sind – gleichgültig, mit welchen Schwierigkeiten wir konfrontiert sein mögen!

Alles nur Zufall?

Und was ist, wenn wir uns nicht danach sehnen, von unserem Körper befreit zu werden, sondern einfach danach, ein anderer Mensch zu sein und an einem anderen Ort zu leben?

Niemand von uns konnte sich aussuchen, wo er geboren wurde oder wer seine Eltern sind. Ein Kind wird in reiche Verhältnisse hineingeboren, wo ihm die besten Startchancen fürs Leben geboten werden, und ein anderes erblickt das Licht der Welt in einem kleinen Dorf in Afrika, das von Armut und AIDS geprägt ist. Ein Kind wird mit sehnsüchtig ausgestreckten Armen in Empfang genommen, während ein anderes ungewollt und ungeliebt ist.

Sie selbst haben sich vielleicht danach gesehnt, das Mädchen zu sein, das am Tisch neben Ihnen saß. Oder die Kollegin, die es scheinbar so leicht hat. Oder die Frau am anderen Ende der Straße oder am anderen Ende von Deutschland. Diejenige, die den Eindruck macht, als hätte sie alles, was sie sich jemals wünschen könnte, und mehr als das. Und stattdessen fühlen Sie sich in einer Lebenssituation gefangen, die Sie sich nicht ausgesucht haben.

Und wieder frage ich: Ist das alles ein schrecklicher Irrtum? Ich weiß ganz sicher, dass Gott sich das nicht so vorgestellt hat. Die Zerbrochenheit, unter der wir leiden, war nicht seine Entscheidung, sondern unsere. Als Eva, die nach dem Bildnis Gottes geschaffen war, die Hand nach etwas ausstreckte, das nicht zu dem Leben gehörte, das Gott ihr zugedacht hatte, sind wir mit ihr gefallen. Und seitdem leben wir in einer gebrochenen, vom Leid geprägten Welt.

Aber trotz alledem glaube ich, dass Sie und ich aus einem

bestimmten Grund da sind. Sie sind kein Unfall – Sie sind eine Frau mit einer ewigen Bestimmung. Manche von uns brauchen ziemlich lange, um das zu begreifen. Oft bedeutet es, unsere Vorstellung von dem, was wir hätten sein sollen, loszulassen und unsere Herzen vor der Souveränität Gottes zu beugen. Er kann das scheinbar ungeeignetste Leben nehmen und dadurch seine Liebe verströmen. Fragen Sie nur Maria Magdalena, die von bösen Geistern Geplagte.

Wir wissen nicht viel über ihre Vergangenheit. Alles, was wir wissen, ist: Als sie Jesus begegnete, wurde sie von sieben Dämonen gequält. Einige Leute haben sie mit der Frau verwechselt, die Jesus im Haus des Pharisäers Simon die Füße gewaschen hat, und daher angenommen, sie sei eine Prostituierte gewesen. Aber Maria Magdalena war keine Prostituierte; sie war eine gequälte Frau.

Ich kann mir nicht vorstellen, wie sie es empfunden hat, mit solch einer Belastung zu leben. Jeder, der sie sah, musste sie für verrückt oder für gefährlich halten, und niemand wollte etwas mit ihr zu tun haben. Aber selbst wenn sie von allen Menschen gemieden wurde, kam ihre Seele nicht zur Ruhe. Wer weiß, was die Dämonen ihr in den langen Nächten angetan haben! Ich habe (soweit ich weiß) nie jemanden kennengelernt, der von Dämonen besessen war, aber es muss furchtbar sein. Vom Fürsten der Finsternis und seinen bösartigen Helfershelfern beherrscht zu werden, ist zweifellos eine endlose Qual für Seele und Geist. Satan und seine Abgesandten hassen alle, die Gott liebt, und es macht ihnen Vergnügen, sie zu quälen. Maria muss ihr Leben empfunden haben wie einen Albtraum, aus dem es kein Entrinnen gab.

Glücklicherweise befreite Jesus Maria aus dem Reich der

Finsternis und führte sie auf den Weg des Lebens. Und aufgrund ihrer Persönlichkeit und dessen, was ihr widerfahren war, bekam sie einen Ehrenplatz im Leben unseres Heilands. Sie durfte ihm ganz nah sein; sie war mit ihm unterwegs und unterstützte ihn dabei, seinen Dienst auszuüben.

> „Bald darauf zog Jesus durch viele Städte und Dörfer. Überall sprach er zu den Menschen und verkündete die rettende Botschaft von Gottes neuer Welt. Dabei begleiteten ihn seine zwölf Jünger und einige Frauen, die er von bösen Geistern befreit und von ihren Krankheiten geheilt hatte. Zu ihnen gehörten Maria aus Magdala, die er von sieben Dämonen befreit hatte, Johanna, die Frau des Chuzas, eines Beamten von König Herodes, Susanna und viele andere. Sie waren vermögend und sorgten für Jesus und seine Jünger" (Lukas 8,1-3).

Maria Magdalena blieb bis zum bitteren Ende bei Jesus. Sie erlebte all die großartigen Momente mit, als er Wunder vollbrachte und Menschenleben verwandelte. Sie sah auch, wie Jesus an die Soldaten und dann an sein eigenes Volk ausgeliefert wurde. Und sie war dabei, als er starb.

Als Josef von Arimathäa sein eigenes Grab zur Verfügung stellte, um Jesus beizusetzen, kam Maria mit. Sie sah zu, als Josef den Leib Jesu in saubere Leinentücher wickelte, ihn ins Grab legte und einen Stein davorrollte. Josef ging nach Hause, aber Maria blieb noch eine Weile da. Es muss ihr das Herz gebrochen haben zu sehen, wie derjenige, den sie so sehr liebte, geschlagen, verhöhnt und gekreuzigt wurde.

Unter all denen, die Christus nachfolgten, wusste wohl niemand so gut wie sie, was auf dem Spiel stand. Die geliebte Person, die dort auf der kalten Felsplatte lag, war derselbe Jesus, der sieben Dämonen aus ihrem Leben verbannt hatte. Ob sie sich in jener Nacht wohl gefragt hat, ob sie nun zurückkehren würden? Würde sie von Neuem zum Spielball der Mächte der Finsternis werden? War sie nun wieder allein?

Sie sind kein „Unfall"

Marias Geschichte ist eines der deutlichsten Beispiele für die Tatsache, dass Jesus Ihr Leben, wenn er Sie erlöst, für immer verändert. Das bedeutet nicht unbedingt, dass all Ihre äußeren Umstände sich verändern, aber weil Jesus gegenwärtig ist, ist das Leben nun von Sinn und Hoffnung erfüllt. Vielleicht ist das eine der wichtigsten Lektionen, die ich gerade lerne. Früher dachte ich, wenn wir Jesus lieben und ihm nachfolgen, würde er aus unserem Leben alles wegnehmen, was uns Schmerzen bereitet, und alle Schlaglöcher auf unserem Weg einebnen. Aber heute glaube ich, dass die Wahrheit noch viel größer ist. Statt uns aus allen Schwierigkeiten herauszuholen, ist Jesus bei uns und lebt in allen Schwierigkeiten in uns.

Maria Magdalena war die Erste, die den auferstandenen Messias sah. Die Größe dieses Geschenkes erfüllt mich mit Ehrfurcht. Jesus wählte Maria aus, die Erste zu sein, die sehen durfte, dass er von den Toten auferstanden war. Er zeigte der Frau, die von den Legionen der Hölle gequält worden war, dass ihr Feind besiegt war und dass er, ihr Herr Jesus, die Schlüssel über Leben und Tod in der Hand hielt.

An jenem Morgen war Maria vor Tagesanbruch zu dem Gartengrab zurückgekehrt, um den zerschlagenen Körper

Jesu mit Kräuterölen zu salben. Als sie sich dem Grab näherte, merkte sie, dass irgendetwas nicht stimmte. Als sie am Freitagabend weggegangen waren, war der Eingang zum Grab mit einem riesigen Stein verschlossen gewesen, aber nun war der Stein weggerollt. Sie hatte keine Ahnung, wer so etwas getan haben konnte. Warum sollte irgendjemand den toten Leib Jesu stehlen? Sie wurde von Furcht gepackt, drehte sich um und rannte so schnell sie konnte zurück. Als sie Petrus und Johannes gefunden hatte, erzählte sie ihnen, dass der Leichnam Jesu gestohlen worden war.

Dann folgte sie den beiden zurück in den Garten. Als sie dort ankam, war Petrus im Grab und Johannes stand am Eingang. Es war wahr. Der Leichnam war verschwunden, aber die Tücher, in die sie ihn gewickelt hatten, waren noch da. Petrus und Johannes liefen nach Hause, um den anderen Jüngern zu erzählen, dass der Leib gestohlen worden war, und um gemeinsam mit ihnen zu überlegen, was geschehen sein konnte. Aber Maria blieb auf den Knien liegen und weinte am Eingang des Grabes, dem Ort, an dem sie Jesus zum letzten Mal gesehen hatte.

Plötzlich hörte sie eine Männerstimme, die ihr eine Frage stellte. Sie drehte sich um, um zu sehen, wer es war. Der Mann fragte sie, warum sie weinte und wonach sie suchte. Maria überlegte, ob er etwas mit dem Verschwinden des Leichnams zu tun haben konnte. Sie bat ihn, es ihr zu sagen. „Ich will ihn holen", erklärte sie. Jesus hatte ihr neues Leben geschenkt, und die Vorstellung, dass sein zerschlagener Leib irgendwo herumliegen und verwesen würde, war mehr, als sie ertragen konnte. Und dann sagte er ihren Namen – und im selben Augenblick erkannte sie ihn (Johannes 20,15-17).

Können Sie sich auch nur im Entferntesten vorstellen,

was Maria in diesem Moment empfand? Sie hatte zugesehen, wie der Mann, der ihr das Leben gerettet hatte, ausgepeitscht und hingerichtet wurde. Sie war dabei gewesen, als sein zerschlagener Leib zur letzten Ruhe gebettet wurde. Das Einzige, was ihr zu tun blieb, war der schmerzliche Liebesdienst, seinen Leichnam mit Myrrhe und Aloe zu salben – und selbst diese Möglichkeit war ihr nun genommen worden. In ihrer Seelenqual flehte sie einen Fremden um Hilfe an … und fand sich selbst zu den verwundeten Füßen Jesu wieder, der ihren Namen rief. Es ist eine zutiefst persönliche und intime Sache, wenn jemand unseren Namen nennt. Nur wenige Augenblicke zuvor waren Petrus und Johannes dort gewesen, aber Jesus entschied sich dafür, sich als Erstes Maria zu zeigen. Sie wurde dazu auserwählt, die erste Evangelistin zu sein!

Ich weiß nicht, wie Sie selbst Ihr Leben und die Ereignisse sehen, die Sie dahin gebracht haben, wo Sie heute stehen. Ich weiß nicht, wie unfähig Sie sich fühlen oder welche körperlichen Gebrechen Sie vielleicht haben. Aber ich weiß, dass Ihr Leben kein Zufall ist. Wenn wir nur auf die äußeren Umstände schauen, stehen wir in Gefahr, das Wesentliche an dem Wunder und dem Geschenk des Lebens, das uns gemacht wurde, zu verpassen.

Nach dem Tod und der Auferstehung Jesu war Pilatus immer noch an der Macht, Herodes regierte noch und die römischen Soldaten ritten immer noch durch die Straßen Jerusalems – aber es war alles anders geworden. Wenn Sie wissen, dass der Gott, der das Universum in seiner Hand hält, die ganze Wahrheit über Sie kennt und Sie so sehr liebt, dass er bereit war, für Sie zu sterben – wie könnte Ihr Leben da jemals bedeutungslos sein?

Lass los!

1. In welcher Hinsicht neigen Sie dazu, Ihren Wert anhand Ihrer Lebensumstände zu beurteilen?
2. Glauben Sie, dass Gott keinen Fehler dabei gemacht hat, Sie genauso zu erschaffen, wie Sie sind? Wenn ja, warum? Wenn nein, warum nicht?
3. Welchen Wert hat Ihr Leben Ihrer Ansicht nach in den Augen Jesu?
4. Gibt es irgendetwas in Ihrem Leben, was Ihrer Ansicht nach ein „Unfall" ist? Falls das so ist, bitten Sie Gott, Ihnen zu zeigen, wie er das sieht.

Ein Loslass-Gebet

Himmlischer Vater,
ich bin überwältigt von deiner großen Liebe, die du denjenigen von uns erweist, die das Gefühl haben, nicht genügen zu können. Danke, dass Jesus jedem Einzelnen von uns gezeigt hat, dass er uns liebt und dass wir wertvolle Glieder an seinem Leib sind. Ich bitte dich nun in dem mächtigen Namen Jesu, dass du mir hilfst, mein Leben so zu sehen, wie du es siehst. Befreie mich von den Lügen des Feindes. Hilf mir, mein Leben so zu lieben, wie du es liebst. Ich bin bereit, alles loszulassen, was mir eingeredet wurde, und die Wahrheit anzunehmen.
Das bete ich im Namen Jesu.
Amen.

12

Dazu bin ich gemacht

„Seien Sie sich selbst gegenüber nicht unbarmherzig, denn das bedeutet, ein kostbares (wenn auch unvollkommenes) Geschöpf Gottes zu misshandeln" (Evelyn Underhill).

„Nicht nur erkennen wir Gott durch Jesus Christus, auch uns selbst erkennen wir nur durch Jesus Christus" (Blaise Pascal).

„Was ist der Mensch, dass du an ihn gedenkst, oder der Sohn des Menschen, dass du auf ihn achtest? Du hast ihn ein wenig niedriger sein lassen als die Engel; mit Herrlichkeit und Ehre hast du ihn gekrönt und hast ihn gesetzt über die Werke deiner Hände; alles hast du seinen Füßen unterworfen" (Hebräer 2,6-8; Schlachter).

„Ich nenne euch nicht mehr Knechte; denn einem Knecht sagt der Herr nicht, was er vorhat. Ihr aber seid meine Freunde; denn ich habe euch alles anvertraut, was ich vom Vater gehört habe. Nicht ihr habt mich erwählt, sondern ich euch, damit ihr euch auf den Weg macht und Frucht bringt, die bleibt" (Johannes 15,15-16).

Sie betrachtete das Kleid, das auf dem Bett lag, und alles war daneben. Der Stil stimmte nicht und die Farbe passte nicht zu ihrem blassen Gesicht. Sie probierte es an, und obwohl es passte, hing es an ihr, als würde es sich über ihre Figur lustig machen. Sie wäre am liebsten gar nicht hingegangen, aber sie wusste, dass ihre Mutter dann verletzt sein würde. Sie war so begeistert gewesen, als sie ihr das Kleid gezeigt hatte. Angesichts ihrer geringen finanziellen

Möglichkeiten war es ein Wunder gewesen, dass ihre Mutter überhaupt imstande gewesen war, etwas zu kaufen. Sie würde gehen müssen.

Sie wusste, wie es sein würde, denn sie hatte diese Situationen schon früher durchlebt. Sie würde ganz am Rand der Menge stehen und versuchen, niemandem in die Augen zu schauen. Sie konnte vielleicht anbieten, beim Servieren der Erfrischungen behilflich zu sein. Dann sah es aus, als wäre sie beschäftigt, und sie würde es durchstehen, so wie sie es zuvor schon durchgestanden hatte.

Der Ballsaal war wunderschön und erleuchtet wie ein Weihnachtsbaum. Die Musik lud dazu ein, einen Tanzpartner zu finden und sich aufs Parkett zu begeben. Sie starrte auf ihre Schuhe, die nicht zu ihrem Kleid passten. Das Gelächter und die Aufregung, die um sie herum herrschten, nahm sie deutlich wahr.

Aber dann wurde es plötzlich still. Sie blickte auf, um zu sehen, was geschehen war, und da war er. Vor ihr stand ein schöner junger Mann, der ihr seine Hand hinhielt.

„Ich … ich kann nicht tanzen", hauchte sie.

„Oh doch, das kannst du", antwortete er. „Du konntest schon immer tanzen. Du hast es nur nicht gewusst."

Auserwählt

Ich werde niemals den Abend vergessen, als ich in meiner Heimatgemeinde in Ayr, Schottland, getauft wurde. Ich war sechzehn Jahre alt, und außer mir wurden noch ein paar andere getauft. Ehe der Gottesdienst begann, schlüpften wir in unsere langen weißen Gewänder und versammelten uns um unseren Pastor, Reverend Edwin Gunn. Er erklärte uns, wie der Gottesdienst ablaufen würde und welch ein besonderer Abend dies in unserem Leben sei.

Wir marschierten hintereinander in den Gottesdienstraum ein und setzten uns in die erste Reihe, die für uns reserviert worden war. Als das erste Lied angestimmt wurde, begann ich zu weinen und konnte nicht mehr aufhören. Ich war überwältigt von der tiefen Gewissheit, dass ich etwas tat, was Jesus mir aufs Herz gelegt hatte. Und in diesem einfachen Gehorsamsschritt waren seine Gegenwart und seine Freude für mich beinah körperlich spürbar.

Als der Moment gekommen war, dass wir getauft werden sollten, traten wir an die Treppe heran, die zum Taufbecken führte. Einer nach dem anderen ging die Stufen hinauf und dann ins Wasser hinein. Als ich an der Reihe war, zitterte ich so sehr, dass ich es kaum schaffte, ins Wasser hineinzugehen. Als ich schließlich drinnen stand, nahm Pastor Gunn meine Hand. Bevor er mich taufte, sagte er: „Sheila, ich habe den Herrn um einen Vers für dich gebeten, und er hat mir Johannes 15,16 gegeben: ‚Nicht ihr habt mich erwählt, sondern ich euch[10], damit ihr euch auf den Weg macht und Frucht bringt, die bleibt. Dann wird euch der Vater alles geben, worum ihr ihn in meinem Namen bittet.‘"

Mit diesen Worten tauchte er mich unter.

Als ich wieder hochkam, musste ich mich total zusammenreißen, um nicht lauthals zu jubeln und zu tanzen (was ziemlich schwierig ist, wenn man ein tropfnasses Gewand an sich kleben hat). Ich hatte das Gefühl, dass Gott mich geküsst hatte.

Gott hatte mich erwählt. Mein ganzes Herz war erfüllt von dieser wunderbaren Wahrheit. Nie zuvor war ich von irgendjemandem erwählt worden. Ich war nicht gut in Sport, und wenn unser Sportlehrer irgendjemanden aufforderte, ein Team zu wählen, kam ich immer als Letzte dran. Als ich sechzehn war und die Jungen in der Tanzstunde eine Partnerin auswählen mussten, musste ich ziemlich lange warten, bis die letzten ungeschickten, schüchternen Typen nahmen, was übrig geblieben war.

Von Gott erwählt ... nun musste ich nur noch herausfinden, was das bedeutete. Hieß es, dass von nun an in meinem Leben alles prima laufen würde? Hieß es, dass all meine Schwächen ausgebügelt werden würden? Ich schäme mich heute ein bisschen, das zuzugeben – aber als ich an jenem Abend aus dem Wasser kam, fragte ich mich sogar, ob ich anders aussah. Ich hielt es für möglich, dass meine Haut klarer geworden war und dass ich ein paar überflüssige Pfunde im Wasser zurückgelassen hatte.

Ich wollte ein äußeres Zeichen für eine innere Wahrheit. Wenn Gott mich erwählt hatte, dann wollte er bestimmt, dass mein Leben ein bisschen leichter wurde. Ich dachte, dass man es mir auch äußerlich ansehen würde, dass ich ein „neuer Mensch" geworden war (2. Korinther 5,17). Wenn ich mein altes Ich symbolisch im Wasser zurückgelassen und von Jesus neues Leben erhalten hatte, dann würde ich vielleicht auch äußerlich „neu" aussehen.

Mittlerweile habe ich verstanden, dass es Jesus darum ging, sein Leben in mir und durch mich zu leben, nicht darum, ein paar Teenagerträume zu erfüllen, die mich vielleicht äußerlich verwandelt, aber nichts an meinem Herzen verändert hätten. Jesus lud mich dazu ein, ihm die Hand für einen Tanz zu reichen, der mich durch alle Jahreszeiten meines Lebens hindurchtragen würde.

Vielleicht konnte das niemand besser verstehen als Maria, die junge Mutter Jesu. In vielerlei Hinsicht war sie selbst noch ein Kind. Als der Engel ihr mitteilte, dass sie den Sohn Gottes zur Welt bringen würde, war sie wahrscheinlich erst dreizehn oder vierzehn. Und da die Ehen damals normalerweise von den Eltern arrangiert wurden, war sie vermutlich schon mit Josef verlobt, seit sie ein kleines Mädchen war.

Verlobungen waren damals nicht bloße Absichtserklärungen, so wie heute oft, sondern rechtlich bindende Verträge. Auch wenn das Paar vor der Hochzeit nicht zusammenlebte, wäre eine Scheidung erforderlich gewesen, um einen solchen Vertrag aufzuheben. Wenn Josef vor der Hochzeit gestorben wäre, hätte Maria als Witwe gegolten, obwohl sie immer noch eine Jungfrau gewesen wäre.

In diese kleine, geordnete Welt hinein trug der Engel Gabriel – der sich Zacharias vorstellte als jemand, „der unmittelbar vor Gott steht" – eine revolutionäre Nachricht: „Sei gegrüßt, Maria! Gott ist mit dir! Er hat dich unter allen Frauen ausgewählt" (Lukas 1,28).

Maria hatte keine Möglichkeit, sich auf diese enorme Veränderung ihres Lebens vorzubereiten. Im einen Moment war sie einfach ein braves jüdisches Mädchen, das sein Bestes tat, um seinen Eltern zu gehorchen, und im nächsten Moment erhielt sie Besuch von dem Engel Gabriel. Dieser hochrangige Engel tritt in der Bibel nur viermal auf. Jedes Mal kam er, um einem bestimmten Menschen eine Botschaft zu überbringen, die direkt vom Thron Gottes kam. Zweimal erschien er Daniel (Daniel 8,17-27 und 9,20-27), einmal Zacharias, um ihm die Geburt Johannes' des Täufers anzukünden (Lukas 1,18-20), und einmal diesem jungen Mädchen Maria (Lukas 1,26-28). Sie ist die einzige

Frau in der Geschichte der Menschheit, die eine Nachricht von Gabriel erhielt.

Es gibt einen bestimmten Grund, warum ich diese erstaunliche junge Frau hier erwähne: Ich möchte, dass sie Ihnen hilft zu verstehen, was es heißt, die Bestimmung anzunehmen, die Gott Ihrem Leben gegeben hat. Denn Marias Leben spiegelt sowohl die Freude als auch den Schmerz wider, den die Berufung mit sich bringt. Aber lassen Sie uns zuerst die Freude betrachten. Die englische Bibelübersetzung „The Message" gibt Gabriels Begrüßung (Lukas 1,28) folgendermaßen wieder:

> „Guten Morgen! Gott hat dir eine Schönheit geschenkt, die seinem Wesen entspricht. Du bist innerlich und äußerlich schön!"

Stellen Sie sich einmal solch eine Begrüßung vor! Im einen Moment ist sie dabei, den Boden zu kehren, und fragt sich, ob sie Josef im Laufe des Tages noch sehen wird, und das Nächste, was sie erlebt, ist ein gleißendes Licht, das die Küche erfüllt, und die Gegenwart eines mächtigen, überirdischen Wesens. Ich habe keine Ahnung, wie Gabriel aussieht, aber ich schätze, er ist ziemlich beeindruckend. Und da stand er und sagte diesem jungen Mädchen, dass sie innerlich und äußerlich schön sei. Das spricht doch Bände! Sie sah nicht nur hübsch aus, sondern sie war auch innerlich schön.

Wie Sie sich denken können, erschrak Maria über diesen unerwarteten, beeindruckenden Gast: „Maria fragte sich erschrocken, was diese seltsamen Worte bedeuten könnten" (Lukas 1,28).

Ich bin sicher, die Feststellung, dass sie erschrak, war untertrieben. Gott hatte seit langer Zeit nicht mehr geredet.

Maria hatte von ihrer Mutter und ihrem Vater gelernt, was Gott durch die Propheten gesagt hatte (damals wurden Mädchen nicht im Tempel unterrichtet, sondern zu Hause auf dem Schoß ihrer Eltern). Aber seit vierhundert Jahren – seit der Fertigstellung des Buches Maleachi – hatte Gott geschwiegen.

Stellen Sie es sich einmal so vor: Wenn Sie das Alte Testament zu Ende gelesen haben und dann mit dem Neuen Testament beginnen, ist das beinah so, als wären Sie während eines Filmes eingeschlafen und hätten dann, als Sie wieder wach wurden, die Personen, die nun auf der Leinwand zu sehen waren, nicht erkannt. Sie hätten dagesessen und sich gefragt, was wohl mit denjenigen passiert war, die dagewesen waren, bevor Sie einnickten.

Ehe Sie die Augen schlossen, waren die Juden, das Volk Gottes, von vielen Leuten herumgestoßen worden. Aber viele von ihnen waren jetzt wieder in ihrem eigenen Land, wenn auch unter der Herrschaft Persiens – ihr Territorium war stark verkleinert worden und beschränkte sich jetzt auf Jerusalem und die umliegenden Gebiete. Sie hatten einen Tempel, aber er war nichts im Vergleich zu dem, den Salomo gebaut hatte.

Als Sie die Augen wieder öffneten, waren Sie vierhundert Jahre in die Zukunft versetzt. Das Gebiet hieß jetzt Judäa, und anstelle der persischen Herrscher waren nun Römer an der Macht. Es gab keinen jüdischen Gouverneur, aber immerhin einen Hohenpriester; der Sanhedrin wachte darüber, dass das jüdische Gesetz eingehalten wurde. Seit Maleachi hatte es keinen Propheten mehr gegeben, aber die Juden hatten nun die Synagoge, in der gebetet wurde und in der Männer und Jungen die Thora studierten.

Es war diese Welt, in der Maria lebte, als Gabriel ihr begegnete. Ihre Antwort ist ein wunderbares Zeugnis dafür, wie Gott seine Kinder vorbereitet, bevor er ihnen seine Berufung offenbart:

„Von ganzem Herzen preise ich den Herrn. Ich bin glücklich über Gott, meinen Retter. Mich, die ich gering und unbedeutend bin, hat er zu Großem berufen. Zu allen Zeiten wird man mich glücklich preisen, denn Gott hat große Dinge an mir getan, er, der mächtig und heilig ist! Die Barmherzigkeit des Herrn bleibt für immer und ewig, sie gilt allen Menschen, die ihn ehren. Er streckt seinen starken Arm aus und fegt die Hochmütigen mit ihren stolzen Plänen hinweg. Er stürzt Herrscher von ihrem Thron, und Unterdrückte richtet er auf. Die Hungrigen beschenkt er mit Gütern, und die Reichen schickt er mit leeren Händen weg. Seine Barmherzigkeit hat er uns, seinen Dienern, zugesagt, ja, er wird seinem Volk Israel helfen. Er hat es unseren Vorfahren versprochen, Abraham und seinen Nachkommen hat er es für immer zugesagt" (Lukas 1,46-55).

Dieses Loblied scheint dem Gebet Hannas in 1. Samuel 2,1-10 nachempfunden zu sein. Und Maria zitiert darin zwölf Schriftstellen aus dem Alten Testament. Sie war offensichtlich eine fromme junge Jüdin. Und auch wenn ihre Umstände nicht so waren, wie sie sich das vielleicht vorgestellt hatte, war sie bereit, alles zu tun, was Gott von ihr verlangte. Mit seiner Hilfe und in seiner Kraft war sie willens und fähig, die ihr zugedachte Aufgabe zu erfüllen.

Von ihrer Familie konnte man das wahrscheinlich nicht behaupten – jedenfalls nicht zu Anfang. Obwohl wir über die nächsten Monate in Marias Leben nur sehr wenig erfahren, denke ich, dass wir uns das eine oder andere vorstellen können …

Wie müssen ihre Eltern gedacht haben? Und Josefs Eltern? Auch für die vertrauensvollsten Eltern mit dem bravsten Kind im ganzen Stadtviertel wäre es eine ziemliche Herausforderung zu glauben, dass ein Engel – und nicht irgendein Engel, sondern Gabriel selbst – mit einem dreizehnjährigen Mädchen gesprochen hatte. Und nicht nur das: Er hatte ihr etwas mitgeteilt, was die beiden Familien öffentlich in Schande bringen würde. Wie sollte so etwas jemals von Gott kommen?

Angesichts dessen, dass Maria ein anständiges Mädchen mit einem reinen Herzen war, muss es schrecklich für sie gewesen sein, mit misstrauischen Fragen und verstohlenen Blicken ihrer Nachbarn konfrontiert zu werden. Nur die Gewissheit, dass Gott sie dazu auserwählt hatte, seinen Sohn zur Welt zu bringen, konnte ihr die Kraft schenken, dies alles zu ertragen: „Maria aber merkte sich jedes Wort und dachte immer wieder darüber nach" (Lukas 2,19). Sie hat in diesen Tagen sicher sehr viel nachgedacht und sich bemüht, Gottes Absichten zu begreifen.

Ein Schwert, das durchs Herz dringt

Maria trug ihr kostbares Baby aus und brachte es in einer ärmlichen Umgebung zur Welt. Wie stolz muss sie auf ihren kleinen Jungen gewesen sein, wie begeistert von ihm. Man kann sich nur vorstellen, wie oft sie sein winziges Gesicht angeschaut, seine Finger und Zehen gezählt und sich gefragt hat, was die Zukunft ihm bringen würde. Bald sollte sie eine Ahnung davon bekommen.

Wenn ein jüdischer Junge zur Welt kam, wurde er beschnitten, wenn er acht Tage alt war. Die Mutter galt für weitere 33 Tage als unrein (66, wenn sie ein Mädchen geboren hatte). Maria und Josef brachten Jesus zum Tempel, um ihn symbolisch Gott zu weihen, denn er war ihr erstgeborener Sohn. Eine wohlhabende Familie brachte ein Lamm zum Opfer dar, aber Maria und Josef brachten zwei Tauben; diese Gabe war annehmbar, wenn es sich um eine arme Familie handelte.

Dort im Tempel begegneten sie Simeon, der zu dem frommen Überrest von Gottes Volk gehörte: ein Mann, der auf den Messias wartete. Gott hatte ihm versprochen, dass er nicht sterben würde, ehe er Christus, den Retter, gesehen hatte. Er nahm das Baby in die Arme und segnete es, aber dann wandte er sich Maria zu und sagte etwas zu ihr, das ihr sehr wehgetan haben muss: „Gott hat dieses Kind dazu auserwählt, die Israeliten vor die Entscheidung zu stellen: An ihm wird sich entscheiden, ob man zu Fall kommt oder gerettet wird. Viele werden sich ihm widersetzen und so ihre geheimsten Gedanken offenlegen. Der Schmerz darüber wird dir wie ein Schwert durchs Herz dringen" (Lukas 2,34-35).

Wie ging Maria mit dieser Aussage um? Simeon sagte ihr im Wesentlichen, dass ihr geliebter kleiner Sohn missverstanden und bekämpft werden würde. Die griechischen Wörter, die in diesem Satz gebraucht werden, besagen, dass durch das umstrittene Leben ihres Sohnes viele zugrunde gehen und andere buchstäblich zu neuem Leben auferstehen würden. Es war klar, dass es in seinem Leben eine enorme Auseinandersetzung geben würde. Noch während sie ihren Sohn in den Armen hielt, sagte Simeon ihr, dass ihr der Schmerz wie ein Schwert durchs Herz dringen würde.

Es muss ihr wehgetan haben, daran zu denken, was die Zukunft bereithielt. Ob sie sich fragte, warum Gott sie auserwählt hatte, die Mutter seines Sohnes zu sein und miterleben zu müssen, wie er litt? Fiel es ihr schwer, dem Versprechen treu zu bleiben, das sie im Glauben gegeben hatte? Half ihr in solchen Momenten die tiefe Gewissheit, dass sie dazu auserwählt worden war, diese einzigartige Rolle in der Weltgeschichte zu spielen? Die Gewissheit, dass uns eine bestimmte Aufgabe zugedacht ist, macht es uns nicht immer leicht und schenkt uns auch nicht automatisch ein inneres Ja.

Diese Unsicherheit behielt Maria wahrscheinlich während der nächsten zwölf Jahre. Wir wissen wenig über das Leben, das Maria und Josef während dieser Zeit führten. Aber wir dürfen gewiss sein, dass sie durch die Freuden und Schmerzen hindurchgingen, die alle Familien miterleben. Maria bekam weitere Kinder und so wurde Jesus zu einem großen Bruder. Er half seinem Vater bei der Zimmermannsarbeit, und das Leben ging weiter. Ich glaube, sie lebten zwölf Jahre lang ein ziemlich normales Leben, bis zu dem Tag, als Jesus vermisst wurde und sich ein größeres Drama zu entwickeln begann.

Es ist der Albtraum aller Eltern, ihr Kind auch nur für ein paar Augenblicke in einer Menschenmenge aus den Augen zu verlieren, aber Maria sah Jesus drei ganze Tage lang nicht. Zu jener Zeit war es üblich, dass jüngere Kinder mit ihrer Mutter und ältere Kinder mit ihrem Vater reisten. Jesus war damals irgendwo dazwischen. Mit zwölf Jahren war er genau in der Übergangsphase und konnte wahrscheinlich selbst entscheiden, ob er mit Maria oder mit Josef unterwegs sein wollte. Wir können nur annehmen, dass Maria dachte, er wäre bei seinem Vater, und Josef davon ausging, dass er bei seiner Mutter war. Als sie schließlich merkten, dass er bei keinem von beiden war, reisten sie zurück nach Jerusalem und fanden ihn dort bei den Lehrern und Schriftgelehrten im Tempel.

Jesus hörte nicht nur zu, was diese zu sagen hatten, er äußerte selbst seine Meinung und stellte Fragen, deren Tiefgang die Lehrer erstaunte. Als Maria ihn sah, war sie sehr aufgebracht und sagte ihm das auch. Seine Antwort muss sie geschmerzt haben: „Warum habt ihr mich gesucht? Habt ihr denn nicht gewusst, dass ich im Haus meines Vaters sein muss?" (Lukas 2,49).

Die Frage „Warum habt ihr mich gesucht?" folgt demselben Sprachmuster wie diejenige, die wir zweiundzwanzig Kapitel später lesen: „Warum sucht ihr den Lebenden bei den Toten?" (Lukas 24,5). Hier im Tempel versucht Jesus wohl zum ersten Mal, seine Mutter und seinen Vater auf seinen göttlichen Auftrag hinzuweisen. Er sagte im Wesentlichen: „Wo sonst hätte ich wohl sein sollen als im Haus meines Vaters?" Maria und Josef hatten in ganz Jerusalem nach ihm gesucht, aber er sagte ihnen, sie hätten direkt zum Tempel kommen sollen, denn das war der Ort, an dem der Sohn Gottes zu finden war. Es ist erstaunlich zu lesen, dass Jesus nicht bei den Ältesten, Lehrern und Schriftgelehrten stand, sondern dass er als Gleichberechtigter in ihrer Mitte saß. Es scheint auch ein leichter Vorwurf in den Worten zu liegen, die Jesus an seine Mutter richtete: „Habt ihr denn nicht gewusst, dass ich im Haus meines Vaters sein muss?" Dies war die erste messianische Aussage, die Jesus seiner Mutter gegenüber machte, und ich glaube, dass sie sie tief getroffen hat. In diesem kurzen Satz steckte so viel, auch so viel Unausgesprochenes:

- „Ich gehöre zu euch, aber ich gehöre nicht zu euch."
- „Ich bin euer Sohn, aber ich bin nicht euer Sohn."
- „Ihr habt Träume und Hoffnungen für mich, aber es gibt etwas, das über eure Vorstellungen hinausgeht."

Sicher erlebte Maria noch viele solcher Momente, als Jesus seinen Dienst begann. Eines Tages sprach eine Frau, die von seinen Lehren tief bewegt war, die Worte aus, die jede Mutter gerne hört: „Wie glücklich muss die Frau sein, die dich geboren und gestillt hat!" Jesus antwortete darauf: „Ja, aber noch glücklicher sind die Menschen, die Gottes Botschaft hören und danach leben" (Lukas 11,27-28). Selbst die ganz normale Genugtuung „Das hast du toll gemacht, solch einen Sohn zu haben!" wurde Maria verweigert.

Die Wolken begannen sich über dem Kopf ihres Sohnes und über ihrem Herzen zusammenzubrauen, aber in den Tagen seines Lebens bekam Maria ein außergewöhnliches Geschenk. Dieses Geschenk sagt jedem Einzelnen von uns, wer wir wirklich sind, und hilft uns, selbst in der schlimmsten Zeit den Kopf hoch zu tragen.

Was für ein Geschenk, fragen Sie? Wie sollte Maria das, was nun bald geschehen würde, überleben? Welch ein erlösendes Geschenk hatte Gott in ihr Leben hineingelegt, das auch unser Leben verändern sollte? Maria war dabei zu entdecken, dass ihr geliebter Sohn ihr Leben für immer verändern würde. Sie und Josef hatten ihm auf dieser Erde ein liebevolles Zuhause geboten, aber Jesus war im Begriff, für jeden, der ihm vertraut, ein Heim im Himmel zu erwerben, das niemand je antasten oder zerstören kann.

Unsere göttliche Bestimmung

Das Wort *Bestimmung* ist nach den Maßstäben unserer Kultur schwer zu definieren. Wir sehen einen Jungen, der gut mit einem Fußball umgehen kann, und denken: *Das ist ein begabter Sportler.* Wir sehen ein Mädchen, das außergewöhnlich hübsch ist, und denken: *Ihr Aussehen wird ihr alle Türen öffnen.* Unsere Bestimmung als Gläubige lässt sich nicht so leicht und eindeutig definieren. Maria wusste, dass sie dazu auserwählt worden war, die Mutter des Sohnes Gottes zu sein. Es hätte vielleicht nahegelegen zu vermuten, dass sie ihn, als sie ihn vermisste, in einem Palast gesucht hätte statt in einem Tempel. Wenn sie an seine Zukunft dachte, sah sie ihn vielleicht auf einem Thron und nicht an einem Kreuz.

Als ich nach meiner Taufe aus dem Wasser stieg, hoffte ich, dass sich meine Gesichtszüge verändert hätten. Aber Gott veränderte mein Herz und lehrte mich, in all meinen Lebensumständen seine Hand zu suchen. Das ist das Geschenk, das Gott auch Ihnen in diesem Augenblick machen will. Sie sind auserwählt und geliebt. Ihre Zukunft ist sicher, denn Sie sind mit dem kostbaren Blut Christi erkauft worden. Sie fühlen sich vielleicht an den meisten Tagen nicht wie eine Prinzessin, aber das ändert nichts an der Tatsache, dass Sie eine sind.

Lass los!

1. Hatten Sie jemals das Gefühl, dass Ihr Leben keine große Bedeutung hat? Wenn das so ist, wie hat sich dieses Gefühl auf Ihr Alltagsleben ausgewirkt?
2. Was sagt Ihnen die Tatsache, dass Gott solch ein junges Mädchen dazu auserwählt hat, die Mutter seines Sohnes zu werden?
3. Haben Sie manchmal, auch wenn Sie wissen, dass Gott eine Berufung in Ihr Leben gelegt hat, das Gefühl, dass seine Berufung verwirrend ist?
4. Wenn Sie die Gelegenheit gehabt hätten, sich vor der Kreuzigung mit Maria zusammenzusetzen, welche Frage hätten Sie Ihr gern gestellt?

Ein Loslass-Gebet

Himmlischer Vater,
ich danke dir für das Leben von Maria. Danke, dass sie mit ihrem Leben zum Ausdruck gebracht hat, was es bedeutet, dir von ganzem Herzen zu dienen. Danke, dass sie den schmerzlichen Weg, der vor ihr lag, bewusst angenommen hat. Schenk mir die Gnade, mein Leben im Licht der Ewigkeit zu sehen. Hilf mir, deine Berufung anzunehmen, gleichgültig, wie schwierig meine Lebensumstände sein mögen. Das bitte ich um Jesu willen und in seinem Namen.
Amen.

13

Manchmal ist die Angst so groß

„Furcht. Ihre Methode ist, dich mit dem Geheimnisvollen zu manipulieren, mit dem Unbekannten zu verhöhnen. Furcht vor dem Tod, Furcht vor Gott, Furcht vor morgen – ihr Waffenarsenal ist gut gefüllt. Ihr Ziel? Feige, freudlose Seelen zu erschaffen. Sie will nicht, dass du die Reise zum Berg wagst. Sie denkt, wenn sie dich genügend beutelt, wirst du den Blick von den Gipfeln abwenden und dich mit einem eintönigen Leben in der Ebene zufriedengeben" (Max Lucado).

„Der Herr ist mein Licht und mein Heil; vor wem sollte ich mich fürchten? Der Herr ist meines Lebens Kraft; vor wem sollte mir grauen?" (Psalm 27,1-2; Luther).

„Nur wer sagen kann: ‚Der Herr ist meines Lebens Kraft‘, kann sagen: ‚Vor wem sollte mir grauen?‘" (Alexander MacLaren).

„Das Besondere daran, Gott zu fürchten, ist: Wenn man Gott fürchtet, fürchtet man nichts anderes. Wenn man Gott jedoch nicht fürchtet, fürchtet man alles andere" (Oswald Chambers).

„Sie sollten imstande sein, das zu tun", sagte er. „Man hat mir gesagt, dass Sie alle schon wochenlang geübt haben."

Ein paar der anderen Turmspringer, die schon im Wasser waren, bestätigten, dass das stimmte.

„Also, was haben Sie für ein Problem?", fragte er, während sie am äußersten Rand des Sprungbrettes stand.

Sie blickte auf das Wasser und dann in sein Gesicht.

„Na los, springen Sie!", versuchte er sie zu ermutigen.

Sie schaute auf die anderen hinunter, die im Wasser herumspritzten und lachten, als hätten sie soeben einen Bungee-Sprung vom Mount Everest gemacht.

„Wenn Sie nicht springen wollen", fuhr er fort, „dann machen Sie das Brett frei für die anderen Springer."

Langsam ging sie zurück Richtung Leiter. Aber gerade kam eine andere Springerin hinauf. Sie saß in der Falle. Sie konnte nicht zurück, aber hinunterzuspringen schien ihr erst recht unmöglich.

Sie setzte sich mitten auf das Sprungbrett, den Kopf zwischen den Knien vergraben, und wünschte sich, sie könnte sich in Luft auflösen.

Warum ist es so schwer zu vertrauen?

Vertrauen ist eine ganz wichtige Fähigkeit, die wir brauchen, um unser Leben zu bewältigen. Aber was bedeutet es, zu vertrauen? Bedeutet es, dass wir uns nie wieder fürchten oder dass die Furcht ihren angemessenen Platz in unserem Leben erhält? Dass sie eine Rolle spielen darf, aber nicht die Hauptrolle? Ich bin einen langen Weg gegangen, bis ich begriffen habe, in welchem Verhältnis Furcht und Vertrauen zueinander stehen. Ich weiß, dass ich in meinem Leben manchmal von Furcht gelähmt wurde, aber ich habe in meinem Geist immer diesen deutlichen Ruf gehört: *Vertrau mir!*

Einer der ersten Bibelverse, die ich jemals auswendig gelernt habe, war: „Verlass dich auf den Herrn von ganzem Herzen, und verlass dich nicht auf deinen Verstand, sondern gedenke an ihn in allen deinen Wegen, so wird er dich recht führen" (Sprüche 3,5-6; Luther). Als Kind fragte ich meine Mutter immer: „Bedeutet das, dass ich Dinge tue, die ich nicht verstehe, wenn ich glaube, dass Gott mich führt?" Meine Mutter tat ihr Bestes, um einer neugierigen Zwölfjährigen zu antworten. Kinder können sehr schwierige Fragen stellen! Sie versuchte mir zu erklären, dass Gott mich, wenn ich mich in meinen Entscheidungen von ihm leiten ließ, auf einem geraden Weg führen würde. Das Problem, das ich damit hatte, war: Mein Weg schien nicht immer gerade zu sein, auch wenn ich versuchte, mich bei meinen Entscheidungen nach seinem Willen zu richten.

Ich habe diese beiden Verse im Laufe der Jahre immer und immer wieder gelesen, und jedes Mal, wenn ich das tue, verstehe ich sie ein bisschen besser. „Von ganzem Herzen" scheinen mir jetzt die Schlüsselworte zu sein. Wenn ich mich „von ganzem Herzen" auf Gott verlasse, dann habe ich in keinem Bereich meines Herzens mehr Platz für Furcht. Ich denke, lange Zeit habe ich Gott mit dem überwiegenden Teil meines Herzens vertraut, aber ich habe der Furcht immer noch eine Nebenrolle zugebilligt. Das schien mir vernünftig zu sein. Schließlich leben wir in einer Welt voller Menschen, die uns benutzen und missbrauchen; Freunde können uns verraten und Ehemänner uns verlassen. Gott wendet das Böse, das sich unserer Tür nähert, nicht immer von uns ab – darum wird die Furcht wohl zu unserem Leben gehören, solange wir uns auf diesem Planeten befinden.

Seit dem Sündenfall ist das Böse auf dieser Erde gegenwärtig. Und doch hat Jesus uns wieder und wieder gesagt: „Fürchtet euch nicht."

Zu dem Mann, dessen Tochter starb, bevor Jesus zu seinem Haus kam, sagte er: „Fürchte dich nicht; glaube nur, so wird sie gesund" (Lukas 8,50; Luther). Und zu seinen engsten Freunden sagte er einmal: „Fürchtet euch nicht vor denen, die den Leib töten und danach nichts mehr tun können" (Lukas 12,4; Luther). Vom ersten Buch Mose bis zur Offenbarung rufen Gott, unser Vater, und sein Sohn Jesus Christus uns zu: „Vertraut mir; fürchtet euch nicht!"

Aber was sagen wir zu denjenigen, deren Vertrauen zerstört worden ist?

Zerstörtes Vertrauen

Es fällt uns besonders schwer zu vertrauen, wenn unser Vertrauen zerstört wurde, als wir besonders verletzlich waren. Vor allem, wenn wir als Kind irgendeine Form von Misshandlung oder Missbrauch erlebt haben – auf geistiger, seelischer oder körperlicher Ebene –, kann es sehr schwierig für uns sein, wieder Vertrauen aufzubauen. In solchen Fällen ist unser Vertrauen das Erste, was wir verlieren, zusammen mit unserer Unschuld. In unseren Kinderjahren, wenn wir lernen, wie das „normale Leben" aussieht und wie es sich anfühlt, ist es verheerend, zu der Überzeugung zu gelangen, dass das „normale Leben" sich so schrecklich anfühlt und so wehtut.

Es geht nicht nur Kindern so, dass ihre Träume, eine Liebesgeschichte zu erleben, zerstört werden. Ich habe zwei Freundinnen, deren Töchter demnächst das Haus verlassen werden, um zum College zu gehen. Ich kenne beide Mädchen, und ich freue mich für sie. Aber bei all dieser Freude weiß ich, dass sie bald mit Situationen fertig werden müssen, die das Potenzial haben, ihre Welt zu verändern. Während sie fern von zu Hause ihre Flügel ausprobieren, müssen sie die Signale kennenlernen, die ihnen zeigen, wem sie vertrauen können und wem sie unter allen Umständen aus dem Weg gehen sollten.

Wie ist das mit der Frau, die mir schrieb, dass sie ihr Leben lang ihr Bestes getan hat, um Gott zu ehren, und ihm vertraut hat, dass er ihr zur rechten Zeit einen Ehemann schenken würde? Mit sechsundvierzig Jahren befürchtet sie nun, dass sie für immer allein bleiben wird, und ihr Vertrauen zu Gott ist geschwunden. Oder wie ist das mit der Ehefrau, die jahrelang im Vertrauen darauf gelebt hat, dass Gott ihr ein eigenes Kind schenken würde, und bis heute keins bekommen hat? Vielleicht haben Sie ein Jahr lang darauf gewartet, einen besseren Arbeitsplatz zu finden, aber so sehr Sie sich auch bemüht haben, Ihnen werden alle Türen vor der Nase zugeschlagen. Ich denke auch an meine Schwiegermutter, die Gott vertraut hat, dass er sie von Krebs heilen würde, aber sie ist in diesem Leben nicht geheilt worden. Ich denke an eine liebe Freundin, die ihre Tochter auf ein christliches College geschickt hat und dann erfahren musste, dass sie von einem Kommilitonen vergewaltigt worden war.

In solchen Situationen lautet die unvermeidliche Frage: „Wo warst du, Gott?"

Warum ist es so schwer, Gott zu vertrauen?

Für diejenigen, die etwas in dieser Art erlebt haben, ist es schwer, die Bilder loszuwerden, die sich dadurch in ihre Seele eingeprägt haben. Es kann sehr schwierig sein, Menschen wieder zu vertrauen. Und was noch trauriger ist, vielen von ihnen fällt es auch schwer, noch einmal Vertrauen zu Gott zu fassen. Sie ziehen sich von dem Einzigen zurück, der ihr Leben wieder in Ordnung bringen könnte, weil sie glauben, dass er ihr Leid irgendwie mitverursacht hat.

Verstehen Sie mich recht: Ich glaube, wenn wir uns mit unseren ungelösten Fragen an Gott wenden, ist das eine gesunde Reaktion. Gott will, dass wir uns aktiv auf ihn einlassen und auch mit unseren Zweifeln zu ihm kommen. Aber wenn wir uns einfach innerlich zurückziehen und vor ihm verschließen, richtet das nichts anderes als Schaden an. Es ist Gott lieber, wenn wir zu ihm kommen und ihm sagen, dass wir Schwierigkeiten mit unserem Glauben haben, als wenn wir überhaupt nicht kommen. Lassen Sie uns noch einmal unseren Text aus den Sprüchen anschauen, diesmal in der Guten-Nachricht-Übersetzung:

> „Verlass dich nicht auf deinen Verstand, sondern setze dein Vertrauen ungeteilt auf den Herrn. Denk an ihn bei allem, was du tust; er wird dir den richtigen Weg zeigen" (Sprüche 3,5-6).

Das ist Gottes Versprechen an uns – wenn wir ihm vertrauen und nicht versuchen, alle Probleme mit unserem eigenen Verstand zu lösen, wird er uns den richtigen Weg zeigen. Er weiß, dass wir nicht immer verstehen werden, warum bestimmte Dinge geschehen. Und er sagt uns, selbst wenn wir anderen nicht vertrauen können, ihm können wir vertrauen. (Allerdings heißt das nicht, dass uns jeder Kummer im Leben erspart bleibt, wenn wir Gott vertrauen. Aber eins können wir wissen: In jeder, in wirklich jeder Situation wird bei uns sein.)

„Ach, Sheila", sagen Sie jetzt vielleicht, „das mag sich gut anhören, aber es ist viel leichter gesagt als getan!" Ich weiß. Wenn man es einmal verloren hat, ist Vertrauen sehr schwer wieder aufzubauen. Wir wollen einfach nicht verletzt werden. Wie schaffen wir es also, aus der Falle der Vergangenheit herauszukommen und uns wieder zu öffnen? Die Antwort ist, dass Vertrauen zu entwickeln ein Lernprozess ist. Manchen Menschen mag es leichtfallen, aber viele von uns brauchen ziemlich lange, um wirklich völlig zu vertrauen. Es gibt oft zu viele alte Botschaften, die in unser Herz eingeprägt sind.

Ich habe mich ein wenig damit beschäftigt, warum wir Menschen es schwer finden, zu vertrauen, und welche Stolpersteine es gibt, die uns daran hindern, diesen Erneuerungsprozess einzuleiten. Hier ein paar Antworten, die ich von anderen Frauen bekommen habe:

- „Ich bin früher zu sehr verletzt worden. Gott hat mich nicht davor bewahrt. Darum gehe ich nicht das Risiko ein, dass mir so etwas noch einmal passiert."
- „Gott lässt immer noch zu, dass wir von Menschen verletzt werden, die wir lieben."
- „Die Leute denken nur an sich selbst, sogar Christen. Wie kann Gott das zulassen?"
- „Wenn du Gott vertraust und jemandem dein Herz öff-

nest und die Wahrheit sagst, dann verwenden sie das bloß gegen dich."

- „Ich habe darauf vertraut, dass Gott mir einen Ehemann schenken würde, und er hat mich enttäuscht."
- „Ich habe daran geglaubt, dass Gott mir ein Kind schenken würde. Ich habe ihm mein Leben lang gedient, aber diese eine Sache hat er mir vorenthalten. Und Teenager lässt er schwanger werden! Wie kann ich solch einem Gott vertrauen?"

Während ich zuhörte, wie viele Frauen mir erzählten, warum es ihnen schwerfällt, Gott zu vertrauen, habe ich ein bestimmtes Muster erkannt. Ich hatte den Eindruck, dass unsere Fähigkeit zu vertrauen sich an einem falschen Kriterium festmacht. Mir fällt auf: Wenn wir unser Vertrauen davon abhängig machen, dass Gott sich so verhält, wie wir das von ihm erwarten, werden wir enttäuscht werden. Wenn wir glauben, dass wir Gott nur dann vertrauen können, wenn er unsere Gebete so beantwortet, wie wir uns das wünschen, werden wir ein trauriges, orientierungsloses Leben führen.

Aber wenn wir Gott einfach vertrauen, ohne Wenn und Aber, können wunderbare Dinge geschehen. Noch einmal: Ich sage nicht, dass wir keine Herausforderungen mehr bestehen müssen. Kinder lernen, ihren Eltern zu vertrauen, aber das bedeutet nicht, dass ihnen jeder Kummer erspart bleibt. Ich erinnere mich an eine Situation, als Christian erst ein paar Wochen alt war und ich seine Beine auf den Behandlungstisch drücken musste, während der Kinderarzt ihm eine Spritze gab. Ich war entsetzt und fest davon überzeugt, dass mein Sohn mir nie wieder vertrauen würde.

Aber er tat es. Der wunderbarste Augenblick bei diesem Erlebnis war, dass Christian, als es vorbei war, die Ärmchen nach mir ausstreckte, damit ich ihn tröstete. Wir weinten alle beide – er, weil sein Bein wehtat, und ich, weil er, obwohl ich an dieser verwirrenden und schmerzlichen Erfahrung beteiligt gewesen war, immer noch von mir getröstet werden wollte. Das ist zweifellos ein schönes Bild für das Vertrauen, das unser himmlischer Vater sich von uns ersehnt.

Wenn Sie mich als junges Mädchen gefragt hätten, ob ich Gott vertraue, hätte ich keinen Augenblick darüber nachdenken müssen. Ich hätte Ihnen voller Überzeugung gesagt, dass ich ihm von ganzem Herzen vertraue. Aber wenn das so war, warum habe ich dann so viele Jahre lang in solcher Angst gelebt? Warum habe ich in jeder Situation immer mit dem Schlimmsten gerechnet?

Die Bodenschwellen des Lebens

Ich bin keine besonders romantisch veranlagte Frau. Ich mag diese sentimentalen Filme nicht, die damit enden, dass sich Ihr Hund und Ihre Oma beim Sonnenuntergang am Strand in den Armen liegen und gemeinsam sterben. Ich mag Thriller und Actionfilme. Verstehen Sie mich recht: Ich meine nicht diesen Schund, den uns Hollywood präsentiert, wo es am Ende mehr Tote gibt als leere Popcorntüten. Ich mag intelligent gemachte Thriller, bei denen man mitdenken kann und die ganze Zeit herauszufinden versucht, was tatsächlich passiert. Ich mag das als Freizeitbeschäftigung. Aber ich habe es nicht immer zu schätzen gewusst, wenn das in meinem wirklichen Leben so war. Es ist wieder dieses Vertrauensproblem.

Nehmen Sie zum Beispiel die Ehe. Sie kann manchmal eine ziemliche Herausforderung sein. Ich glaube, in meinem Fall liegt das weniger an Barry als an mir. Ich denke da an den Hintergrund meiner eigenen Erfahrungen. Ich frage mich, inwiefern ich anders geworden wäre, wenn mein Vater nicht so jung gestorben wäre. Meine Schwester, mein Bruder und ich waren damals alle unter sieben; darum haben wir nur wenige Erinnerungen an unseren Vater.

Und zudem erinnere ich mich überhaupt nicht daran, meine beiden Eltern jemals miteinander gesehen zu haben. Die meisten Erinnerungen aus meiner Kindheit beziehen sich darauf, wie meine Mutter sich nach besten Kräften bemühte, uns drei Kinder großzuziehen. Sie hatte nie Männerbekanntschaften, und so habe ich sie nie in irgendeiner romantischen Situation mit einem Mann gesehen. Mir war jedoch deutlich bewusst, wie sehr sie meinen Vater geliebt hatte und vermisste. Ich begriff nicht, dass das angesichts dessen, wie sehr meine Eltern einander geliebt hatten, eine völlig normale Reaktion war ... und schwor mir als Kind, nie jemanden so sehr zu lieben, dass es mir so wehtun würde, ihn zu verlieren.

Die Schwüre, die wir als Kinder leisten, sind mächtig und folgenreich. Für mich bedeutete das: Als Barry und ich heirateten, hielt ich einen kleinen Teil meiner selbst zurück. Wenn er irgendetwas tat, das mir nicht recht war, steckte ich es in den „Genau-wie-ich-dachte-Ordner". Mir war nicht bewusst, dass ich das tat, denn ich hatte es mein ganzes Leben lang so gemacht. Aber ohne dass mir das bewusst war, hatte es enorme Auswirkungen auf mein Leben.

Meine zweite falsche Vorstellung war: Wenn man sich jemals darauf einließ, jemanden von ganzem Herzen zu lieben, dann würde derjenige sterben. Das logische (oder unlogische) Endresultat meiner Schlussfolgerungen war dann, dass Barry, wenn ich ihn jemals rückhaltlos lieben und ihm vollkommen vertrauen würde, im selben Moment tot umfiele.

Aber wenn wir so denken, haben wir eine völlig verquere Vorstellung von Gott: Wir sehen ihn als einen grausamen Vater, nicht als den liebenden Vater, der er in Wirklichkeit ist. Nur eine grausame Person würde etwas zerstören, das wir lieben, nur weil sie die Macht dazu hat.

Meine verdrehten Vorstellungen wirkten sich nicht nur negativ auf meine Ehe aus, sondern auch auf meine Beziehung zu meinem Sohn. Als ich Mutter wurde, stand plötzlich noch viel mehr auf dem Spiel. Ich konnte ein bisschen Distanz zu Barry wahren, aber bei Christian war das völlig unmöglich. Jedes Mal, wenn er verletzt oder traurig oder frustriert war, konnte ich das zutiefst nachempfinden und wollte alles tun, damit es ihm besser ging. Manchmal hatte ich Albträume, dass ihm etwas Schreckliches passierte. Ich erwachte schweißgebadet und musste nach oben gehen und nachsehen, ob alles in Ordnung war. Ich war innerlich zerrissen, denn ich hatte mir jahrelang vorgenommen, mich niemals emotional auszuliefern, aber ich war völlig außerstande, mich an diesen Vorsatz zu halten, als es um mein Kind ging.

Gottes Gnade machte mir das bewusst und seine Gnade zu erfahren, das lud mich gewissermaßen auch dazu ein, mich zu ändern. Und glauben Sie mir, es war ein Segen für mich, meine Furcht und mein Misstrauen loszulassen.

Plötzlich war ich frei, meinen Mann und mein Kind einfach zu lieben, ohne ständig mit dem Schlimmsten zu rechnen.

Ich bin mir nicht sicher, wann genau einige der Veränderungen, die ich in den letzten Jahren erlebt habe, begannen. Ich weiß nur, dass ich heute, da ich dieses Buch für Sie schreibe, eine ganz andere Frau bin als damals. Ein Teil der Veränderung besteht darin, dass sich meine Vorstellung von dem, was ein „gerader Weg" ist, geändert hat. Ich dachte immer, wenn ich Gott vertraue und er mich auf dem richtigen Weg führt, bedeutet dies, dass es ein Weg ohne Schlaglöcher und Kurven sein wird. Heute glaube ich, es bedeutet, dass mein Weg mich nach Hause führt, wie krumm er auch aussehen mag.

Die andere wichtige Veränderung ist, dass ich heute besser begreife, wem ich vertrauen soll. Je länger ich mit meinem Vater unterwegs bin, desto leichter fällt es mir, ihm zu vertrauen. Mir wird nicht immer gefallen, wohin er mich führt, aber wenn er dorthin geht, werde ich mit ihm gehen. Heute bete ich jeden Morgen: „Vater, heute lege ich meine Hand in deine. Wo immer du hingehst, will ich dir folgen. Ich werde es nicht immer verstehen, aber ich vertraue deinem Herzen. Ich vertraue deiner Liebe."

Ich denke, was noch zu meiner Veränderung beitrug, war, dass ich einmal ganz bewusst in mich aufzunehmen versuchte, was Maria, die Mutter Jesu, wohl empfunden haben mochte, als sie den wohl schlimmsten Moment ihres Lebens erlebte. Auch sie musste es erst lernen, zu vertrauen. Sie entdeckte, dass eine Berufung auf ihrem Leben lag, die viel größer war als die Berufung zur Mutterschaft. Es war die Berufung, eine Nachfolgerin ihres Sohnes Jesus, des Messias, zu werden. Sie musste loslassen, was ihr mehr

bedeutete als ihr eigenes Leben, um ihre höhere Berufung
anzunehmen.

Am Kreuz

Wir haben über die Schande der öffentlichen Hinrichtung
gesprochen. Diejenigen, die gekreuzigt wurden, wurden
normalerweise direkt außerhalb der Stadtmauern getötet,
damit jeder, der vorüberging, die Opfer verspotten und so
die Grausamkeit und Würdelosigkeit dieser Hinrichtungsart noch steigern konnte. Als Maria zusah, wie sie ihren
Sohn ans Kreuz nagelten, rief niemand: „Wie glücklich
musst du sein!" Ob sie sich an jenem Tag an die Worte Gabriels erinnerte: „Hab keine Angst, Maria. Gott hat dich
zu etwas Besonderem auserwählt"? Wenn sie es getan hat,
dann hat sie sie vielleicht in dem Moment als bitteren Sar-
kasmus empfunden.

Und falls sie in dieser Situation nicht an die Worte Gabriels dachte – an das, was Simeon zu ihr gesagt hatte,
erinnerte sie sich bestimmt: „Der Schmerz darüber wird dir
wie ein Schwert durchs Herz dringen." Welch eine Mutter
könnte es ertragen zuzusehen, wie ihr erstgeborener Sohn
auf so barbarische Weise verspottet, gequält und hingerichtet wird? Was hatte ihr Vertrauen zu Gott ihr einge-
bracht?

Als Jesus in körperlichen, seelischen und geistigen Qualen dort am Kreuz hing, blickte er hinunter und sah seine
Mutter. Wie oft hatte er als Kind in ihre Augen geschaut
und ihre Liebe gespürt? Wie oft hatte sie ihn umarmt, ihn
aufgemuntert, ihm vorgesungen und ihm die blutigen Knie

abgewischt, wenn er hingefallen war, weil er so schnell angerannt kam, um ihr irgendeine Neuigkeit zu berichten?

Jetzt konnte sie nichts für ihn tun.

Wenn Maria vierzehn oder fünfzehn war, als Jesus geboren wurde, und er jetzt dreiunddreißig war, dann war Maria zum Zeitpunkt der Kreuzigung fast fünfzig – etwa so alt wie ich heute bin. Was sie in diesen Momenten durchgemacht hat, übersteigt mein Fassungsvermögen. Sie sah jeden Hammerschlag, als die Nägel durch seine Handgelenke getrieben wurden. Sie hörte zu, wie sein Hinrichtungskommando ihn quälte. Als ihm das Blut über die Stirn lief, muss sie sich danach gesehnt haben, die Hand auszustrecken und es abzuwischen. Hat sie gefragt: „Gott, wo bist du?" Hat die Furcht ihren Glauben besiegt? Sie stand neben Johannes, der sie buchstäblich auf den Beinen halten musste.

Und so sah Maria ihren Sohn sterben.

Von der Bildfläche verschwunden

In der Geschichte Marias gibt es einen seltsamen „blinden Fleck". Wir sehen, wie sie am Fuß des Kreuzes steht und zusieht, wie ihr Sohn grausam hingerichtet wird, und dann gehen die Lichter aus. Wir wissen nicht, was während der nächsten Tage mit Maria passiert ist. Wir wissen, dass Johannes sie mit sich nach Hause nahm, aber war geschah in ihrem Leben?

In mancher Hinsicht ist es seltsam, dass sie von der Bildfläche verschwand. Sie wusste mehr über die Göttlichkeit Jesu als jeder andere Mensch auf Erden, jedenfalls zum damaligen Zeitpunkt. Denken Sie einmal darüber nach:

- Sie war von Gabriel besucht worden.
- Sie hatte diesen Jungen zur Welt gebracht, obwohl sie nie zuvor mit einem Mann geschlafen hatte.
- Sie hatte sein erstes Wunder bei der Hochzeit in Kana miterlebt.
- Sie hatte die Wunder und Heilungen gesehen.
- Sie hatte „sich jedes Wort gemerkt und immer wieder darüber nachgedacht".
- Sie hatte zugesehen, wie er gekreuzigt wurde.

Wenn alle anderen dachten, dass es vorbei wäre ... dachte Maria das auch?

Wie vielleicht niemand sonst glaubte Maria an das, was sie nicht sehen konnte, aufgrund dessen, was sie nicht leugnen konnte. Wir wissen nicht, wer ihr die Nachricht überbrachte, dass ihr Sohn von den Toten auferstanden war. Das nächste Mal, wo wir ihren Namen hören, war sie mit den Jüngern im oberen Stockwerk versammelt, direkt bevor der Heilige Geist auf sie alle fiel: „Zu ihnen gehörten auch einige Frauen, unter anderem Maria, die Mutter Jesu, und außerdem seine Brüder. Sie alle trafen sich regelmäßig an diesem Ort, um gemeinsam zu beten" (Apostelgeschichte 1,14).

Indem sie losließ, ihre Rolle als Mutter Jesu losließ, konnte Maria ihre großartige neue Rolle als Jüngerin und Nachfolgerin Christi, des Messias und Retters, annehmen. Sie verzichtete auf ein Geschenk, das sie auf dieser Erde erhalten hatte, um ein Geschenk zu bekommen, das ihr den Weg zu ihrer ewigen Bestimmung öffnete.

Ein glückliches Ende?

Vielleicht fragen Sie sich jetzt, warum dieser Bericht von dem, was Maria erlebte, so befreiend für mich war. Ich glaube, es liegt daran, dass Jesus das Bild nahm, das Maria von sich selbst hatte, und ihr einen anderen Weg zeigte. Er schenkte ihr das größere Bild. Sie hatte ihren Mann verloren und zugesehen, wie ihr erstgeborener Sohn gequält und getötet worden war. Darum war sie vertraut mit Schmerz und Verlust und kannte die Angst, dass ihr Vertrauen enttäuscht worden war. Aber niemand konnte ihr ihre Identität nehmen. Das Letzte, was die Bibel uns von ihr berichtet, ist, dass sie mit den anderen Jüngern auf den Heiligen Geist wartete, den der Vater versprochen hatte – sie identifizierte sich mit den Angelegenheiten des Reiches Gottes. Sie hatte die Freuden der Ehe und der Mutterschaft gekannt, aber am Ende bestand ihre größte Berufung darin, vertrauen zu lernen – als eine Jüngerin Jesu Christi.

Liebe Leserin, das bedeutet für Sie: Wo auch immer Sie in Ihrem Leben gerade stehen, die Freude und Lebenserfüllung, die Maria erlebte, können auch Sie erfahren. Sie brauchen sich nicht vor dem zu fürchten, was mit Ihnen, Ihrer Familie, Ihren Kindern oder Ihrem Arbeitsplatz geschehen könnte. Sie brauchen nicht voller Misstrauen zu leben, weil Ihnen in der Vergangenheit Schlimmes widerfahren ist. Wenn Sie die Größe dessen zu erfassen beginnen, was Jesus Ihnen anbietet, werden Sie *jetzt,* mitten in Ihrem Alltagsleben, Frieden erfahren.

Ich habe nicht im Entferntesten die Absicht, den Schmerz über das, was das Leben Ihnen gebracht hat oder bringen wird, zu bagatellisieren. Das Einzige, was ich sage, ist: Wir sind dazu eingeladen, unser Leben auf einen Felsen zu bauen, und dieser Fels kann nicht erschüttert werden. Was Maria in den Augen ihres sterbenden Sohnes sah, waren nicht Furcht oder Hass – es war Liebe. Das ist das größte Geheimnis und das größte Geschenk, das es gibt. Gott hat uns nicht eine Art geistlichen Langstreckenlauf verordnet, damit wir zeigen, ob wir es nach Hause schaffen. Nein, er fordert uns auf, unseren Weg durch diese Welt Seite an Seite mit der Liebe unseres Lebens zu gehen.

Wenn Sie einen liebevollen Ehemann haben, dann freue ich mich mit Ihnen, aber ich möchte Sie gleichzeitig daran erinnern, dass die Liebe Gottes noch viel größer ist. Und wenn Sie gerade einen persönlichen Verlust oder eine Enttäuschung erlebt haben, dann möchte ich Sie daran erinnern, dass Sie mehr geliebt werden, als Sie sich jemals vorstellen oder erbitten könnten.

Das ist meiner Ansicht nach der Schlüssel: Wir sind geliebt von demjenigen, der Liebe ist. Wir sind geliebt von demjenigen, der den Feind überwunden hat. Wir sind geliebt von demjenigen, der sagt: *Vertrau mir.*

Lass los!

1. In welchen Situationen fällt es Ihnen am schwersten, anderen zu vertrauen? Und wann fällt es Ihnen am schwersten, Gott zu vertrauen?
2. Inwiefern spielt Furcht eine Rolle in Ihrem Leben?
3. Erinnern Sie sich an Momente in Ihrer Vergangenheit, in denen Ihr Vertrauen zu schwinden begann?

4. Was würde es konkret für Sie bedeuten, Gott von ganzem Herzen zu vertrauen?
5. Was könnte ein erster – vielleicht auch ganz kleiner – Schritt für Sie sein, Gott mehr zu vertrauen?

Ein Loslass-Gebet

Himmlischer Vater,
mein Leben wird so oft von Furcht überschattet. Ich fürchte
mich vor dem, was die Zukunft bringen könnte, und habe
Angst, dem nicht gewachsen zu sein. Manchmal habe ich
Angst, dass mein Leben nicht zählt. Ich vergleiche mich
selbst mit anderen Frauen, und oft habe ich das Gefühl,
viel weniger wert zu sein und zu leisten. Hilf mir, meine
Berufung so zu sehen, wie Jesus sie beschrieben hat – ich
möchte einfach ihm nachfolgen, sonst nichts.
Wenn mich die Furcht überkommt, dann will ich sie zu dir
bringen und am Fuß des Kreuzes ablegen.
Ich vertraue darauf, dass du mir in deiner Gnade dabei
helfen wirst.
Amen.

14
Gott wird beweisen, dass es eine Liebesgeschichte ist

„Alles, was ich gesehen habe, lehrt mich, meinem Schöpfer für all das zu vertrauen, was ich nicht gesehen habe" (Ralph Waldo Emerson).

„Still, mein Liebling, schlaf und ruhe,
Engel halten deine Hände.
Und dein Vater, Gott im Himmel,
schickt dir Segen ohne Ende"
(Isaac Watts).

„Lasst uns sein wie ein Vogel, der sich auf einem dünnen Zweig niedergelassen hat, während er singt. Auch wenn er spürt, dass der Zweigt sich biegt, singt er sein Lied, denn er weiß, dass er Flügel hat" (Victor Hugo).

„Gott rettet mich, er steht für meine Ehre ein. Er schützt mich wie ein starker Fels, bei ihm bin ich geborgen. Ihr Menschen, vertraut ihm jederzeit, und schüttet euer Herz bei ihm aus! Gott ist unsere Zuflucht" (Psalm 62,8-9).

„Denn Gott hat die Menschen so sehr geliebt, dass er seinen einzigen Sohn für sie hergab. Jeder, der an ihn glaubt, wird nicht zugrunde gehen, sondern das ewige Leben haben. Gott hat nämlich seinen Sohn nicht zu den Menschen gesandt, um über sie Gericht zu halten, sondern um sie zu retten" (Johannes 3,16-17).

„Meine Schafe erkennen meine Stimme; ich kenne sie, und sie folgen meinem Ruf" (Johannes 10,27).

Sie wurde sehr früh am Morgen wach, während die meisten anderen im Dorf noch schliefen. Sie wusste, sobald die Sonne aufgegangen war, würden alle aus ihren Häusern stürzen, um ihn zu sehen. Heute kam er in ihr Dorf.

Sie hatte alle möglichen Geschichten gehört. Jemand sagte, er hätte einen Leprakranken berührt, und die Krankheit wäre von ihm gewichen. Andere lachten darüber, weil sie wussten, dass niemand, der seinen Verstand beisammen hatte, einen Leprakranken berühren würde. Sie lachte nicht. Sie glaubte es. Sie hatte ihr Leben lang darauf gewartet, dass *er* kommen würde – und jetzt war er da.

Sie versuchte sich zu beeilen, denn sie brauchte länger als die meisten anderen. Sie nannte ihre Last ihren „Freund", aber in Wirklichkeit war es nichts als ein abgestorbenes Bein, das sie hinter ihrem restlichen Körper herschleppte wie ein widerspenstiges Kind. Die Sonne war inzwischen aufgegangen, und schon jetzt zwang die Hitze, die in der Luft lag, sie dazu, langsamer zu gehen. Ein paar Dorfkinder, die lachend einen Ball hin- und herkickten und den Straßenstaub aufwirbelten, rannten an ihr vorbei.

„Ich glaube, das ist das Erste, was ich machen werde", sagte sie zu ihrem „Freund". „Ich werde den Straßenstaub aufwirbeln!"

„Alles in Ordnung mit dir, Aurora?", fragte eine Frau, die im Begriff war, sie zu überholen. „Wo gehst du hin?"

„Ich gehe zu ihm", antwortete sie. „Zum Strand hinunter. Sie haben gesagt, er würde unten an den Strand kommen."

„Ach, das tut mir so leid für dich", sagte die Frau. „Aber ich glaube, er hat seinen Plan geändert. Es waren einfach zu viele Leute da, darum ist er in ein Boot gestiegen und zur anderen Seite hinübergefahren. Jakobus hat angeboten, mich hinzurudern. Ich wünschte, wir hätten mehr Platz. Es tut mir so leid."

Aurora saß am Straßenrand und versteckte ihr lebloses Bein unter ihrem Kleid. Ihr Herz schmerzte in ihrer Brust.

„Ich glaube dir, Herr", sagte sie. „Wenn ich dir doch hätte sagen können, dass ich dir glaube. Selbst wenn du nichts für mich getan hättest, würde ich an dich glauben."

Sie musste auf ihrem Proviantbeutel eingeschlafen sein, denn als sie die Augen aufschlug, begann die Sonne schon über dem Wasser unterzugehen. Sie setzte sich auf und griff unter ihr Kleid, um ihr lebloses Bein darunter hervorzuziehen und sich auf den Rückweg zu machen. Als sie es berührte, hielt sie den Atem an, denn sie spürte Bewegung und Leben in ihm.

Tränen schossen in ihre Augen und strömten über ihr Gesicht. Zum ersten Mal als erwachsene Frau stand sie auf ihren beiden Beinen.

„Ich liebe dich", flüsterte sie. „Hier ist mein Dankopfer."

Aurora tanzte und tanzte und wirbelte Staubwolken über Staubwolken in die Luft.

Eine Liebesgeschichte

Als ich mich das erste Mal richtig verliebte, war ich neunzehn Jahre und studierte an der London „School of Theology". Meine einzige Erfahrung, die ich davor mit Jungen gemacht hatte, waren gelegentliche Schwärmereien gewesen. Ich war ein schüchternes Mädchen und fühlte mich als hässliches Entlein.

Ich erinnere mich noch gut an das erste Mal, als ich ihn sah. Ich saß in der Reihe hinter ihm in der Kirche, und so war alles, was ich von ihm sehen konnte, sein Hinterkopf und manchmal sein Profil, wenn er sich herumdrehte, um etwas zu seinem Freund zu sagen. Was mir als Erstes auffiel, war sein Lachen. Schon bald fing ich an, meine Besuche in der Kirche so zu planen, dass ich zufällig wieder hinter ihm saß. Die meisten Studenten kamen, um Gott zu begegnen, aber meine Bestrebungen waren weniger nobel.

Nach ein paar Monaten und Gottes barmherzigem Eingreifen begann sich etwas zwischen uns zu entwickeln. Ich hatte keine Ahnung, dass verliebt zu sein tatsächlich die Farbe der Blumen oder den Klang des Regens verändern könnte – oder bewirken, dass es Freude macht, in der Bibliothek zu arbeiten. Ich war überzeugt, den Mann meiner Träume gefunden zu haben.

Ich brauchte mehr als ein Jahr, um herauszufinden, dass er nicht vollkommen war. Im Rückblick sehe ich mich selbst als hoffnungslose Romantikerin, die glauben wollte, dass dieser Mensch alles in Ordnung bringen würde, was falsch gelaufen war. Ich wollte glauben, dass er jede Wunde, die in den Tiefen meiner Seele brannte, heilen konnte.

Ich weiß heute, dass ich von ihm das erwartete, was nur Jesus tun kann. Ich hatte ihm in meinem Herzen den Platz gegeben, der nur Gott gebührt. Gott ist ein eifersüchtiger Gott, und wenn wir versuchen, jemand anderen an seine Stelle zu setzen, dann wird es irgendwann einen Eklat geben. Für mich kam er an einem strahlenden, sonnigen Frühlingsmorgen.

Ich hatte mir ein Buch von meinem „Liebsten" geliehen und wollte es morgens vor dem Unterricht zurückgeben.

(Ich bin sicher, ich wollte ihm nur einmal in die Augen schauen und mir dadurch die Kraft holen, die Einheit in neutestamentlicher Theologie zu überstehen!) Ich klopfte an seiner Tür, und er bat mich herein. Wir redeten ein paar Minuten lang miteinander, und als ich mich zum Gehen wandte, sagte er: „Halt. Bleib gerade mal so stehen, mit der Sonne in deinem Gesicht."

Ich blieb stehen, in der Annahme, dass er fand, ich sähe toll aus so im Sonnenlicht.

Dann sagte er: „Ich muss dich wohl wirklich lieben, denn wenn dein Gesicht voll in der Sonne ist, so wie jetzt, sieht deine Haut schrecklich aus."

Damit schickte er mich weg.

Das Komische ist, ich glaube, er hatte das als Kompliment gemeint. Aber ich war natürlich fix und fertig. Ich wusste, dass ich eine schlechte Haut hatte, und ich hatte jeden Penny, den ich erübrigen konnte, für Cremes und Lotionen verwendet, um sie zu verbessern. Ich hatte mir selbst eingeredet, dass sie nicht so schlimm war, wie ich dachte … bis zu jenem Augenblick, als ich begriff: Wenn irgendjemand mich anschaute, dann war es *das,* was er oder sie sah.

Ich habe an diesem Tag keine Vorlesung mehr besucht. Ich ging zurück in mein Zimmer und weinte und weinte. Ich war ein hässliches Entlein und würde mich nie in einen Schwan verwandeln.

Ich habe immer noch nicht gefunden, wonach ich gesucht habe

Ich erzähle Ihnen diese Geschichte aus einem einzigen Grund: Um Ihnen zu zeigen, was geschieht, wenn wir unser Vertrauen auf etwas anderes setzen als auf Gott. Ich versuchte, einem einfachen, fehlerhaften jungen Mann in meinem Leben den Platz eines wunderbaren, heiligen Gottes zu geben. Ich gründete mein Selbstvertrauen auf das, was dieser – wie jeder Mensch fehlbare – junge Mann sagte, statt darauf, wie Gott mich sah. Und darum fühlte ich mich nun so elend.

Wie ist es mit Ihnen? Haben Sie sich auch schon mal wie ein hässliches Entlein gefühlt? Ich hoffe nicht. Ich hoffe, Sie sind geliebt und wertgeschätzt worden, seit Sie ein kleines Kind waren. Aber selbst wenn das so ist, gibt es für Sie eine Lektion zu lernen.

Ich bin zu der Überzeugung gekommen, dass wir alle (!) mit der Fähigkeit geschaffen wurden, uns von Gott ganz und gar lieben zu lassen und ihn unsererseits ebenso vorbehaltlos zu lieben. Das Problem entsteht, wenn wir den göttlichen Teil dieser Gleichung vergessen. Wenn Gott nicht gegenwärtig ist, bleibt ein riesiges Vakuum, und auf diesem gefallenen Planet neigen wir dazu, nach irgendetwas Sichtbarem zu greifen, um diese Lücke zu füllen. Aber es gibt nichts, was groß genug ist, um ein Vakuum göttlichen Ausmaßes auszufüllen. Männer versuchen oft, die Leere mit Arbeit zu stopfen, aber sie arbeiten nie genug. Frauen tendieren dazu, sie durch Beziehungen zu füllen, aber auch die besten Beziehungen können das nicht leisten. Wir wurden für die Liebe Gottes erschaffen, und nichts anderes kann unsere innere Sehnsucht stillen.

Trotzdem ist es schwer. Als ich damit begann, als christliche Musikerin durch Amerika zu reisen, war ich ein Teil der „Sparrow Family". Das Label „Sparrow Records" war eine karitative christliche Künstlervereinigung, die 1976 von Billy Ray Hearn gegründet worden war. Die ersten Künstler, die sich dem Label anschlossen, waren Jamie Owens, 2nd Chapter of Acts, Michael Talbot, Phil Keaggy und viele andere äußerst begabte Musiker. Ich fühlte mich geehrt, zu etwas zu gehören, was mehr einer Familie als einer kommerziellen Vereinigung von Künstlern glich. Eine junge Sängerin, die wirklich mein Herz berührte, war Annie Herring von 2nd Chapter of Acts. Ich liebte Annies Ehrlichkeit. Ich erinnere mich an ein Gespräch, das ich eines Tages bei einem Konzert hinter der Bühne mit ihr führte. Sie sprach darüber, dass sie einsam war und dass sie sich, obwohl sie wusste, dass Jesus sie liebte, jemanden aus Fleisch und Blut an ihrer Seite wünschte.

Das konnte ich verstehen.

Miteinander umgehen und reden

Der Grund, warum Annie sich nach jemandem „aus Fleisch und Blut" sehnte – und nicht nur sie, sondern wir alle –, besteht darin, dass dies der Normalzustand gewesen war, als Adam und Eva im Garten Eden Gemeinschaft mit Gott hatten und mit ihm redeten. Bis zu jenem schicksalhaften Tag, an dem sie nach der verbotenen Frucht griffen, hatte die Beziehung zwischen ihnen und Gott aus nichts als Liebe bestanden. Doch dann änderte sich alles schlagartig, und sie wussten, dass sie sich verstecken mussten: „Am Abend, als ein frischer Wind aufkam, hörten sie, wie Gott, der Herr, im Garten umherging. Ängstlich versteckten sie sich vor ihm hinter den Bäumen" (1. Mose 3,8).

Lassen Sie uns einmal verschiedene Aspekte dieses Satzes daraufhin untersuchen, wie sie unser Vertrauen und unsere Beziehung zu Gott beschreiben. Eines der größten Geschenke, die Adam und Eva bekommen hatten, war, dass sie ganz frei mit ihrem Schöpfer umgehen und reden konnten. Sie kannten keine Scham- und Schuldgefühle, und sie stellten weder sich selbst noch einander noch Gott, ihren Vater, jemals infrage. Darum war Vertrauen, ehe sie sündigten, eine Selbstverständlichkeit. Als es jedoch zu diesem Bruch in ihrer Beziehung zueinander und zu Gott kam, stellten sie alles infrage, auch sich selbst, und darum versteckten sie sich. Die größte Herausforderung für Adam und Eva (und für uns heute gilt dasselbe) bestand darin, wieder Vertrauen zu lernen – ein Vertrauen, das sich auf das Wesen Gottes und seine Liebe zu uns gründet und nicht auf unsere gefallene Natur. Wir haben uns an jenem Tag im Paradies verändert, aber Gott hat sich nie geändert und wird das auch niemals tun.

Die Stimme des Herrn

Verse, in denen von der „Stimme des Herrn" oder der „Stimme Gottes" die Rede ist, lesen wir im Alten Testament sehr häufig. Sie haben alle etwas damit zu tun, dass wir Gott gehorchen sollen und dann mit seinem Segen und seiner Gegenwart belohnt werden (siehe z. B. 2. Mose 15,26 oder 5. Mose 15,5; Luther). Gott erwartete, dass sein Volk gehorchte, wenn er sprach. Wenn sie taten, was er von ihnen verlangte, wurden sie belohnt. Wenn nicht, wurden sie bestraft. Darum neigte das Volk Gottes dazu, darauf zu achten, ob er redete.

Das Traurige dabei ist, dass es zu Anfang nicht darum ging, zu gehorchen oder nicht zu gehorchen, belohnt oder bestraft zu werden. Zu Anfang gab es nur Gehorsam und Freude. Bis zum Sündenfall.

Nachdem sie gesündigt hatten, konnten Adam und Eva, als sie die allzu vertraute Stimme des Herrn hörten, nicht mehr gehorchen. Ihre Reaktion im Garten Eden machte deutlich, wie es weitergehen würde. Als sie Gott hörten, versteckten sie sich. Seine Stimme sollte bei seinen Kindern nie etwas anderes als Freude auslösen, aber durch die Sünde war alles anders geworden: Sie hatten kein Vertrauen mehr.

Der Wind

Der Bibelvers „Am Abend, als ein frischer Wind aufkam, hörten sie, wie Gott, der Herr, im Garten umherging"[11], wirft für mich immer ein besonderes Licht auf die Beziehung, die Adam und Eva damals zu Gott hatten. Meiner Ansicht nach bringt er zum Ausdruck, dass Gott so allgegenwärtig war wie der Wind. Nicht nur am Abend, wie hier, oder zu irgendeiner anderen Tageszeit, sondern immer. Ebenso wie Gott Hiob aus dem Sturm antwortete (Hiob 38,1), sprach er mit Adam und Eva. Ebenso wie er Elia auf dem Berg ein „leises Säuseln" hören ließ (1. Könige 19,12), sprach er zärtlich mit Adam und Eva, seinen geliebten Kindern. Er schaute nicht bloß am Abend einmal kurz vorbei, Gott war einfach da. Gegenwärtig. Er stand seinen geliebten Geschöpfen ständig zur Verfügung.

Aber nun standen sie *ihm* nicht länger zur Verfügung. Denn sie hatten kein Vertrauen mehr.

Die Bäume

Anfänglich waren die Bäume ein Ausdruck von Gottes wunderbarer Fürsorge für Adam und Eva – die Bäume brachten alles hervor, was die beiden brauchten, um zu überleben und zu gedeihen. Aber die Bäume wurden auch zum Zeichen ihrer Rebellion. Es war ein Baum, von dem Eva die verbotene Frucht pflückte. Als sie aus dem Garten hinausgeschickt wurden, hatten sie keinen Zugang mehr zum Baum des Lebens. Bäume stehen für unseren Fall und unsere Befreiung.

Wie Paulus uns in seinem Brief an die Galater erinnert, wurde ein Baum zum Schauplatz unserer Erlösung: „Christus aber hat uns erlöst von dem Fluch des Gesetzes, da er zum Fluch wurde für uns; denn es steht geschrieben (5. Mose 21,23): ‚Verflucht ist jeder, der am Holz hängt‘" (Galater 3,13; Luther). Auch wenn Adam und Eva das vielleicht nicht wussten, ihr Weg zu uns, ihren Nachkommen, führt von Baum zu Baum, von Ast zu Ast. Adam und Eva versteckten sich vor Gott, aber Jesus ließ sich selbst ans Kreuz hängen, damit wir für immer Zugang zu Gott haben könnten.

Adam und Eva verloren an jenem Tag ihr Vertrauen zum Vaterherzen Gottes, aber wir können es zurückgewinnen. Als die Last ihrer Schuld ihnen ein Bild dessen zeigte, wie sie ohne Gott aussahen, fürchteten sie, dass Gottes Liebe von ihrem fehlerlosen Verhalten abhing. Aber heute wissen wir, dass Gottes Liebe zu uns darauf beruht, wer er ist. Diese Wahrheit kann unser Leben verändern, wenn wir imstande sind, sie anzunehmen. Die Liebe, die Gott in diesem Moment für Sie empfindet, ist nicht davon abhängig, ob Sie daran gedacht haben, für die Menschen in China zu beten, oder ob Sie Ihre Nachbarin zu Jesus geführt haben. Gott liebt Sie, weil sein ganzes Wesen Liebe ist, und das gilt für alle Zeit.

Der Weg

Dennoch sehnen wir uns nach jemandem, der körperlich anwesend ist. Wonach Sie und ich suchen ist das, was wir im Garten Eden hatten, als wir total verstanden und geliebt wurden. Mit Gott umzugehen und zu reden – begierig auf seine Stimme zu hören. Alles, was wir jetzt haben, ist ein armseliger Ersatz. Als Adam und Eva gegen den Vater rebellierten, verloren sie so viel. Sie verloren ihre Unschuld, ihre innige Beziehung zu Gott und zueinander. Wir alle haben dieses schwere Erbe übernommen.

Wir müssen uns ins Gedächtnis rufen, dass es eine Konstante gibt – eine Sache, die im Garten Eden nicht verloren ging. *Gottes Liebe zu uns hat sich nicht geändert.* Gott ist immer noch derselbe. Unsere Fähigkeit, diese Liebe zu empfangen, hat Schaden genommen, aber Gottes Liebe hat um kein Gramm abgenommen.

Leider ist das heutzutage keine leichte Aufgabe – all das Misstrauen loszulassen, das die Welt in uns hineingesät hat, und uns in die Arme dessen fallen zu lassen, der immer da ist: Gottes Arme.

Und wie schaffen wir es nun, über unsere Ängste hinwegzukommen? Schritt für Schritt. Eins meiner Lieblingszitate stammt von dem großartigen christlichen Schriftsteller Oswald Chambers:

„Tauche wieder und wieder in die eine wunderbare Wahrheit ein, die er dir offenbart hat. Nimm sie mit ins Bett, schlaf mit ihr ein, steh am Morgen mit ihr auf und beschäftige dich in deiner Vorstellung unaufhörlich mit ihr. Dann wird Gott dich im Laufe der Monate und Jahre zu einem seiner Experten bezüglich dieser bestimmten Wahrheit machen."[12]

Was Chambers hier sagt, ist, dass alles, was Sie und ich in diesem Leben suchen, in Gottes Armen zu finden ist – es geht nur darum, den Weg zu ihm zurückzufinden. Und wir müssen bereit sein, diesen Weg zu gehen.

Jeden Tag muss ich mich entscheiden zu glauben, dass Barry mich liebt, und dass ich in meiner schwachen menschlichen Kraft dazu fähig bin, ihn zu lieben. Und mehr als das – ich finde Trost in der Wahrheit, dass wir in unseren guten und unseren schlechten Tagen nie allein sind. Die Liebe und Gnade unseres Gottes sind immer mit uns. Es ist ein Prozess, loslassen zu lernen. Was ich meine, ist: alle Erwartungen loszulassen, die wir für uns selbst und diejenigen hegen, die um uns herum sind, und unseren Blick fest auf unseren himmlischen Vater gerichtet zu halten.

Wie Thomas Merton schrieb: „Es muss nicht öde und langweilig sein, unsere Pflicht zu erfüllen. Die Liebe kann es zu etwas Schönem machen und es mit Leben erfüllen."[13]

Seit ich mit Jesus lebe, habe ich viel weniger Angst vor dem, was vielleicht geschehen könnte. Ich meine damit nicht, dass ich erwarte, vor allen körperlichen oder seelischen Schmerzen bewahrt zu werden. Aber ich weiß, dass Gott selbst mit mir sein wird, dass Jesus an meiner Seite ist und der Heilige Geist mir Trost und Kraft schenken wird. Es ist einfach großartig, so sehr geliebt zu werden.

Ich brauche mich nicht zu fürchten. Die Liebe Gottes ist unendlich. Wie Frederick Lehman in seinem wunderbaren Lied schrieb:

> „Wär' voller Tinte auch das Meer,
> der Himmel Pergament,
> wär' eine Feder jeder Baum,
> ein Dichter jeder Mensch –
> die Liebe Gottes zu erzähl'n,
> wär' Tinte viel zu wenig,
> das Pergament wär' viel zu schmal,
> zu preisen ihn, den König."[14]

Das ist mein Gebet für Sie, liebe Freundin – dass die Liebe Gottes Sie dazu bringt, alles loszulassen, was Sie so fest in Händen halten, und sich nur noch an ihn zu klammern.

Sie brauchen keinen einzigen Schritt mehr allein zu tun. Sie brauchen keine einzige Entscheidung mehr allein zu treffen. Sie brauchen keine einzige Krankheit mehr allein zu ertragen. Sie brauchen keine einzige Träne mehr allein zu weinen.

Sie sind geliebt, und Sie sind niemals allein.

Lass los!

1. Erinnern Sie sich an Momente in Ihrem Leben, in denen Sie sich als hässliches Entlein gefühlt haben? Wie haben die sich auf Ihr Selbstbild ausgewirkt?
2. In welchen Bereichen Ihres Lebens haben Sie erlebt, dass Sie von der Liebe enttäuscht wurden?

3. Wenn Sie daran denken, dass Gott Sie liebt – was bedeutet das ganz konkret in Ihrem Leben?
4. In welchen Bereichen Ihres Lebens haben Sie eine falsche Vorstellung von der Liebe Gottes, die Sie loslassen müssen?

Ein Loslass-Gebet

Himmlischer Vater,
ich brauche eine neue Offenbarung deiner Liebe.
Ich bin es leid, bei anderen Menschen zu suchen, was ich nur bei dir finden kann. Ich glaube, dass du mich liebst, aber ich bitte dich darum, mich neu in deine Liebe einzutauchen. Ich bitte dich, dass du mir durch deinen Heiligen Geist die Gnade schenkst, nicht nur täglich in deiner Gegenwart zu leben, sondern täglich aufs Neue deine Gegenwart zu lieben.
Das bitte ich um Jesu willen.
Amen.

15

Sind wir, was wir zu sein glauben?

„Ertrage geduldig deine Verbannung und die Trockenheit deiner Seele. Die Zeit wird kommen, dass ich dich diese schmerzlichen Momente vergessen lasse und du innere Ruhe verspüren wirst. Ich werde dir die Bibel öffnen und du wirst begeistert sein von dem neuen Verständnis meiner Wahrheit, das ich dir schenken werde" (Thomas von Kempen).

„Hast du mir diese unausweichliche Einsamkeit geschenkt, damit es mir leichter fiele, dir alles hinzugeben?" (Dag Hammarskjöld).

„Gott, der Herr, dachte sich: ‚Es ist nicht gut, dass der Mensch allein lebt. Er soll eine Gefährtin bekommen, die zu ihm passt!'" (1. Mose 2,18).

„Warum hast du zugelassen, dass ich geboren wurde? Wäre ich doch gleich gestorben, kein Mensch hätte mich je gesehen! Vom Mutterleib direkt ins Grab! Ich wäre wie einer, den es nie gegeben hat. Wie kurz ist mein Leben! Schon fast vergangen! Lass mich jetzt in Frieden, damit ich noch ein wenig Freude habe! Bald muss ich gehen und komme nie mehr wieder" (Hiob 10,18-21).

Niemand kannte ihr kleines Geheimnis. Sie wollte nicht, dass es irgendjemand wusste. Es schien, als würde irgendetwas an diesem Geheimnis ihr Macht geben. Das Geheimnis machte den Rest ihres Lebens möglich. Wenn sie es nicht hätte, wäre sie ein schreiendes Häufchen Elend, aber

dieses Ventil verschaffte ihr Erleichterung von der Sinn-
losigkeit und dem Schmerz, den sie empfand.

Manchmal saß sie mit ihrer Familie zusammen beim
Abendbrot oder sie ging in die Kirche oder besuchte Ver-
wandte. Sie wollte das alles nicht, aber niemand wusste
das. Das Geheimnis schützte sie.

Manchmal saß sie im Einkaufszentrum und beobachtete
die Leute. Glaubten sie, dass ihr Leben irgendeine Bedeutung hatte? Sie vollzogen Tag für Tag dieselben Routine-
handlungen, und warum? Spielten sie den anderen auch nur
etwas vor? Hatten sie ihre eigenen kleinen Geheimnisse?

Sie hatte den Verdacht, dass es bei ihrem Vater so war.
In der Gemeinde respektierten ihn alle und lobten ihn als
starken gläubigen Vater. Er nahm das alles an und steckte
es in die Tasche seines Sonntagsanzugs; aber wenn er den
auszog, schien er auch einen Teil von sich mit abzulegen. Es
lag eine Distanziertheit in seinem Blick, die sie kannte. Sie
war sicher, dass er ebenso verloren war wie sie selbst, aber
sie konnte nie mit ihm darüber sprechen. So etwas taten
sie in ihrer Familie nicht. Sie redeten nicht miteinander. Sie
machten nur Konversation.

Jetzt drehte es sich wieder um ihr Studium. Würde sie
dieses Semester wieder aufs College gehen? Ging es ihr
besser nach ihrem kleinen „Anfall"? Ihre Mutter sagte ihr,
dass sie nur zu wenig Schlaf hätte und dass Studentinnen
viel zu spät ins Bett gingen. Zu ihrer Zeit sei um zehn das
Licht ausgegangen, und kein Gedanke daran, irgendwel-
chen Unsinn zu machen. Sie fragte sich, ob ihre Mutter in
ihrem Leben schon mal irgendeinen Unsinn gemacht hatte
oder ob immer alles so glatt und geordnet abgelaufen war.

Die Fragen in ihrem Kopf begannen sie zu bedrücken,

und so schlüpfte sie ins Badezimmer, krempelte den Ärmel ihrer Bluse hoch und machte einen kleinen Schnitt. Nicht so groß, um wirklichen Schaden anzurichten. Gerade groß genug, damit sie nicht verrückt wurde.

Selbsthass

Denken Sie einen Moment an die Leute, die Ihnen wirklich auf die Nerven fallen. Nicht bloß jemand, der letzten Dienstag etwas gesagt hat, was Sie gestört hat, sondern Leute, die Ihnen durch ihre bloße Anwesenheit auf die Nerven fallen. Vielleicht ist es ein besonderer Tonfall, den sie an sich haben, oder die Tatsache, dass sie immer ihren Senf dazugeben müssen, ganz egal, worum es geht. Vielleicht liegt es an ihrem Aussehen oder daran, dass sie so laut lachen. Sie wissen vielleicht gar nicht genau, warum sie Sie nerven – sie nerven Sie einfach.

Es ist eine interessante Übung herauszufinden, warum. Es gibt nicht viele Leute, die mich nerven – ich kann die meisten Menschen wirklich gut leiden. Aber als ich den Heiligen Geist bat, mir hier bei mir die Wahrheit zu zeigen, sind mir ein paar Gesichter eingefallen. Als ich darüber nachdachte, was sie an sich haben, das mich so stört, kam ich zu recht entlarvenden Ergebnissen.

Bei einem Mädchen besteht mein Problem darin, dass sie so laut ist! Das Komische daran ist, dass ich selbst ziemlich laut bin. Bei den „Women of Faith" ist es allgemein bekannt, dass ich lache wie ein Pferd – ein Pferd mit einem Megafon. Ich kann nichts dafür. Wenn ich irgendetwas lustig finde, brülle ich einfach los. Mein Sohn ist jetzt in einem

Alter, wo er das ziemlich peinlich findet, aber was soll man da als Mutter schon machen?

Bei einer anderen Frau, die mir manchmal auf die Nerven fällt, liegt das daran, dass sie so bedürftig wirkt. Als ich mich gefragt habe, was genau mich so stört, wurde mir klar, dass sie die Zeit von Freunden in Anspruch nimmt, die ich für mich haben möchte. Was natürlich zeigt, dass ich überhaupt nicht bedürftig bin, stimmt's?

Wie kommt es, dass die Dinge, die uns an einem anderen stören, gerade die Dinge sind, mit denen wir selbst zu kämpfen haben? Der einfühlsame Hermann Hesse hat es in seinem Buch „Demian" einmal so ausgedrückt: „Wenn wir einen Menschen hassen, so hassen wir in seinem Bilde etwas, was in uns selber sitzt. Was nicht in uns selber ist, das regt uns nicht auf." Man sollte meinen, dass wir mit solchen Menschen mehr Mitgefühl hätten, aber wir scheinen im Gegenteil besonders intolerant zu sein. Es ist, als würden wir denken, wenn wir dieses Verhalten an einem anderen Menschen bestrafen, könnten wir es dadurch sozusagen aus uns selbst herausprügeln. Aber so funktioniert das natürlich nicht.

Ich erinnere mich an einige sehr schwierige Gespräche, die ich vor Jahren mit einem bestimmten Freund führte, als er herausfand, dass ich Medikamente gegen Depressionen einnahm. Ich hatte diese kritische, intolerante Seite an ihm noch nie kennengelernt, obwohl wir schon über zehn Jahre miteinander befreundet waren. Seine Feindseligkeit irritierte mich. Er äußerte Zweifel an meiner Errettung, bezeichnete mich als einen Anstoß im Leib Christi und sagte mir, dass wir nicht länger Freunde seien. Sein Ausbruch machte mich völlig schwindlig.

Einige Jahre später erfuhr ich von einem gemeinsamen Freund, dass der Betreffende selbst wegen einer Depression in Behandlung war. Plötzlich begriff ich seine Wut. Er bemühte sich verzweifelt, seine eigenen dunklen Wolken unter Kontrolle zu halten. Und darum kämpfte er, als er dieselben Symptome an mir bemerkte, so heftig dagegen an.

Ich reise seit über fünfundzwanzig Jahren durch Amerika, von Stadt zu Stadt, von Gemeinde zu Gemeinde, und eines der größten Probleme, denen ich begegne, ist Selbsthass. Ich weiß, das ist ein starkes Wort, das einem im ersten Moment bitter aufstößt. Viele ziehen es vor, stattdessen „geringes Selbstwertgefühl" zu sagen. Aber worum es dabei in Wirklichkeit geht, ist, dass wir uns selbst ablehnen; wir glauben, dass zumindest ein Teil von uns unannehmbar ist. Wie soll man das anders nennen als Selbsthass?

Die Folge von Selbsthass ist Isolation. Wenn wir wissen, dass in uns nichts Gutes ist, warum sollten wir dann andere Menschen unserer Fehlerhaftigkeit aussetzen? Also ziehen wir uns zurück – wir verbergen unser wahres Ich, denn wir wissen: Wenn jemand auch nur die leiseste Ahnung davon bekäme, wie wir wirklich sind, würden wir bloßgestellt und allein gelassen werden. Es ist erträglicher, sich freiwillig zurückzuziehen, als von anderen zurückgewiesen zu werden.

Aber wo liegen die Wurzeln dieser Gefühle? Wieso beginnt jemand damit, einen Teil seiner selbst zu verachten und abzulehnen?

Ein einsamer Weg

James Burtchaell beschäftigte sich in seinem Buch „Philemon's Problem" mit der Frage, inwiefern eine bestimmte Art Erziehung in einem christlichen Elternhaus dabei eine Rolle spielen könnte:

> „Von seinen Eltern erfährt ein Kind von einem Gott, der es aufs Äußerste missbilligt, wenn man ungehorsam ist, lügt und seine Geschwister schlägt … Wenn es dann in die Pubertät kommt, findet es heraus, dass Gottes Interessengebiet sich erweitert hat: Für ihn dreht sich alles um Sex, Alkohol und Drogen."[15]

Mit anderen Worten: Wenn wir unseren Kindern beibringen, dass diejenigen, die über uns zu bestimmen haben, diese Position von Gott erhalten haben, dann ist es nur natürlich, dass ein Kind denkt: Was immer diese Autoritätsperson genehmigt, genehmigt Gott – und umgekehrt. Burtchaells Feststellung ist humorvoll, aber sie macht auch nachdenklich. Je nach Alter und Lebensphase erhält man von seinen Eltern unterschiedliche Botschaften darüber, was ein „guter" Mensch ist. Und oft genug bekommt ein Kind in genau diesem Zusammenhang eine ganze Liste von Dingen gesagt, die es nicht tun soll – was leicht zu der Überzeugung führen kann, dass Liebe und Annahme von unserem Verhalten abhängen. Wenn du dies nicht tust, freut sich Gott über dich, aber wenn du dich nicht daran hältst, ist er wütend auf dich. In Wirklichkeit ist nur unsere Mutter oder unser Vater oder unser Lehrer wütend, aber Gott bekommt es in die Schuhe geschoben.

Denken Sie einmal darüber nach: Vieles von dem, was Sie für Gottes Ansicht hielten, ist in Wirklichkeit nur die

Ansicht Ihrer Eltern oder Ihres Sonntagsschullehrers gewesen. Ich wuchs mit der Überzeugung auf, dass Gott wütend wäre, wenn ich an einem Sonntag draußen spielen würde, denn das war unser Ruhetag. Also saß ich mit einem Buch im Sessel und dachte: *Ich hoffe, du bist glücklich, Gott. Mir geht es jedenfalls total mies.*

Als ich älter wurde, begann ich mich zu fragen, wie viel Gott tatsächlich mit alldem zu tun hatte. Ich begriff, dass sich mein Maßstab im Wesentlichen an den Vorschriften meiner Mutter (und anderer Autoritätspersonen) orientierte. An diesem Punkt geriet ich in eine Art Sackgasse. Wenn es nicht Gott gewesen war, der mich all diese Jahre hindurch gelenkt hatte, woher sollte ich dann wissen, was er wirklich von mir wollte? Ich hatte eher auf die Erwachsenen um mich herum gehört als auf Gott selbst. Und nun gab es andere Einflüsse in meinem Leben. Was war mit dem, was meine Freunde und Schulkameraden für richtig hielten? Wenn ich meiner Mutter blind gefolgt war, sollte ich nun ihnen blind folgen? War ich am Ende schon dabei, das zu tun?

Plötzlich hatte ich jeden Halt verloren. Was ich von mir selbst glaubte, war nicht unbedingt so wahr, wie ich dachte. Ich begann mich selbst infrage zu stellen. Natürlich hätte sich all dies vielleicht vermeiden lassen, wenn ich einfach auf Gott gehört hätte, der ja die ganze Zeit da war. Aber ich war nicht reif genug, um auf diesen Gedanken zu kommen.

Von meinen Teenagerjahren an hatte ich fast ständig damit zu kämpfen, dass ich mich nirgends richtig zugehörig fühlte – und das blieb so, bis ich Ende dreißig war. Äußerlich war ich erfolgreich, aber in meinem Innern war ich voller Unsicherheit. Weil ich meinen Zweifel gegen mich selbst richtete, begann ich mich selbst abzulehnen. Und ich glaubte auch nicht, dass andere mich mochten. Ich dachte, dass sie mich ertrugen, weil sie als Christen dazu verpflichtet waren.

Nun, manche Menschen mochten mich vielleicht wirklich nicht, und dann war es ihre Sache, irgendwie damit umzugehen. Aber ich steckte sie alle in dieselbe Schublade und mich in eine andere. Ich nahm an, dass sie mich ablehnen würden, wenn sie mich wirklich kennenlernten, und darum verschloss ich mich vor ihnen. Die Folge davon war, dass ich innerlich vereinsamte.

Was sehen Sie?

Als ich Mitte dreißig war, begann Gott mir die Lügen, an die ich geglaubt hatte, bewusst zu machen und einiges Licht in die Dunkelheit zu bringen. Seine Gnade ist ein überwältigendes Geschenk. Ich begann Schritt für Schritt zu glauben, dass Gott mich gerade jetzt, so wie ich war, liebte. Dann heirateten Barry und ich, Christian wurde geboren und meine Heilung ging immer mehr in die Tiefe. Aber auch heute spüre ich manchmal, wenn ich müde oder gestresst bin, dass diese alten Monster wieder an Macht gewinnen. Es kommt vor, dass ich bei einer „Women of Faith"-Konferenz in die Garderobe gehe und das alte Lied in meinem Kopf spielen höre:

Du gehörst nicht wirklich dazu.
Die Leute mögen dich nicht wirklich.

Sie finden dich blöd.
Geh irgendwo hin, wo du allein bist –
das ist besser für sie und für dich.

In solchen Momenten muss ich mich entscheiden, meinen Willen in Einklang mit der Wahrheit Gottes zu bringen, und mich von diesen Gedanken abwenden. Ich lasse mir quasi von ihm sagen, was *wirklich wahr* ist. Und wahr ist, dass ich ein wertvoller, geliebter Mensch bin.

Wenn wir uns in unseren Entscheidungen dagegen von unseren Verletzungen bestimmen lassen, dann halten wir mit unserem wahren Ich hinterm Berg und enthalten unseren Mitmenschen vor, was wir ihnen geben könnten. Einer von Satans Tricks besteht darin, unsere Aufmerksamkeit so stark auf das zu lenken, was wir einmal geglaubt haben oder was früher einmal wahr war, dass es uns nicht gelingt, *jetzt* in der Gnade Gottes zu leben. Solche Selbstzweifel sind kontraproduktiv. Sie halten uns in unserer Vergangenheit fest und sorgen dafür, dass wir uns allein und als Verlierer fühlen.

Gott möchte uns dazu befreien, ihn zu lieben und einander zu lieben und echte Beziehungen zueinander einzugehen, in die wir unsere ganze Persönlichkeit einbringen. Aber das können wir nur, wenn wir glauben – wirklich glauben –, dass wir geliebt werden. Wenn Gott uns anschaut, sieht er eine Tochter, die er über alles liebt. Aber das ist nicht immer das, was wir sehen, nicht wahr?

Wenn Sie sich gerade jetzt vor einen Spiegel stellen und sich einmal richtig anschauen würden, was würden Sie sehen? Und welche Gefühle würde das, was Sie sehen, in Ihnen auslösen? Wie selbstkritisch sind Sie? Wenn Sie ein paar Pfund zugenommen haben, was sagen Sie zu sich selbst? Wie oft haben Sie sich selbst als Idiotin oder Versagerin bezeichnet? Wie oft sagen Sie sich selbst Dinge, die Sie nie zu einer anderen Person sagen würden?

Und nicht nur das: Wie oft nehmen Sie an, dass andere diese Dinge über Sie sagen – oder zumindest denken? Wie ich schon sagte, habe ich viele Jahre lang geglaubt, dass meine Mitmenschen mich aus tiefstem Herzen ablehnten, weil ich mich selbst so sehr ablehnte. Auch heute bin ich manchmal schockiert von den Gefühlen, die sich dann und wann noch in meinem Leben regen, selbst in meinem Alter. Selbsthass treibt uns in die Isolation, denn wir versuchen, den Teil von uns, den wir verachten, vor anderen zu verbergen, da wir automatisch davon ausgehen, dass alle anderen uns gleichermaßen verachten.

Was sieht Gott?

Wenn Sie von sich selbst enttäuscht sind, nehmen Sie an, dass Gott es auch ist. Wenn Ihre Eltern Sie als Studentin besucht, in Ihrem Apartment ein Bier im Kühlschrank entdeckt und dann ihre Enttäuschung darüber zum Ausdruck gebracht haben – dachten Sie da nicht, dass Gott ebenso empfand? Wenn Sie ein paarmal sonntags nicht im Gottesdienst waren und dann beim Einkaufen jemandem begegnet sind, der Sie wegen Ihres Fernbleibens kritisierte, gab Ihnen das nicht auch das Gefühl, dass Sie Gott enttäuscht hatten? Als Ihr Kind seine schlechteste Schulnote ausgerechnet in Religion hatte, haben Sie sich da nicht gefragt, was Sie als Mutter falsch gemacht hatten und ob Gott Sie nun als Dummkopf betrachtete? Die negativen Gefühle, die unsere Mitmenschen uns entgegenbringen, projizieren wir auf Gott und leben in der Überzeugung, dass wir ihn zutiefst enttäuscht und betrübt haben.

Aber das ist einfach nicht wahr. Jesus hat uns klipp und klar gesagt, dass unser Vater im Himmel nicht so denkt. Die Evangelien sind voller Geschichten davon, dass Jesus die Moralvorstellungen seiner Zeit auf den Kopf stellte. Jesus hat Sünde nie bagatellisiert, aber er trennte den Sünder von der Sünde, die ihn im Griff hatte. Das bedeutet: Ihm gefällt vielleicht nicht, was Sie tun, aber er liebt Sie selbst grenzen- und bedingungslos.

Denken Sie einmal an die Frau, die im Johannesevangelium beschrieben wird:

> „Da schleppten die Schriftgelehrten und Pharisäer eine Frau heran, die beim Ehebruch überrascht worden war, stießen sie in die Mitte und sagten zu Jesus: ‚Lehrer, diese Frau wurde auf frischer Tat beim Ehebruch ertappt. Im Gesetz hat Mose uns befohlen, eine solche Frau zu steinigen. Was meinst du dazu?‘" (Johannes 8,3-5).

Jesus hatte bereits am Vortag im Tempel gelehrt, und nun war er am frühen Morgen zurückgekehrt, um weiterzulehren. Der Tempel war ein Ort, an dem sich Leute versammelten, die von Gott hören wollten, und Gott war in Jesus gegenwärtig.

Jesus hatte sich hingesetzt. In jenen Tagen setzten sich nur diejenigen, die die Autorität zum Lehren besaßen, und somit vermittelte Jesus dadurch die Botschaft: *Ich bin derjenige, der ich zu sein behaupte. Ich bin im Auftrag meines Vaters hier.*

Dann kamen die Pharisäer zu ihm und stellten ihre Frage. Es ging ihnen nicht so sehr darum, die Frau zu demütigen, sondern eher darum, Jesus eine Falle zu stellen. Das Gesetz Moses sagte, dass sie gesteinigt werden sollte. Wenn Jesus sagte, dass sie sie gehen lassen sollten, würde er dadurch zeigen, dass er Gottes Gesetz nicht respektierte – wie konnte er da sein Sohn sein? Wenn er jedoch sagte, dass sie sie steinigen sollten, würde er all die zerbrochenen Menschen verlieren, die ihm folgten, weil er die Armen und Unterdrückten liebte.

Jesus war so weise, keine der beiden Optionen zu wählen, die ihm angeboten wurden, und drehte stattdessen den Spieß um. Er forderte diejenigen, die die Frau richteten, auf: „Wer von euch noch nie gesündigt hat, soll den ersten Stein auf sie werfen" (Vers 7).

Das musste sehr demütigend für diese Schriftgelehrten sein. Ihre Gesetzestreue erlaubte ihnen nicht zu lügen, daher konnten sie nichts tun. Sie hatten ganz bewusst eine Menschenmenge zusammengebracht, und nun standen sie da und konnten nichts ausrichten. Als sie sich einer nach dem anderen abwandten und weggingen, muss ein Raunen durch die Menge gegangen sein. Können Sie sich die einfachen Leute vorstellen, die an diesem Morgen früh aufgestanden waren, um Jesus lehren zu hören? Sie hatten einiges zu sehen bekommen. Zuerst das Drama der Ehebrecherin und dann die Missachtung, die Jesus den Pharisäern zu erweisen schien.

Aber es gab dabei auch eine Lektion zu lernen. Jesus richtete seine Aufforderung an die ganze Menge: „Wer noch nie gesündigt hat, soll den ersten Stein werfen!" Die Anwesenden schauten einander an. Sicher konnte doch einer von ihnen einen Stein aufheben. Gab es denn keinen gerechten Mann in der Menge?

Aber es trat niemand vor. Niemand aus der Menge und noch nicht einmal jemand von den Pharisäern, die sich selbst immer als Beispiele makellosen Glaubens hinstellten. Niemand war ohne Schuld.

Jesus zeigte allen Anwesenden, dass man, wenn man einen anderen wegen seiner Sünde verachtet, nichts anderes tut, als damit sich selbst bloßzustellen. Die Frau war auf frischer Tat ertappt worden, also konnte sie nichts zu ihrer Verteidigung vorbringen. Aber auch ihre Ankläger hatten nichts mehr zu sagen. Sie mussten gehen.

Jesus wandte sich zu der Frau um und fragte sie, wo ihre Ankläger seien. Beachten Sie hierbei, dass Jesus allein dadurch, dass er überhaupt mit ihr sprach, ein äußerst deutliches Zeichen setzte, denn die meisten Menschen hätten sie mit Verachtung gestraft. Es bestand kein Zweifel an ihrer Schuld. Ihre Sünde war öffentlich bloßgestellt worden, aber was Jesus deutlich gemacht hatte, war, dass vor Gott jeder von uns schuldig ist. Es muss wohl das erste Mal gewesen sein, dass jemand sich auf ihre Seite stellte. Ich frage mich, was sie dabei empfunden hat, dass ein Mann sie verteidigte. Ich könnte mir vorstellen, dass sie es gewöhnt war, benutzt und verachtet zu werden. Als die Pharisäer sie an ihren Haaren durch die Straßen zerrten, deutete alles darauf hin, dass ihr Schicksal besiegelt war und dass es für sie keinen Weg zurückgab. Aber Jesus zeigte ihr einen Weg in die Zukunft. Als sie ihm sagte, dass alle gegangen waren, sagte er: „Geh hin und sündige hinfort nicht mehr" (Vers 11; Luther).

Erkennen Sie die Barmherzigkeit, die Jesus hier zeigt? Spüren Sie, welches Geschenk er dieser Frau macht, die niemanden hat, der sie verteidigt? Jesus sieht den Menschen hinter der Sünde und sagt, wie wertvoll er ihm ist.

Wünschen Sie sich nicht, dass wir diese Haltung als Menschen, als Christen untereinander hätten? Können Sie sich vorstellen, wie es wäre, wenn wir nicht länger gegen andere zu Gericht säßen, sondern uns stattdessen in Menschen verwandelten, die anderen im Namen Jesu liebevoll die Hände entgegenstreckten? Eins weiß ich: Wir müssen zuerst selbst an seine Gnade glauben, ehe wir sie weitergeben können.

Die Wahrheit

Die Wahrheit ist, Gott ist weder Ihre Mutter noch Ihr Vater noch Ihr Ehemann oder Ihre Kollegin, die Ihnen ständig kritisch gegenübersteht. Gott schaut Sie nicht an und denkt: *Sag mal, hältst du diesen Haarschnitt im Ernst für gelungen? Hat dir irgendjemand gesagt, dass Gelb dir steht? Hättest du das nicht besser machen können?* Gott liebt Sie und schwärmt für Sie, wie Sie sind.

Wir sind sozusagen für eine gewisse Zeit auf einem gefallenen Planeten eingesperrt, auf dem falsche Vorstellungen darüber herrschen, was der Sinn unseres Lebens ist. Ich glaube jedoch nicht mehr, dass wir in diesem Zustand verharren müssen, bis Jesus uns in unser ewiges Zuhause holt: Ich glaube, dass er uns dazu befreien will, schon jetzt in seiner Liebe zu leben. Es kann nur sein, dass wir vorher noch einen kleinen Frühjahrsputz veranstalten müssen. Darum habe ich eine Aufgabe für Sie.

Nehmen Sie ein Blatt Papier oder ein Notizbuch zur

Hand und schreiben Sie mit der Hilfe des Heiligen Geistes alle negativen Erlebnisse auf, die Ihnen einfallen. Gehen Sie in Gedanken so weit in Ihre Vergangenheit zurück, wie Sie nur können. Vielleicht waren es Dinge, die Ihr Lehrer, Ihre Sonntagsschullehrerin oder jemand aus Ihrer Familie zu Ihnen gesagt hat. Vielleicht waren es Botschaften, die Ihre Eltern, ein Mann oder Ihr Mann Ihnen vermittelt haben. Von wem es auch immer ausging, es geht um Dinge, die bewirkt haben, dass Sie sich schlecht fühlten.

Ich möchte, dass Sie am Ende dieses Kapitels, wenn wir miteinander beten, diese Liste in die Hand nehmen, sie Jesus geben und ihn bitten, diese Dinge mit seinem Blut zu bereinigen. Diese bösen Botschaften haben nichts mit Ihnen zu tun. Gott liebt Sie und denkt mit guten Gedanken an Sie. Er ist nicht enttäuscht von Ihnen. Sie sind seine geliebte Tochter, und er will, dass Sie mit Ihren Füßen den Straßenstaub aufwirbeln und tanzen.

Lass los!

1. Gibt es Dinge, die Sie von Kind an über Gott gedacht haben und die möglicherweise nicht wahr sind?
2. Welches sind Ihre kleinen Geheimnisse, die Sie vor anderen verbergen?
3. Was sagt die Geschichte der Frau, die beim Ehebruch ertappt wurde, Ihnen persönlich?
4. Schreiben Sie all die negativen Dinge auf, die man Ihnen von Ihrer Kindheit an eingeredet hat. Dann zerreißen Sie diese Liste und bitten Sie Gott, Ihnen zu helfen, sich selbst so zu sehen, wie er Sie sieht.

Ein Loslass-Gebet

Himmlischer Vater,
ich knie hier vor dir in der Gegenwart deiner Barmherzig-
keit. Ich habe so vieles über dich gedacht, was nicht wahr
ist. Ich habe Dinge, die ich über mich selbst glaube, auf
dich projiziert. Bitte vergib mir, dass ich gedacht habe, dass
sie wahr wären.
Vater, ich lege dir diese Liste hier vor. Die einzelnen Punkte
stehen für Verletzungen in meinem Herzen und meiner See-
le, die ich loslassen möchte. Als Erstes entscheide ich mich,
denjenigen zu vergeben, die mich verletzt haben. Und zwei-
tens verabschiede ich mich von meinem Verlangen, sie so zu
verletzen, wie sie mich verletzt haben.
Nun gebe ich dir diese Liste, und ich werde mich nicht län-
ger damit beschäftigen. Im Namen Jesu zerreiße ich sie jetzt
und werfe sie fort.
Danke für deine Liebe und deine Barmherzigkeit. Danke,
dass du mich so sehr liebst.
Ich preise dich im Namen Jesu.
Amen.

16

Einen Tisch für zwei Personen, bitte

„Gewöhnen Sie sich an den wunderbaren Gedanken, dass Gott Sie mit einer Zärtlichkeit, einer Großzügigkeit und einer Intimität liebt, die all Ihre Träume übertrifft. Liefern Sie sich ihm in liebevollem Vertrauen aus und haben Sie den Mut, fest daran zu glauben, dass er Sie bedingungslos liebt und jederzeit auf Ihrer Seite ist. Leben Sie Tag für Tag in dem Frieden, den diese Gewissheit Ihnen schenkt" (Abbé Henri de Tourville).

„Halten Sie die Alabasterfläschchen Ihrer Liebe und Zärtlichkeit nicht verschlossen, bis Ihre Freunde tot sind. Erfüllen Sie ihr Leben mit Wohlgeruch. Sprechen Sie bestätigende, ermutigende Worte, solange ihre Ohren sie hören und ihre Herzen darüber jubeln können" (Henry Ward Beecher).

„Niemand ist eine Insel, in sich selbst vollständig; jeder Mensch ist ein Stück des Kontinents, ein Teil des Festlands" (John Donne).

„Liebe ist geduldig und freundlich. Sie ist nicht verbissen, sie prahlt nicht und schaut nicht auf andere herab. Liebe verletzt nicht den Anstand und sucht nicht den eigenen Vorteil, sie lässt sich nicht reizen und ist nicht nachtragend. Sie freut sich nicht am Unrecht, sondern freut sich, wenn die Wahrheit siegt. Liebe ist immer bereit zu verzeihen, stets vertraut sie, sie verliert nie die Hoffnung und hält durch bis zum Ende" (1. Korinther 13,4-7).

Es hatte seit Wochen geregnet. Jedes Mal, wenn sie aus dem schmutzigen Fenster schaute, bot sich ihr derselbe Anblick. Der Regen prasselte auf den Müllhaufen in ihrem Garten.

Sie dachte daran, die Fenster zu putzen, aber welchen Sinn hätte das gehabt? Wenn sie sie heute putzte, würden sie morgen wieder schmutzig sein.

„Warum sollte ich meine Fenster putzen?", fragte sie ihre Katze Schneeball, als diese sich vorm Kamin zusammenrollte. „Damit ich den Regen besser sehen kann? Es wäre doch reine Zeit- und Kraftverschwendung. Völlig sinnlos."

Sie sah den Zettel, der wieder unter ihrer Tür durchgeschoben worden war, und wusste, was darauf stand: „Lassen Sie uns Ihre Bürde erleichtern und Ihren Tag aufhellen – kostenlos." Sie warf den Zettel in den Mülleimer, so wie sie es mit allen Versprechen machte, die sie in ihrem Leben bekommen hatte und die zu schön gewesen waren, um wahr zu sein.

Nach dem Abendessen stellte sie das Geschirr ins Spülbecken und setzte sich in ihren Sessel am Kamin. Schneeball, ihre Katze, kuschelte sich auf ihren Schoß. Auf einem kleinen Tisch neben dem Sessel lag die alte Bibel ihrer Mutter. Es war einige Zeit her, seit sie sie in die Hand genommen und darin gelesen hatte, aber sie mochte es, sie nah bei sich zu haben.

Plötzlich sprang Schneeball mit ungewöhnlicher Energie von ihrem Schoß herunter und mit einem Satz auf den Tisch ... und warf alles um, was darauf lag.

„Na, Kätzchen", sagte sie. „So viel Energie hast du ja seit Langem nicht mehr verschwendet."

Sie hob ihre Zeitschriften und die alte Bibel auf. Die Seiten öffneten sich an der Stelle, wo das gestickte Lesezeichen lag. Sie las den Abschnitt, der unterstrichen war:

„Gedenkt nicht an das Frühere und achtet nicht auf das Vorige! Denn siehe, ich will ein Neues schaffen, jetzt wächst es auf, erkennt ihr's denn nicht? Ich mache einen Weg in der Wüste und Wasserströme in der Einöde" (Jesaja 43,18-19; Luther).

Sie lächelte. „Wasserströme in der Einöde haben wir hier auf jeden Fall!", sagte sie zu Schneeball.

Sie schaltete das Licht aus und ging zum Bett. Dabei trat sie in irgendetwas hinein und merkte, dass Schneeball den Mülleimer umgeworfen hatte, als sie ihren großen „Glaubenssprung" gemacht hatte. Da lag er. Der Zettel, der ihr ein neues Leben versprach. Sie hob ihn auf und strich ihn glatt. Während sie die trostlose Wohnung musterte, in der sie schon so lange lebte, kritzelte sie zwei Wörter auf die Rückseite des Papiers: „Warum nicht?"

Sie schlief lange. Als sie schließlich die Augen aufschlug, lag das nur daran, dass Schneeball ziemlich fordernd mit den Pfoten auf ihre Brust klopfte. Sie schaute auf den Wecker neben ihrem Bett und stellte zu ihrer Überraschung fest, dass sie zwei Stunden länger geschlafen hatte als sonst. Sie stand auf, streckte einen Arm aus und kraulte Schneeball mit der anderen Hand hinterm Ohr. Als sie ihr Wohnzimmer betrat, traute sie ihren Augen kaum. Sonnenlicht fiel durch blitzblankes Glas. Sie ging zum Fenster hinüber und sah auf ein prächtiges Farbenmeer hinaus, das alle Blumenbeete erfüllte.

Ich habe es nicht geglaubt, aber es ist wahr, dachte sie mit erstauntem Blick.

Die überwältigende Liebe Gottes

Das Neue Testament ist voller Geschichten von Menschen, deren Leben durch die Liebe Gottes radikal verändert wurde. Wir haben das Leben von Maria Magdalena und das von Maria, der Mutter Jesu, betrachtet – Frauen, die eine enge, langjährige Beziehung zu ihm hatten. Bei manchen Menschen wie der Frau, die beim Ehebruch ertappt worden war, wissen wir nur von einer einzigen Begegnung. Aber die Kraft dieser einen Begegnung war groß genug, um ihrem Leben eine neue Richtung zu geben. Im Neuen Testament wird über viele solche Begegnungen berichtet. Ob sie kurz waren oder länger dauerten, das Prinzip ist dasselbe: Jesus holt uns da ab, wo wir sind, und liebt uns zurück ins Leben.

Wir sehen, wie Gott seine Liebe ausgießt auf eine Frau, die von Dämonen gequält wird, und auf einen Mann, der in der Qual seines Geistes und seiner Seele mit Steinen auf sich einschlug. Wir sehen, wie Gottes Gnade eine Frau verwandelt, die auf frischer Tat beim Sündigen ertappt wurde. Eine andere, die seine Füße mit feinstem Salböl salbt, für das sie ein Vermögen ausgegeben hat, und sie dann mit ihrem Haar abtrocknet, nimmt er voller Barmherzigkeit an. Am Kreuz sehen wir, wie Jesus seine erlösende Liebe einem Räuber zuwendet, der gerade neben ihm gekreuzigt wird. Der Mann hat keine Gelegenheit mehr, um durch sein Leben zu beweisen, dass Gott sein Herz verändert hat, aber Jesus nimmt ihn so an, wie er ist.

Ich lese die Bibel heute mit anderen Augen. In jedem Gleichnis, gleichgültig, wer die Hauptdarsteller sind, geht es um die Liebe Gottes. Es geht nicht um uns – darum, wie gut oder schlecht wir zu sein glauben. Es geht nur um unseren himmlischen Vater und seinen wunderbaren Sohn Jesus. Das begreife ich heute.

Und doch, so klar die Botschaft auch ist – ich bin sicher, wenn es *an uns* läge, würden manche Menschen keine Einladung zu Gottes Hochzeitsfest bekommen. Nehmen Sie jemanden wie Zachäus. Vielleicht haben Sie von ihm schon gehört. Seine Geschichte ist bemerkenswert, denn sie zeigt, dass es für die Liebe Gottes keine Grenzen gibt.

> „Jesus zog mit seinen Jüngern durch Jericho. Dort lebte ein sehr reicher Mann namens Zachäus, der oberste Zolleinnehmer. Zachäus wollte Jesus unbedingt sehen; aber er war sehr klein, und die Menschenmenge machte ihm keinen Platz. Da rannte er ein Stück voraus und kletterte auf einen Maulbeerbaum, der am Weg stand. Von hier aus konnte er alles überblicken. Als Jesus dort vorbeikam, entdeckte er ihn. ‚Zachäus, komm schnell herab!‘, rief Jesus. ‚Ich möchte heute dein Gast sein!‘ Eilig stieg Zachäus vom Baum hinunter und nahm Jesus voller Freude mit in sein Haus. Die anderen Leute empörten sich über Jesus: ‚Wie kann er das nur tun? Er lädt sich bei einem Gauner und Betrüger ein!‘ Zachäus aber sagte zu Jesus: ‚Herr, ich werde die Hälfte meines Vermögens an die Armen verteilen, und wem ich am Zoll zu viel abgenommen habe, dem gebe ich es vierfach zurück.‘ Da sagte Jesus zu ihm: ‚Heute hat Gott dir und allen, die in deinem Haus leben, Rettung gebracht. Denn auch du bist ein Nachkomme Abrahams. Der Menschensohn ist gekommen, Verlorene zu suchen und zu retten‘“ (Lukas 19,1-10).

Viele Theologen betrachten Lukas 19,10 als den Schlüsselvers des Lukasevangeliums. Hier der Vers noch einmal in dem vertrauten Wortlaut der Lutherübersetzung: „Denn der Menschensohn ist gekommen, zu suchen und selig zu machen, was verloren ist." Dieser eine Vers beinhaltet die ganze Mission Christi. Jesus kam nicht auf die Erde, um mit den religiösen Leitern zu diskutieren, die Kranken zu heilen oder uns ein treffenderes Bild seines Vaters zu präsentieren. Jesus kam auf die Erde, um jeden Menschen, der verloren ist, zu finden und heil zu machen. Der Ausdruck „Verlorene" kann hier mit „unwiderruflich Zerbrochene" übersetzt werden. Jesus kam also auf die Erde, um die zu retten, die von sich glauben, „unwiderruflich zerbrochen" zu sein.

Haben Sie sich schon einmal so gefühlt? Ich schon. Es gab Momente in meinem Leben, in denen ich dachte: *Ich werde es nicht schaffen, Herr. Ich bin zu zerbrochen, zu verzweifelt, zu weit vom Weg abgekommen.* Ich liebe diesen Vers aus dem Lukasevangelium, weil er Ihnen und mir versichert, dass wir, wenn wir uns so fühlen, Mut fassen dürfen, weil Jesus eben darum gekommen ist.

Gibt es in Ihrer Familie einen Menschen, für den Sie schon lange beten und der Sie allmählich verzweifeln lässt, weil er von Mal zu Mal, wenn Sie den Namen Jesus erwähnen, unzugänglicher wird? Solch ein Mensch war auch Zachäus – ein Mensch mit dem härtesten Herzen, das man sich vorstellen kann. Das Wunderbare an seiner Geschichte ist: Auch wenn Zachäus auf einen Baum kletterte, um einen Blick auf Jesus zu erhaschen, war Jesus in Wirklichkeit derjenige, der kam, um Ausschau nach ihm zu halten.

Ein verhärtetes Herz

Zachäus war nicht einfach ein gewöhnlicher Steuereintreiber; er war der *Architelones*, das heißt der Chef der Zolleinnehmer. Im römischen Steuersystem bekleidete er ein hohes Amt und stand in der gesellschaftlichen Rangordnung über dem Apostel Matthäus. Zachäus verdiente sein Geld mit Erpressung. Wenn ein Steuerzahler der römischen Regierung zum Beispiel hundert Euro schuldete, verlangte er hundertzwanzig Euro von ihm. Die zusätzlichen zwanzig Euro steckte er dann in die eigene Tasche. Er nahm sein eigenes Volk also kaltblütig aus.

Er lebte in Jericho, wo sich eine wichtige Zollstation befand, und sein Wohnort arbeitete offensichtlich für ihn. Jericho war sehr schön. Es lag im Südosten Jerusalems und war eine reiche, blühende Stadt, die wegen des bemerkenswerten Palmensaumes gerühmt wurde, der die Stadt umgab.

An diesem Ort finden wir Zachäus. Weil er so klein war, kletterte er auf einen Baum, um Jesus besser sehen zu können, der bei seiner letzten Reise nach Jerusalem auch Jericho einen Besuch abstattete. Das Passahfest stand kurz bevor, und die Straße nach Jerusalem war sehr belebt. Und zudem hatte die Nachricht, dass Jesus einen Blinden geheilt hatte, eine Menge von Schaulustigen aus ihren Häusern gelockt, die gern einmal sehen wollten, wer dieser Jesus war.

Aber warum wollte Zachäus Jesus sehen? Warum interessierte sich ein reicher Jude für einen armen Wanderprediger, der eine Botschaft der Selbstverleugnung verkündete? Wir wissen es nicht, daher wollen wir mal annehmen, dass er einfach neugierig war. Jesus war Stadtgespräch, und darum wollte Zachäus ihn sich anschauen. Er hatte keine Ahnung, dass diese Begegnung seine ganze Welt auf den Kopf stellen würde.

Es gibt im Leben von uns allen Momente, die zu Wendepunkten werden. Die Entscheidungen, die wir in diesen Momenten treffen, ändern die Richtung, die unser Leben nimmt. So wie das Ruder eines Schiffes dessen Fahrtroute ändert, tun dies jene von Gott geschenkten Wendepunkte.

Zachäus war dabei, einen solchen Moment höchstpersönlich zu erleben. In der Bibel steht nichts davon, dass Zachäus versucht hätte, die Aufmerksamkeit Jesu zu erregen. Er betrachtete gerade die aufgeregte Menschenmenge auf der Straße, als Jesus plötzlich stehen blieb, nach oben schaute und ihn direkt ansprach. Es war kein beiläufiger Gruß oder eine triviale Frage, die Jesus an ihn richtete. Es war eine Aufforderung: „Zachäus, komm schnell herab! Ich möchte heute dein Gast sein!" (Lukas 19,5).

Wie Sie sich sicher vorstellen können, war Zachäus begeistert davon, Jesus als Gast zu empfangen. Die anderen Menschen jedoch ärgerten sich darüber, dass Jesus sich mit so jemandem wie Zachäus abgeben wollte. Sie verstanden es einfach nicht. Sie verstanden nicht, dass es Jesus *gerade darum ging*, dass Zachäus ein verachteter Steuereintreiber war. Jesus hatte schon oft davon gesprochen, wie schwer es für die Reichen ist, in den Himmel zu kommen. Aber die Menschen, die das hörten, kamen nicht auf den Gedanken, dass es für diejenigen, die viel haben, schwerer sein könnte als für andere, ihren Besitz loszulassen. Sie dachten einfach, Jesus sei *für* die Armen und *gegen* die Reichen. An diesem Gedanken hielten sie fest.

Stellen Sie sich folgende Situation vor: Eine verwitwete Frau, die jeden Tag ums Überleben kämpft, muss ihre Steuern zahlen. Als sie vor Zachäus steht, fordert er von ihr mehr Geld, als sie dem Staat schuldig ist. Es wird ihr sehr schwerfallen, den zusätzlichen Betrag aufzubringen. Nun muss sie wohl ein paar Tage ohne Essen auskommen. Und wenn sie krank ist, kann sie nicht zum Arzt gehen.

Aber so ist Zachäus eben – ein herzloser, geldgieriger Mann.

Es ist *eine* Sache, wie Robin Hood die Reichen zu berauben und den Armen damit zu helfen. Es ist aber etwas ganz anderes, die auszunehmen, die sowieso schon am Existenzminimum leben, und ihnen das Leben dadurch noch schwerer zu machen. Ich bin mir sicher, dass ich mich sehr geärgert hätte, wenn ich an diesem Tag in der Menschenmenge gewesen wäre: Ich wäre bestürzt gewesen, dass Jesus von allen Menschen, mit denen er hätte essen können, ausgerechnet diesen gemeinen Blutsauger Zachäus auserwählte.

Aber … Gott geht es nicht darum, was andere Menschen denken. Es ist ihm egal, ob seine Liebe manchmal Entrüstung hervorruft. Er heißt jeden willkommen, der sich zu ihm an den Tisch setzen will. Niemand auf diesem Planeten muss alleine essen, weil Jesus für jeden Einzelnen von uns einen „Tisch für zwei Personen" reserviert hat, an dem er mit uns Platz nehmen möchte.

Auch für Zachäus hatte er einen solchen Tisch reserviert. Zachäus war überwältigt von dem Geschenk, das Jesus ihm mit seiner Gegenwart machte. Aber er spürte auch die Unruhe in der Menge. Und ihm wurde bewusst, wie sehr die Menschen ihn verachteten. All dies wurde ihm innerhalb kürzester Zeit klar. Was brachte es schon, all dies Geld zu besitzen und dabei keinen Frieden zu haben? Was hatte er davon, allein zu Hause zu sitzen und sein Geld zu zählen, wenn er nachts nicht ruhig schlafen konnte?

Das war für Zachäus ein Aha-Erlebnis.

Der Veränderung, die in seinem Herzen stattgefunden hatte, folgten Taten. Er war bereit, die Hälfte seines Vermögens den Armen zu geben und alles, was er unterschlagen hatte, vierfach zurückzuzahlen. Dieser Betrag war übrigens viel höher als das, was das gültige levitische Gesetz vorschrieb. Im dritten Buch Mose heißt es nämlich, dass Menschen, die unrechtmäßig erlangtes Geld zurückzugeben haben, denselben Betrag plus einem Fünftel erstatten sollen (3. Mose 5,11). Nach diesem Gesetz wäre Zachäus, wenn er beispielsweise 100 Euro unterschlagen hätte, verpflichtet gewesen, 120 Euro zurückzuzahlen. Aber Zachäus sagte, er werde 400 Euro zahlen, um zu beweisen, dass es ihm wirklich ernst war.

Nachdem Zachäus Jesus in seinem Haus willkommen geheißen hatte, zeigte Jesus allen, dass für ihn jeder Mensch kostbar ist und dass jedes Herz es wert ist, gerettet zu werden.

Jesus lässt sich nicht in eine Schublade stecken. Gerade wenn wir meinen, verstanden zu haben, wie er handelt, macht er unsere Theorien zunichte. Jesus ist gekommen, um die Verlorenen zu suchen und sie zu retten. Diese Verlorenen findet man sowohl in Obdachlosenheimen als auch in prunkvollen Häusern in Beverly Hills. Man findet sie in der Wall Street in New York und auch im Wal-Mart um die Ecke. Man findet sie in meinem Haus und in Ihrem Haus.

Ich denke, in unserer Gesellschaft gibt es einige „Verlorene", die wir leichter akzeptieren können als andere. Und Zachäus hätte bei uns bestimmt keine Chance gehabt.

Aber bei Gott hatte er eine. Es gibt keinen Menschen, der so verloren ist, dass Gott ihn nicht an seinen „Tisch für zwei" einladen würde. Zachäus interessierte sich dafür, was Jesus *tat*, aber Jesus wollte ihm zeigen, wer er *ist*. Solch eine innige Gemeinschaft an einem Tisch kann selbst das härteste Herz erweichen.

Verloren

Haben Sie sich schon einmal verloren gefühlt? Vielleicht sind Sie von dem Weg abgekommen, von dem Sie eigentlich wissen, dass es der richtige ist, und Sie schaffen es einfach nicht mehr, nach Hause zu finden. Oder jemand hat sich aus dem Staub gemacht und Sie im Stich gelassen. Kürzlich habe ich mit einer Frau geredet, die nach 32 Jahren Ehe von ihrem Mann verlassen worden war. Sie wusste nicht mehr weiter und fragte mich hilflos: „Was soll ich denn jetzt tun?" Vielleicht haben Sie sich ganz bewusst von Gott entfernt, und obwohl Sie sich eingestehen, dass Sie sich innerlich verloren fühlen, trauen Sie sich nicht, zu ihm zurückzukehren, weil Sie sich nicht sicher sind, dass er Sie wieder annimmt. Aber auf jede dieser Situationen hat Jesus eine wunderbare Antwort.

Die Vorstellung des Verlorenseins wird im Lukasevangelium immer wieder aufgenommen. In Kapitel 15 findet man die Gleichnisse vom verlorenen Schaf, von der verlorenen Münze und vom verlorenen Sohn. Jede dieser Geschichten baut auf der vorherigen auf und betont die große Liebe, die unser himmlischer Vater für uns empfindet, gleichgültig, ob wir ihm absichtlich den Rücken gekehrt haben, von Menschen fallen gelassen und vergessen worden sind oder uns bewusst gegen ihn aufgelehnt haben.

Lassen Sie uns jedes einzelne dieser Gleichnisse daraufhin untersuchen, inwiefern es die Liebe Gottes zu uns widerspiegelt.

Verirrt – Das verlorene Schaf

In dem Gleichnis vom verlorenen Schaf (Lukas 15,1-7) geht es darum, dass der Schafhirte, wenn sich eines seiner Schafe von der Herde entfernt und verirrt, nicht ruhen wird, bis er es findet und wieder nach Hause bringt.

Es gibt Menschen, die eigentlich gar nicht vorhaben, sich von der Gemeinde zu entfernen. Sie wollen nur mal eine Zeit lang die Welt erkunden und ein bisschen was erleben. Noch bevor sie richtig begriffen haben, was los ist, stehen sie im Dunklen und finden nicht mehr nach Hause. Aber Jesus versichert uns, dass er jeden, der verloren gegangen ist, suchen wird, und zwar so lange, bis er ihn findet.

Ich unterhalte mich oft mit Frauen, die sehr traurig sind, weil ihr Kind vom rechten Weg abgekommen ist. Ein solches Kind ist häufig nicht auf die gleiche Weise verloren wie der verlorene Sohn aus dem Gleichnis, weil es trotzdem ein produktives und nützliches Leben führt. Aber der Glaube und die Beziehung zu Jesus spielen keine Rolle mehr in seinem Leben.

Fallen gelassen – Die verlorene Münze

Und was hat uns die Geschichte von der verlorenen Münze zu sagen (Lukas 15,8-10)? Es gibt Menschen, die einfach fallen gelassen werden und verloren gehen. Anders als das Schaf, das gedankenverloren vom Weg abkommt, sind diese

Menschen völlig aus allem herausgerissen, was ihnen Halt und Sicherheit gab, und laufen direkt in die Dunkelheit.

Es gibt so viele Frauen, die nach jahrelanger Ehe ganz plötzlich mit einer Scheidung konfrontiert werden. Ohne die geringste Vorwarnung gerät ihr normales, sicheres Leben aus den Fugen und sie müssen dazu womöglich lernen, sich in der Gesellschaft und in der Arbeitswelt ganz neu zurechtzufinden. Eine Frau erzählte mir: „Es war ein Gefühl, als sei das Band, das mein Leben zusammengehalten hatte, zerrissen und als sei ich heruntergefallen und heimlich, still und leise unter das Sofa gerollt, ohne dass irgendjemand bemerkte, dass ich weg war."

Das Gute an dieser Geschichte ist, dass man für Gott nie verloren ist. Selbst wenn Ihr Leben, wie Sie es kannten, vorbei ist, und es scheinbar keinen Rückweg mehr gibt, weiß er doch genau, wo Sie zu finden sind. Und wenn es so aussieht, als seien Sie allen anderen egal – er wird Sie finden und Ihnen helfen, ein neues Leben anzufangen.

Bewusst weggegangen – Der verlorene Sohn

Gottes Gnade und Liebe sind einfach überwältigend. Auch wenn wir uns ganz bewusst von ihm abwenden, hofft er immer darauf, dass wir zu ihm zurückkommen.

Im Gleichnis vom verlorenen Sohn geht es nicht an erster Stelle um die Rebellion des Sohnes, sondern um das Herz des Vaters. Als der Junge den Entschluss fasst, wieder nach Hause zu gehen, tut er das, weil ihm das Geld ausgegangen ist und nicht, weil er seinen Vater wiedersehen will. Er legt sich eine Entschuldigung zurecht, um sein Handeln zu rechtfertigen, aber der Vater hat ihm im Herzen schon längst verziehen. Der Vater fragt ihn noch nicht einmal, wo er gewesen ist, was er mit dem Geld gemacht hat und wieso er jetzt wieder nach Hause kommt. Er heißt seinen Sohn einfach daheim willkommen. Er freut sich so sehr über seine Rückkehr, dass er ihm zu Ehren eine richtige Party schmeißt. Aber auch bei diesem Fest geht es nicht darum, dass der Sohn wieder da ist – es geht um den Vater, der auf uns wartet und jeden, der zu ihm zurückkehrt, mit offenen Armen empfängt.

Wunderbar und einzigartig gemacht

Vor einiger Zeit bat ich Gott, mir dabei zu helfen, ein passendes Bild zu finden, das anschaulich beschreibt, mit welch großer Sorgfalt er uns erschaffen hat und wie leidenschaftlich er jeden Einzelnen von uns liebt. In meinem Herzen spüre ich Gottes große Liebe so deutlich, aber sie ist manchmal sehr schwer in Worte zu fassen. Dann hörte ich etwas sehr Interessantes, was genau zu meiner Bitte passte. Es beschreibt einen weiteren Punkt im Leben eines jeden Menschen, durch den Gottes Liebe offenbar wird.

Ein Freund wies mich damals auf eine Predigt von Louie Giglio hin, die man im Internet auf YouTube ansehen kann. Sie trägt den Titel „Die Größe Gottes"[16]. Louie Giglio beschreibt darin seine Begegnung mit einem Molekularbiologen, der ihn auf die Existenz eines Eiweißmoleküls im menschlichen Körper aufmerksam machte. Dieses Molekül nennt sich Laminin und weist Bindungsstellen für Zelloberflächenrezeptoren auf. Es ist von größter Bedeutung für die sogenannte Zelladhäsion. (Ja, ich weiß – ich verstehe auch nur Bahnhof.) Jedenfalls heißt dies: Laminin ist der Baustoff, der die einzelnen Zellen und somit den ganzen Körper zusammenhält. Das habe ich mir dann mal selbst angeschaut ... und ich muss sagen, das ist wirklich atemberaubend.

Falls Sie die Möglichkeit haben, ins Internet zu gehen, rate ich Ihnen, sich das auch einmal anzuschauen. Wenn Sie nämlich „Laminin" in eine Online-Suchmaschine eingeben, werden Sie feststellen, dass dieses winzig kleine Eiweißmolekül, das unseren Körper zusammenhält, die *Form eines Kreuzes* hat. Ist das nicht verblüffend? Es kommt viele Tausend Male in unserem Körper vor und erinnert uns unweigerlich daran, dass Gott in unserem Leben immer gegenwärtig ist – sogar im tiefsten Innern unseres Körpers! Lange bevor die Menschen überhaupt an so etwas wie Laminin oder Computer gedacht haben, verfasste der Psalmist David die folgenden Verse:

> „Herr, ich danke dir dafür, dass du mich so wunderbar und einzigartig gemacht hast! Großartig ist alles, was du geschaffen hast – das erkenne ich! Schon als ich im Verborgenen Gestalt annahm, unsichtbar noch, kunstvoll gebildet im Leib meiner Mutter, da war ich dir dennoch nicht verborgen. Als ich gerade erst entstand, hast du mich schon gesehen. Alle Tage meines Lebens hast du in dein Buch geschrieben – noch bevor einer von ihnen begann!" (Psalm 139,14-16).

Es gibt an unsrem Leben absolut nichts, was zufällig oder versehentlich entstanden wäre. Gott formte liebevoll jede einzelne Zelle in unserem Körper. Er hat entschieden, ob wir blaue oder braune Augen, dunkles oder helles Haar bekommen sollten. Und nicht ein einziges unserer Haare fällt auf die Erde, ohne dass Gott es sieht. Dass die Form des Kreuzes in unsere DNA eingebunden ist, ist für mich ein großes Geheimnis und gleichzeitig eine beruhigende Sicherheit. Das griechische Wort „sozo" bedeutet „retten und heilen". Und diese zwei Begriffe, Rettung und Heilung, sind in Form des Kreuzes im Bauplan eines jeden Menschen eingeflochten. Das ist wirklich „wunderbar und einzigartig"!

Ich frage mich manchmal, wie viele andere kleine Botschaften Gottes sich wohl hinter den einzelnen Aspekten des Lebens verstecken. Lana Bateman, unsere Fürbitterin bei „Women of Faith", berichtete mir von einem Artikel aus einer medizinischen Fachzeitschrift. Dieser war von einem Molekularbiologen verfasst worden, der gleichzeitig ein ausgezeichneter Pianist ist. Er beschäftigte sich in seinem Artikel mit folgendem Gedanken: Wenn man den einzigartigen DNA-Strang, der jeden einzelnen Menschen definiert, aus einer bestimmten Perspektive betrachtet, erinnert er an eine Klaviertastatur, auf der bestimmte Töne markiert sind. Wenn man diese Tonfolge dann akustisch umsetzen würde, würde man feststellen, dass jedem Menschen eine ganz individuelle Melodie zu eigen ist. Stellen Sie sich das einmal vor: Gott hat für jeden Menschen ein ganz persönliches, einmaliges Lied geschrieben.

Liebe Leserin, ich wünsche mir von ganzem Herzen, dass Gott Ihnen durch die Kraft des Heiligen Geistes seine Liebe offenbart, wie es kein anderer kann, damit Sie die Liebe, die schon in Ihrer DNA festgeschrieben ist, immer mehr begreifen.

Lass los!

1. Hatten Sie jemals das Gefühl, unwiderruflich zerbrochen zu sein?
2. Gibt es in Ihrem Leben irgendjemanden, der Ihrer Ansicht nach so weit von Gott entfernt ist, dass dieser ihn nicht mehr erreichen kann?
3. Haben Sie jemals Anstoß an Gottes bedingungsloser Liebe genommen? Wenn ja, worum ging es konkret?
4. Sagt Ihnen die Geschichte von Zachäus heute irgendetwas, das Ihnen früher vielleicht entgangen ist?
5. Denken Sie einmal ganz bewusst über die Tatsache nach, dass die Zellen, aus denen Ihr Körper zusammengesetzt ist, die Form eines Kreuzes haben, und lassen Sie sich von diesem Wunder erfüllen!

Ein Loslass-Gebet

Himmlischer Vater,
es berührt mich so sehr, dass du mein ganzes Leben siehst und liebevoll darüber wachst. Danke, dass du immer da warst, auch wenn ich mich mal von dir entfernt habe oder das Gefühl hatte, dass du mich im Stich gelassen hättest.
Ich bringe dir jetzt die Namen derjenigen, für die ich eine schwere Bürde empfinde. Vater, ich vertraue dir. Sie stehen in deinem Terminkalender, nicht in meinem, und du wirst ihnen voller Liebe nachgehen und sie zu dir zurückholen.
Möge deine Liebe heute und an jedem weiteren Tag meines Lebens meine Stärke sein.
Das bitte ich im Namen Jesu. Amen.

17

Kein Licht am Ende meines Tunnels

„Herr, es ist dunkel. Herr, bist du hier in meiner Dunkelheit? Wo bist du, Herr? Liebst du mich noch? Du bist meiner doch nicht überdrüssig? Herr, antworte mir! Antworte! Es ist so dunkel!" (Michel Quoist).

„Die ‚dunkle Nacht der Seele' ist nichts Schlechtes oder Zerstörerisches. Im Gegenteil, sie ist eine Erfahrung, die wir gern auf uns nehmen sollte wie ein Kranker eine Operation auf sich nimmt, die ihm Gesundheit und Wohlergehen verspricht. Der Zweck der Dunkelheit ist nicht, uns zu bestrafen oder zu peinigen. Ihr Zweck ist, uns frei werden zu lassen" (Richard Foster).

„Die Masse der Menschen führt ein Leben in stiller Verzweiflung." (Henry David Thoreau)

„Wo ist meine Hoffnung geblieben, wo denn? Sieht jemand von ihr auch nur einen Schimmer?" (Hiob 17,15).

„Wir saßen an den Flüssen Babylons und weinten, wenn wir an Zion dachten. Unsere Lauten hängten wir an die Zweige der Pappeln, wir hatten aufgehört, auf ihnen zu spielen. Unsere Peiniger hielten uns gefangen und wollten Lieder von uns hören; sie verlangten von uns, dass wir Freudengesänge anstimmen. Höhnisch forderten sie: ‚Singt doch eins von euren Zionsliedern!' Doch wie hätten wir im fremden Land Lieder zur Ehre Gottes singen können?" (Psalm 137,1-4).

Sie lief schon seit Stunden in diesem Tunnellabyrinth herum und versuchte, den Eingang zu finden, den ihre Gruppe benutzt hatte. Ihnen war gesagt worden, sie sollten immer zusammenbleiben und falls jemand Platzangst bekäme und eine Pause machen müsse, dann solle er das den beiden Personen vor und hinter ihm mitteilen und sich von einem der Gruppenführer an einen Ausgang begleiten lassen.

Und trotzdem … es schien albern, alle aufzuhalten. Nur einen kurzen Moment lang war ihr ein wenig schwindlig gewesen, und sie hatte sich in einen Felsspalt zurückgezogen, um sich zu setzen, bis der Schwindel aufhörte. Von dem modrigen Höhlengeruch und der erdrückenden Hitze war ihr übel geworden, und wertvolle Zeit war vergangen, während sie mit dem Kopf zwischen den Knien dagesessen hatte. Sie wollte eigentlich jemandem Bescheid sagen, aber als sie sich hingesetzt hatte, hatte sie sich zu schwach gefühlt zum Reden. Und jetzt, da wieder Farbe in ihr Gesicht zurückkehrte und sie wieder normal atmen konnte, konnte sie die Gruppe nicht mehr sehen.

Sie war sich sicher gewesen, dass sie sie wieder finden würde, solange sie in Bewegung blieb. Aber jetzt waren schon Stunden vergangen und sie hatte sich hoffnungslos verirrt.

Ihr Rucksack war schwer, also nahm sie alles heraus, was ihr überflüssig erschien, und behielt nur ihre Taschenlampe, etwas zu essen und Wasser. Ihre restlichen Sachen legte sie auf den Felsvorsprung neben dem Eingang zum nächsten Tunnel. „Das können wir später noch holen", sagte sie zu sich selbst, bemüht, die Hoffnung nicht aufzugeben. „Ich sage dem Reiseführer, er soll einfach nach dem Stapel suchen, auf dem mein Glücksbär sitzt."

Sie lief weiter und weiter, bis sie zu erschöpft war, um noch weiterzugehen. Ihre Taschenlampe fing an zu flimmern und drohte sie dem Dunkel zu überlassen. Also setzte sie sich einen Augenblick und streckte die Hand aus, um sich an einem Felsen abzustützen.

Nur, dass es kein Fels war. Ohne hinzusehen wusste sie, dass sie gerade ihren kleinen Bären berührte. Sie war stundenlang umhergeirrt und befand sich wieder am Eingang zur selben Höhle. In diesem Moment verlor sie die Hoffnung.

Wenn es keine Hoffnung mehr gibt

Zu Beginn dieses Buches habe ich Ihnen von einer Geschichte erzählt, die ich erlebte, als ich mich eines Sonntagsmorgens für den Gottesdienst fertig machte. Jetzt würde ich diese Erzählung gerne zu Ende bringen. Als ich an jenem Tag in den Spiegel schaute, empfand ich eine überwältigende Trauer und Mutlosigkeit. Ich wollte mich Christian zuliebe zusammenreißen, aber es ging mir sehr schlecht. Als ich hörte, was Gott in meinem Herzen zu mir sagte, erschien es mir unmöglich – *Ich werde dich befreien!* Ich konnte mir nicht vorstellen, wie. Barry und ich hatten ernsthafte Schwierigkeiten. Ich hatte die Hoffnung aufgegeben, dass es uns jemals gelingen würde, aus dieser dunklen Grube herauszukommen. Es war solch eine chaotische Situation.

Ein paar Worte zum Hintergrund: Vor einigen Jahren steckte Barry in einer tiefen Depression. Ich weiß, wie sich das anfühlt, denn ich habe es selbst erlebt. Es ist ein dunkler und elender Kampf. Niemand kann voraussagen, wie ein anderer Mensch gegen diese Dunkelheit ankämpfen wird oder ob er die Kraft aufbringen wird, den Kampf überhaupt aufzunehmen. Manche Menschen suchen Hilfe, während andere einfach untertauchen. So machte Barry es.

Er dunkelte das Schlafzimmer ab und blieb so lange im Bett, bis Christian aus der Schule kam. Dann stand er auf und bemühte sich um seinetwillen, sich so normal wie möglich zu benehmen. Sobald ich jedoch Christian abends ins Bett gebracht hatte, verschwand Barry für den Rest der Nacht an einen dunklen Ort. Ich versuchte ihn dazu zu bewegen, einen Arzt aufzusuchen, aber er weigerte sich. Er sah keinen Sinn darin, da er keine Hoffnung hatte. Ich konnte einfach nicht zu ihm durchdringen. Er steckte in einem tiefen, finsteren Loch, das jede Woche tiefer zu werden schien.

Als ich selbst vor Jahren durch meine Depression hindurchging, war mein einziger Halt die innere Gewissheit, dass Gott mich liebte. Barry schien diesen Trost nicht zu haben. Aufgrund seiner Krankheit glaubte er, dass Gott mit ihm abgeschlossen hatte – dass Gott ihn, wie sehr er auch beten mochte, nicht hörte. Er begann den Wert seines Lebens anzuzweifeln und fragte sich, ob er jemals wieder Hoffnung schöpfen würde.

Ich fand das sehr besorgniserregend und sprach mit einem Arzt, mit dem wir befreundet waren. Er sagte mir, wenn Barry jemals wieder etwas Derartiges sagen würde, müsse er sofort zu einem Arzt gehen.

Ich fragte Barry immer wieder, ob es irgendetwas gab, was er mir sagen müsse. Die Kluft zwischen uns war so groß, dass ich spürte, dass da noch irgendetwas war. Ich hatte schon immer geglaubt, dass wir mit Gottes Hilfe fast alles bewältigen können, wenn wir nur ehrlich zueinander sind. Aber er sprach nicht mit mir. Heute glaube ich, dass

Gott in seiner Gnade beschloss, die Wahrheit ans Licht zu bringen, ob Barry das wollte oder nicht. Ich sah es nur nicht kommen.

Das Haus stürzt zusammen

Barry und ich haben einen anderen Geschmack, was Häuser angeht. Ich mag kleine, gemütliche Häuser, während Barry elegante Häuser in italienischem Stil gefallen. Da sich jedoch ein Großteil unseres Lebens um meinen Terminplan bei „Women of Faith", meine Reisen und meine Autorentätigkeit dreht, dachte ich, dass Barry mehr zu sagen haben sollte, was unser Haus betraf. Ich fühle mich an den meisten Orten wirklich wohl, sodass ich begeistert war, als er ein hübsches Haus in südländischem Stil fand, in dessen näherer Umgebung viele unserer Freunde wohnten.

Barry ist ein Perfektionist, der großen Wert darauf legt, dass alles „passt". (Ich habe seine Erlaubnis das zu erzählen! Das … und auch das Folgende …) Er hat also einen ausgezeichneten Geschmack, was die Wohnungseinrichtung angeht, daher überließ ich das alles ihm. Meine einzige Sorge war, dass er vielleicht zu viel ausgab. Da wir uns mitten in meiner Hauptreisezeit für „Women of Faith" befanden, dachte ich jedoch nicht groß darüber nach, wenn plötzlich ein neuer Sessel oder ein anderer Teppich da war.

Doch dann wurde ich eines Tages mit einer Tatsache konfrontiert, die ich nicht vorhergesehen hatte.

An diesem Tag erwartete ich einen Geldbetrag für die Arbeit eines ganzen Jahres. Ich hatte schon mit Barry besprochen, dass wir einen Teil davon meiner Mutter schicken und einen weiteren Teil für die Missionsarbeit spenden wollten, die wir schon seit einiger Zeit unterstützten.

Als der Betrag jedoch kam, stellte sich heraus, dass das Geld schon ausgegeben worden war.

Meine Assistentin, die die Buchhaltung und diese Dinge für mich macht, sah mir an, dass ich entsetzt war, aber das war erst die Spitze des Eisbergs. Sie hatte mir noch so viel mehr mitzuteilen. Ich erfuhr, dass wir beträchtliche Schulden hatten. Ich dachte, wir hätten Ersparnisse, aber die waren alle verbraucht. Barry schämte sich so sehr, dass er meine Assistentin gebeten hatte, mir unsere finanzielle Situation so lange zu verschweigen, bis er eine Lösung gefunden hatte. Ich war verwirrt und wütend und hatte Angst. Als ich ihn fragte, warum er zugesehen hatte, wie unsere finanzielle Situation sich so verschlechterte, ohne mir etwas davon zu sagen, konnte er mir keine Antwort geben. Ich bat meine Assistentin, mir alles schriftlich zu geben, damit ich versuchen konnte, so etwas wie einen Plan zu entwerfen. Als ich schwarz auf weiß die nackten Tatsachen vor mir sah, war ich entsetzt.

Wir sinken

Nach dieser Entdeckung entstand eine Kluft zwischen Barry und mir. Ich versuchte um Christians willen, alles unter Kontrolle zu behalten, aber auch ich kämpfte ums Überleben. Ich wusste, dass ich der Verzweiflung nicht nachgeben durfte, aber es war schwer, zu Hause alles im Griff zu behalten. Wir befanden uns wie gesagt mitten in meiner Hauptreisezeit für „Women of Faith". Wochenlang wurde mir jeden Sonntag schlecht, wenn ich auf dem Weg nach Hause war. Ich musste mich im Flugzeug übergeben oder mit dem Auto rechts ranfahren, wenn ich mich unserem Haus näherte. Ich wusste nicht, welche Situation oder Stimmung mich zu Hause erwarteten.

Im Laufe der nächsten Wochen und Monate wurde die Kluft zwischen Barry und mir immer größer. Ich versuchte zu ihm durchzudringen, aber er schien an einem unerreichbaren Ort zu leben, an dem ich nicht willkommen war. Langsam aber sicher entfernte ich mich innerlich von ihm. Ich verfiel in einen Selbsterhaltungsmodus, der sein Gefühl der Hoffnungslosigkeit nur noch bestärkte. Ich fühlte mich, als würde ich entzweigerissen. Ich war mir nicht sicher, was passieren musste, damit Barry aufwachte und sah, was mit unserer Familie geschah, oder wie lange ich noch so weiterleben konnte.

Schließlich setzte ich Barry die Pistole auf die Brust: Entweder suchte er sich professionelle Hilfe oder ich würde meine Reisetätigkeit einstellen. Ich konnte nicht weiterhin zusehen, wie das Geld in ein Fass ohne Boden ging, und miterleben, wie er sich jeden Tag ein bisschen weiter von mir entfernte. Ich glaube, schließlich begann er den Ernst der Lage zu erkennen. Er stellte ein paar Nachforschungen an und fand einen Arzt in unserer Nähe, der ihm helfen konnte.

Leider war ich zu dem Zeitpunkt, als Barry sich dazu aufraffte, intensiv mit einem guten christlichen Seelsorger zusammenzuarbeiten, schon so frustriert, dass mir das alles nicht mehr viel bedeutete. Er unternahm alles nur Erdenkliche, um mir zu zeigen, dass er wirklich dabei war, sich zu ändern, aber ich hatte mich hinter einer Mauer verschanzt, um mich zu schützen und zu überleben. Ich war erschöpft und tieftraurig. Ich glaube nicht, dass ich mich jemals so hoffnungslos gefühlt habe. Unsere Situation konnte ich nur einigen gläubigen Freunden anvertrauen, und ich war es leid geworden zu versuchen, mit Barry weiterzukommen. Aber Gott stand kurz davor, mir mit einer sehr dunklen Nacht zu zeigen, wer mein wahrer Feind war.

Die Nacht

Ich hatte bis zu jener Nacht nicht gewusst, dass sich Hoffnungslosigkeit so sehr wie Angst anfühlen kann. Es war ein harter Tag gewesen. Barry und ich hatten wieder einmal über unsere derzeitige finanzielle Lage gesprochen, was ich als sehr stressig empfand. Es fiel uns schwer, darüber zu sprechen, ohne dass ich ihm in meinem Herzen die Schuld gab und er das wusste und tief in seinem Innern spürte.

Als Christian endlich schlief, machte ich mich daran, die Küche sauber zu machen. (Eine Gewohnheit, die ich von meiner Mutter übernommen habe, ist, dass ich es hasse, morgens beim Aufstehen noch die Spuren des vergangenen Tages zu sehen.) Sobald das Geschirr in der Spülmaschine und die Arbeitsplatten sauber waren, setzte ich mich eine Weile ins Wohnzimmer und zappte durch die Fernsehkanäle.

Ich finde es erstaunlich, dass wir mehr als zweihundert Kanäle haben, auf denen Abend für Abend nichts läuft, was sich anzuschauen lohnt. Ich versuchte es auf all meinen Lieblingskanälen. Auf *BBC America* lief eine Sendung über

Autorennfahrer, also schaltete ich weiter. Der *Discovery Channel* zeigte einen Mann, der sich in der Wildnis aussetzen lässt und sich dann von lebendigen Schlangen ernährt, um zu überleben – das war natürlich auch nichts für mich. Nach einigen weiteren Versuchen gab ich auf und schaltete den Fernseher aus.

Dann begann ich etwas zu spüren.

Ich habe schon seit Jahren immer wieder mit Depressionen zu kämpfen. Was mich an diesem Abend erwartete, war nicht dieser vertraute Gegner, sondern es war etwas anwesend, was dem Zimmer und meinem Herzen jegliche Wärme zu entziehen schien. Es kam mir so vor – und während ich das schreibe, bitte ich den Heiligen Geist, mir zu helfen, mich genau daran zu erinnern –, als ob die Zimmertemperatur innerhalb von Sekunden um mehrere Grad fiel.

Ich bin mit elf Jahren Christ geworden. Ich habe mich niemals mit irgendetwas versucht, was mit den Mächten der Finsternis zu tun hat, und kann mich kaum daran erinnern, je mit okkulten Kräften in Berührung gekommen zu sein. Das einzige Mal, dass ich mir der Gegenwart des Bösen deutlich bewusst war, war während eines Konzertes in Bangkok, als ich in meinen späten Zwanzigern war, aber da hatte ich ein Gebetsteam, das hinter den Kulissen für mich betete.

Dieses Mal war es anders. Ich spürte die Gegenwart des Bösen im Zimmer; ich wusste, ich bin nicht allein. Barry war bereits im Schlafzimmer gewesen, aber dann kam er heraus und fragte mich, ob ich ins Bett käme. Ich antwortete, dass ich noch nicht so weit sei, und bat ihn dann um etwas, was sicher sehr seltsam klang. Ich sagte: „Barry, ich will, dass du zurück ins Schlafzimmer gehst und bis morgen früh da drin bleibst." Ganz offensichtlich war ihm das nicht sehr recht, aber ich bestand darauf.

In den nächsten Stunden hatte ich das Gefühl, einen sehr realen Kampf um mein Leben zu kämpfen. Der Ankläger sagte mir, ich wäre allein. Er sagte mir, es gäbe keine Hoffnung für uns als Familie. Er sagte, dass alles, was mir wichtig wäre, in die Brüche gehen würde und dass ich rein gar nichts dagegen tun könnte. Ich fiel auf dem Boden auf die Knie und vergoss so bittere Tränen, dass ein Teil des Teppichs durchnässt wurde.

Dann kamen die sanfteren Stimmen. Der Vorschlag war eindeutig und einfach und es war kein hinterhältiger Unterton dabei. Er klang beinah tröstlich.

In der Küche ist ein Messer. Du hast es gerade abgetrocknet und weggeräumt. Wenn du dieses Messer holst und es einfach gegen deine Pulsadern streichst, dann ist das hier vorbei.

Es wird nicht wehtun.

Du wirst keine Schmerzen mehr haben.

Du schaffst das. Es ist das Beste für alle.

Es ist erstaunlich, dass Satan Lügen so vorbringen kann, dass sie wie die Wahrheit klingen. Ich bin wachsam gegenüber Stimmen, die mich anschreien, aber nicht immer gegenüber Stimmen, die mir ins Ohr flüstern. In diesen wenigen Stunden spürte ich eine Hoffnungslosigkeit und Verzweiflung, wie ich sie noch niemals zuvor empfunden hatte. Ich war körperlich und emotional so erschöpft, dass ich keine Kraft mehr hatte zu kämpfen. Vielleicht fragen Sie sich: „Warum haben Sie nicht den Namen Jesu angerufen?" Das habe ich. Es war alles, was ich tun *konnte*. Hin und wieder flüsterte ich einfach seinen Namen, während mir die

Tränen übers Gesicht liefen und den Teppich durchnässten. Im Verlauf dieser Begegnung mit der finsteren Seite fühlte ich mich, als ob ich immer tiefer in eine Grube gezogen würde. Ich fühlte mich besiegt.

Aber dann wurde mir, während ich „Jesus, Jesus" flüsterte, allmählich die Gegenwart Christi bewusst. Ich wusste mit einer Sicherheit, die ich selten habe, dass ich in Wirklichkcit niemals allein gewesen war.

Ich lag mit dem Gesicht auf dem Boden. Plötzlich schien es, als sei Licht ins Zimmer gekommen. Ich glaube wirklich, ich hätte Jesu Füße berührt, wenn ich in diesem Augenblick die Hand ausgestreckt hätte. Ich hatte den Eindruck, dass er mir seine Hand entgegenstreckte, um mir aufzuhelfen. Seine Kraft floss in mich hinein.

Ich erhob mich auf die Knie und war schließlich in der Lage aufzustehen. Ich wandte mich an die Mächte der Finsternis und sagte nur ein Wort: „Nein!" Dann sagte ich es noch einmal mit Kraft: „In Jesu Namen, nein!" Daraufhin ging ich ins Schlafzimmer und schlief die restliche Nacht ohne Störungen.

Am Morgen war alles im Haus noch genauso wie vorher, nur in mir hatte sich etwas verändert. Ich erkannte, *wer* die ganze Zeit mein Feind gewesen war. Ich hatte gegen den Falschen gekämpft. Barry hatte einige falsche Entscheidungen getroffen, aber er war nicht mein Feind. Der Feind, das war der Durcheinanderbringer, der sich nichts sehnlicher wünscht, als das zu zerstören, was Gott am meisten liebt – seine Kinder.

In den nächsten Tagen verschlang ich Gottes Wort. Ich war erstaunt, dass ich nach vierzig Jahren mit Christus fast vergessen konnte, worum es in diesem Leben und bei diesem heiligen Kampf eigentlich geht. Es ist leicht, sich von den weltlichen Vorstellungen von Glück umgarnen zu lassen und zu vergessen, dass wir auf diesem Planeten nur auf der Durchreise sind. Ich bin nicht auf dieser Erde, um mich selbst glücklich zu machen. Ich bin hier, um zu lernen, Gott zu lieben, ihm zu vertrauen und seiner Liebe in mir Raum zu geben, bis ich sicher in unserem ewigen Zuhause angekommen bin.

Dann gebrauchte Gott unseren Sohn, um Licht in die letzten dunklen Winkel meines Herzens zu bringen.

Meine größte Sorge hatte während dieser schweren Zeit Christian gegolten. Barry und ich hatten uns nach Kräften bemüht, ihn zu schützen, aber ich weiß, dass er die Spannung spürte. Eines Abends sprach ich mit ihm. Ich fragte ihn, was Papa oder ich tun könnten, um sein Leben leichter zu machen. Ich erwartete wirklich, dass er sagen würde, er wünschte, Papa hätte nicht so viel Geld ausgegeben, weil sich das auch auf ihn ausgewirkt hätte. Aber er sagte nichts über Barry. Stattdessen sagte er etwas über mich.

Er sagte: „Ich wünschte, du wärst nicht so sauer auf Papa."

„Was meinst du damit?", fragte ich ihn.

„Na ja, Papa hat einiges gemacht, was nicht gut war, aber du musst ihm vergeben."

Ich war perplex. Er sagte: „Ich will dich nicht kränken, Mama."

Ich antwortete ihm, dass ich sehr dankbar für seine Ehrlichkeit sei und dass er immer sagen könne, was er denke. Nachdem er ins Bett gegangen war, machte ich einen langen Spaziergang mit unseren Hunden und schüttete Gott mein Herz aus.

„Das ist wirklich eine Sauerei, Gott. Barry bringt uns in den Schlamassel hinein, zieht sich zwei Jahre lang vom Rest der Menschheit zurück, und ich soll das alles einfach vergessen und Kuchen backen?! Das ist einfach toll. Vielen Dank!"

Die Worte meines Sohnes brannten in meinem Herzen. *„Du musst ihm vergeben."*

Die Wahrheit ist, ich wollte ihm nicht vergeben. Aber Christians Worte ließen mich nicht los.

Ich werde dich befreien

Als ich über Gottes Verheißung nachdachte – *Ich werde dich befreien* –, war meine Frage: „Okay, wie willst du das tun?" Ich sah einfach nicht die geringste Möglichkeit, wie wir jemals aus unseren Schwierigkeiten herauskommen sollten.

Je mehr Zeit ich jedoch in der Gegenwart Gottes verbrachte, desto lächerlicher erschien mir meine Frage. Es kam nicht darauf an, *wie*. Es kam nur darauf an, *wer*! Wenn Gott, mein Vater, mir sagte, dass er mich befreien würde, dann war es nicht wichtig, *wie* oder *wann* er das tun würde. Ich musste endlich lernen zu glauben, dass Gott jede Lage verändern kann, wenn wir unsere Hoffnung auf ihn setzen.

Es war glasklar, was Gott von mir verlangte:

Lass los!

Mein Schrei war gewesen: „Was soll ich loslassen, Herr? Ich versuche gerade, unser aller Leben im Griff zu behalten.

Was soll ich denn loslassen?" Mir wurde klar, dass er mich aufforderte, alles loszulassen:

- Meine Versuche, diese Situation allein in Ordnung zu bringen.
- Meinen Wunsch, die Zukunft in den Griff zu bekommen.
- Meine Bemühungen, mich selbst zu beschützen.

Schließlich beugte ich meine Knie und ließ los. Ich gab alles an Gott ab – meine Angst, meine Wut, meine Unversöhnlichkeit. Ich ließ das alles los und klammerte mich an die Hand meines Vaters. Wenige Wochen später feierten Barry und ich unseren Hochzeitstag. Ich bat Barry und Christian, nach dem Abendessen mit mir ins Wohnzimmer zu kommen. Ich hätte ihnen etwas zu sagen.

„Ich möchte, dass ihr beide wisst, dass ich heute Abend eine sehr dankbare Frau bin", teilte ich ihnen mit. „Ich bin dankbar, dass Gott mich so liebt und annimmt, wie ich bin. Ich bin dankbar, dass ich einen Mann habe, der mich liebt und ein Herz hat, das für Veränderungen und die Liebe Gottes offen ist. Ich bin dankbar, dass ich einen wunderbaren Sohn habe, der auch dann die Wahrheit sagt, wenn es schwierig ist. Und noch dankbarer bin ich dafür, dass ich sagen kann, dass Gott uns in seiner Hand hält und uns zusammen durch raue Gewässer bringen wird, weil er uns liebt. Ich liebe euch beide so sehr."

Befreit

Durch die Begebenheiten, Erzählungen, Zitate und Schriftstellen, die Sie in diesem Buch gelesen haben, hat Gott meine Ansicht davon verändert, wie Befreiung aussehen sollte. Ich zahle immer noch einige Rechnungen ab und das Leben ist nicht immer leicht und problemlos, aber Gott hat mich von drei Dingen gleichzeitig befreit:

Er befreite mich von Hoffnungslosigkeit.

Er befreite mich von Selbstschutz.

Er befreite mich von Unversöhnlichkeit.

Der Böse möchte Sie liebend gern gerade jetzt davon überzeugen, dass es in Ihrer Situation keine Hoffnung gibt. Er möchte Sie liebend gern dazu auffordern, einfach aufzugeben, dem allem ein Ende zu setzen, damit es vorbei ist. Das ist das Einzige, was er zu bieten hat. Er hat keine guten Gaben für Sie, nur Verzweiflung und Angst.

Die Hoffnung ist der Ruheort – der Fels und das Fundament – für alle, die auf Jesus Christus vertrauen. Wenn wir uns ihm ergeben, haben wir Frieden. Wenn wir unser Recht aufgeben, recht zu haben, haben wir Frieden. Wenn wir aus tiefstem Herzen zu Gott sagen können: „Ich vertraue dir", dann wird im Himmel gefeiert, in der Hölle gezittert und wir haben Frieden.

Dass dies in Ihrem Leben geschieht, liebe Leserin, ist mein Gebet für Sie.

Im letzten Kapitel werde ich davon berichten, was Barry und ich unternahmen, um unsere Familie zu stärken. Wir beten dafür, dass auch Ihre Familie dadurch gestärkt wird.

Lass los!

1. In welcher Hinsicht haben Sie sich in Ihrem Leben schon einmal hoffnungslos gefühlt?
2. Wie kämpfen Sie gegen Gefühle der Verzweiflung an?
3. Gibt es gerade jetzt in Ihrem Leben Situationen, in denen Sie noch einmal neu darüber nachdenken müssten, wer Ihr wirklicher Feind ist?
4. In Bezug auf welche Punkte möchte Gott Ihrer Ansicht nach, dass Sie lernen loszulassen?

Ein Loslass-Gebet

Himmlischer Vater,
ich danke dir für die Gemeinde. Danke, dass wir unser Leben mit unseren Geschwistern teilen dürfen und inmitten unserer Hoffnungslosigkeit neue Hoffnung schöpfen können. Vater, ich bringe nun die Bereiche vor dich, in denen ich Verzweiflung empfinde ...
Ich bringe dir jede Situation, in der ich die Hoffnung verloren habe, und bitte dich um deine Gnade und dein Licht und deinen Frieden. Ich bringe dir meine Familie und bitte dich, uns alle zu beschützen und zu bewahren.
Das bitte ich im Namen Jesu.
Amen.

18
Die Eine-Million-Watt-Glühbirne
der Hoffnung

„Sieh den Veränderungen und Herausforderungen, die auf dich zukommen, nicht voller Angst entgegen. Blicke auf sie voller Hoffnung, dass der Gott, dem du gehörst, dich aus ihnen herausretten wird, wenn sie eintreten. Er ist derjenige, der dich bewahrt. Er hat dich bis heute erhalten. Halte seine teure Hand fest, dann wird er dich sicher durch alle Gefahren hindurchführen – und wenn du dich nicht aufrecht halten kannst, wird er dich auf seinen Armen tragen. Schaue nicht auf das, was morgen geschehen könnte. Unser Vater wird dich entweder vor dem Leid bewahren oder dir die Kraft geben, es zu ertragen" (Franz von Sales).

„Christus, der Herr, soll der Mittelpunkt eures Lebens sein. Seid immer dazu bereit, denen Rede und Antwort zu stehen, die euch nach eurem Glauben und eurer Hoffnung fragen" (1. Petrus 3,15).

„Hoffnung ist Glaube, der im Dunkeln seine Hand ausstreckt" (George Iles).

„Nachdem wir durch den Glauben von unserer Schuld freigesprochen sind, haben wir Frieden mit Gott durch unseren Herrn Jesus Christus. Wir können ihm vertrauen, er hat uns die Tür zu diesem neuen Leben geöffnet. Im Vertrauen haben wir dieses Geschenk angenommen. Und mehr noch: Wir werden einmal an Gottes Herrlichkeit teilhaben. Diese Hoffnung erfüllt uns mit Freude und Stolz. Doch nicht nur dafür sind wir dankbar. Wir danken Gott auch für die Leiden, die wir wegen unseres Glaubens auf uns nehmen müssen. Denn Leid macht geduldig, Geduld aber vertieft und festigt unseren Glauben, und das wiederum gibt uns Hoffnung. Und diese Hoffnung geht nicht ins Leere. Denn uns ist der Heilige Geist geschenkt, und durch ihn hat Gott unsere Herzen mit seiner Liebe erfüllt" (Römer 5,1-5).

„Wo gehst du hin?", fragte ihr Bruder sie, als sie aus dem Haus ging.

„Ich gehe zum Umzug", sagte sie. „Willst du mitkommen?"

„Was für ein Umzug?", fragte er.

„Glaub mir", antwortete sie. „Es wird einen riesengroßen Umzug geben."

„Wer macht denn mit bei dem Umzug?", fragte er.

„Ich weiß nicht", sagte sie. „Ich mache mit."

„Das hast du schon gesagt. Wer noch?"

„Warum ist das wichtig?", erwiderte sie. „Der Umzug wird herrlich sein. Komm mit!"

Sie marschierte aus dem Haus, schwenkte ihre Fahne durch die Luft und sang. Als sie die Straße hinunterschritt, schlossen sich andere an. Aus jedem Haus kamen Jungen und Mädchen und Mütter und Väter und reihten sich ein; der Geräuschpegel stieg unablässig. Es waren Banner und Ballons in vielen verschiedenen Formen und Farben zu sehen. Einige brachten ihre Musikinstrumente mit und sorgten für die musikalische Begleitung. Manche lachten, während anderen Freudentränen über die Wangen liefen. Der Gesang wurde immer lauter, bis sogar die Bäume zu beben schienen.

„Jubelt Gott zu, all ihr Menschen auf der Erde! Singt und musiziert zu seiner Ehre, stimmt ein Loblied an auf seine Größe und Pracht! Sprecht zu Gott: ‚Wie gewaltig sind deine Taten! Vor deiner Macht müssen sogar deine Feinde sich beugen. Alle Völker der Erde werden dich anbeten und deinen Namen besingen‘“ (Psalm 66,1-4).

Das strahlende Licht der Hoffnung

Was ist Hoffnung? Hoffnung ist nur so stark wie die Sache oder Person, auf die sie sich richtet. Für sich allein hat sie keinen Wert. So hoffe ich zum Beispiel, dass ich mit den Hunden spazieren gehen kann, bevor es anfängt zu regnen. Ich hoffe, dass Christian sich an alles erinnern kann, was er für seine Physikarbeit gelernt hat. Über diese Dinge habe ich keine Kontrolle. Sicher, ich könnte natürlich jetzt gleich aufstehen und mit den Hunden rausgehen, aber es könnte anfangen zu regnen, bevor wir zurück sind. Christian hat gestern den ganzen Abend für seine Arbeit gelernt, aber vielleicht hat er einen schlechten Tag oder Kopfschmerzen oder es treffen verschiedene Faktoren zusammen, die sich negativ auf das Ergebnis seiner Arbeit auswirken.

Das ist nicht die Hoffnung, von der wir hier reden. Wenn wir von der Eine-Million-Watt-Glühbirne der Hoffnung Gottes sprechen, dann reden wir von etwas, worauf Sie und ich unser Leben bauen können. Wir sprechen hier nicht von etwas, wofür wir uns gegenseitig „die Daumen drücken“ oder wofür wir einen „Glücksbringer“ in unsere Lieblingsbibel stecken. Während ich jetzt hier sitze und dies schreibe, ist mir eins sonnenklar: Meine Hoffnung lässt sich in einem Namen zusammenfassen – *Jesus!*

Wenn meine Hoffnung sich auf irgendetwas anderes als Jesus gründet, dann ist sie zu klein. Er ist die Antwort auf alles, was ich brauche oder erwarte. Er ist meine tiefste Sehnsucht, auch wenn ich das nicht sofort erkenne. Er ist mein Gestern, mein Heute und mein Morgen. Wenn alles andere versagt – er nicht. Wenn jeder andere mich enttäuscht – er nicht. Wenn ich mich nicht auf mich selbst verlassen kann – auf ihn kann ich zählen. Wenn ich keine Ahnung habe, wie ich meine Rechnungen bezahlen soll – auf ihn kann ich hoffen. Wenn ich nicht weiß, was mit unserem Land geschieht – ihm kann ich vertrauen. Wenn meine Freunde mich im Stich lassen – er tut das nicht. Wenn ich meine Gesundheit verliere – ihn verliere ich nicht. Wenn ich andere und mich selbst enttäusche – er wird mich niemals enttäuschen. Wenn ich mich selbst aufgeben will – er wird mich niemals aufgeben. Wenn es mir schwerfällt, mich selbst zu lieben – ihm fällt das leicht. Wenn ich mit mir selbst nicht barmherzig sein kann – er kann es. Wenn ich nicht mehr weiterweiß – er weiß weiter.

Erkennen Sie, wie sicher Ihr Leben in der Hand des Einen ist, der das Universum in der Hand hält? Sie sind geliebt! Sie sind geliebt! Und ich sage es noch einmal:

Sie

sind

geliebt!

Die Hoffnung auf Christus setzen

Ich möchte Ihnen sagen, worauf wir als Familie heute unsere Hoffnung setzen. Es ist geradezu unglaublich, wie sehr Barry sich verändert hat. Ich bewundere seine Bereitschaft, einen Teil seiner Geschichte zu diesem Buch beizusteuern; das hätte er nicht zu tun brauchen. Sein Wunsch, uns ein schönes Zuhause zu schaffen, brachte uns an den Rand des Ruins, aber jetzt zeigt er Christian und mir mit vielen sogenannten „kleinen" Dingen, dass wir ihm wichtig sind. Ob er nun mit Christian nach der Schule Basketball spielt oder für mich eine Waschmaschine belädt, wenn ich zu tun habe – all diese Zeichen seiner Liebe sind so wohltuend für uns.

Freundlichkeit und Hilfsbereitschaft werden in unserer Gesellschaft viel zu wenig gewürdigt. Einfache Liebestaten verbreiten wie kleine Lichter den Glanz der Liebe Christi in unserer Welt, denn sie erreichen uns da, wo wir leben und wo wir am bedürftigsten sind. Als ich dieses Buch beinah fertig hatte, schrieb Barry mir einen Brief und bat mich, ihn mit in mein Buch aufzunehmen.

„Ich habe nie geahnt, dass das Leben so dunkel sein kann. Ich hätte nie gedacht, dass ich jemals so etwas erleben würde wie diese Depression und die darauf folgende Zerbrochenheit. Ich wusste, dass es in mir Dinge gab, die geheilt werden mussten, und ich wusste, dass nur Gott sie heilen konnte. Zuerst war alles nur grau. Aber dann begann ich immer tiefer zu sinken, und es wurde immer dunkler – dunkler, als ich es jemals für möglich gehalten hätte. Heilungsprozesse dauern lange. Das habe ich gelernt. Dieser dauert schon fast drei Jahre und ich stecke immer noch mittendrin. Aber ich bin dankbar, dass Gott mich so sehr liebt.

Er antwortete mir. Er nahm *mich* an. Er ließ meine Seele vor meinen eigenen Augen in Scherben zerspringen. Er sah die Tränen. Er sah die Schmerzen. Und was vielleicht am wichtigsten ist: Er half mir loszulassen. Und mit Gott lässt man nicht einfach nur los – man lässt endgültig los. Ich lerne, ihm auf eine Art zu vertrauen, die ich nie für möglich gehalten hätte. Ich werde nie mehr derselbe sein. Danke, dass du meine Hand gehalten hast, als wir beide zuschauten, wie Gott die Scherben einer Seele wieder zu einem Ganzen zusammenfügte."

Ich bin gerührt von der Demut meines Mannes und fühle mich durch sie herausgefordert. Ich glaube, dass es besonders für Männer schwer ist, so offen und ehrlich zu sein.

Aber gründet sich meine Hoffnung für die Zukunft unserer Familie darauf, dass ich in Barrys Leben Beweise dafür sehe, dass er sich verändert hat? Nein, das ist nicht der Grund. Schließlich sind wir alle verletzliche, fehlbare Menschen, die jederzeit fallen können. Meine Hoffnung gründet sich auf den auferstandenen Christus, nicht auf Barry.

Wenn ich mir mein eigenes Leben anschaue, hoffe ich dann darauf, dass ich nie wieder in solch eine tiefe Depression falle? Nein, ich hoffe auf den auferstandenen Christus, der in mir herrscht und regiert.

Wenn ich mir unseren geliebten Sohn anschaue, sehe ich einen Jungen, der eine Beziehung zu Jesus hat, intelligent und sportlich ist und Humor hat. Aber hoffe ich darauf, dass er nie Fehler machen wird? Keineswegs. Ich hoffe auf die Gnade und Barmherzigkeit unseres Erlösers, der auf seine Schafe aufpasst.

Wenn ich meine Hoffnung auf irgendetwas anderes oder irgendjemand anderen als Jesus setze, werde ich enttäuscht. Wenn wir von anderen erwarten, dass sie sind, was nur

Jesus sein kann, dann sind Verletzungen vorprogrammiert. Wenn ich darauf baue, dass sich die Wirtschaftslage, die Situation auf dem Immobilienmarkt oder meine eigene finanzielle Lage verbessert, dann habe ich meine Hoffnung auf ein wackliges Fundament gebaut.

Ein Fundament aus Felsengrund oder aus Sand?

Als Jesus das Gleichnis vom Hausbau auf sicherem Fundament erzählte, war er sehr direkt. Manchmal erfassen wir die Gleichnisse nicht in ihrer ganzen Wucht und Tiefe und behandeln sie wie nette Geschichten, die wir Kindern in der Sonntagsschule erzählen. Das sind sie aber nicht. Jesus wählte seine Worte wohlüberlegt und man kann aus allen seinen Geschichten wichtige Lektionen lernen, wenn man offen dafür ist. Wenn Sie den folgenden Abschnitt aufmerksam lesen, wird er Ihr Leben verändern.

> „Wer meine Worte hört und danach handelt, der ist klug. Man kann ihn mit einem Mann vergleichen, der sein Haus auf felsigen Grund baut. Wenn ein Wolkenbruch niedergeht, das Hochwasser steigt und der Sturm am Haus rüttelt, wird es trotzdem nicht einstürzen, weil es auf Felsengrund gebaut ist. Wer sich meine Worte nur anhört, aber nicht danach lebt, der ist so unvernünftig wie einer, der sein Haus auf Sand baut. Denn wenn ein Wolkenbruch kommt, die Flut das Land überschwemmt und der Sturm um das Haus tobt, wird es aus allen Fugen geraten und krachend einstürzen" (Matthäus 7,24-26).

Dieser Abschnitt steht am Ende der Rede Jesu in Matthäus 5-7, die wir unter dem Namen Bergpredigt kennen. Für seine Zuhörer hatte dieses Bild für die Folgen eines Lebens, das nicht auf ein sicheres Fundament gebaut ist, große Bedeutung. Palästina war bekannt für seine sintflutartigen Regengüsse, die ein ausgetrocknetes Flussbett innerhalb von Sekunden in einen reißenden Strom verwandeln konnten. Nur extreme Wetterverhältnisse offenbarten die Qualität eines Gebäudes. Zwei Häuser konnten genau gleich aussehen, bis das Wetter umschlug und nur das Haus stehen blieb, das auf ein stabiles Fundament gebaut war. Schon während Jesus diese Geschichte erzählte, sahen die Menschen sicher in Gedanken Häuser vor sich, die vor ihren Augen weggespült worden waren.

Und allem Anschein nach waren seine Worte für sie äußerst überzeugend:

> „Als Jesus seine Rede beendet hatte, waren die Zuhörer von seinen Worten tief beeindruckt. Denn anders als ihre Schriftgelehrten sprach Jesus mit einer Vollmacht, die Gott ihm verliehen hatte" (Matthäus 7,28-29).

Aber ich frage mich, wie viele der Zuhörer an diesem Tag nach Hause gingen und nach dem zu leben begannen, was Jesus gesagt hatte. Es ist *eine* Sache, von einer guten Predigt angesprochen zu werden, und eine andere, sie umzusetzen.

Ich frage mich auch, wie viele von *uns* nach Hause gehen und das umsetzen würden, was Jesus sagen würde, falls wir die Ehre hätten, ihn „live" predigen zu hören. Genau wie Jesu Zuhörer sind auch wir aufgefordert, diese Lektion umzusetzen. Wir leben genau wie sie in einer Welt, in der viele Menschen ihr Leben auf Sand bauen – sei es absichtlich oder nicht.

Unser Sohn hat das Glück, eine christliche Schule zu besuchen. Dafür bin ich dankbar, weil seine Lehrer sich bemühen, alle Fächer aus einer christlichen Perspektive zu unterrichten. Aber auch hier ist zu erleben, dass viele Familien kaputtgehen. Die Schule hielt es dieses Jahr für notwendig, für die Kinder im Grundschulalter eine Gruppe zur Unterstützung von Scheidungskindern anzubieten.

Wenn Sie, liebe Leserin, so etwas hinter sich haben – eine Scheidung oder ein anderes einschneidendes Erlebnis –, dann habe ich mehr Mitgefühl für Sie, als ich das mit Worten ausdrücken kann. So etwas würde sich niemand freiwillig aussuchen. Keine Frau will, dass ihre Ehe kaputtgeht oder dass sie mit ansehen muss, wie ihre Kinder eine Entscheidung treffen müssen, die Kinder nicht zu treffen haben sollten. Aber wie Jesus schon sagte, bei solchen Erlebnissen zeigt sich, auf welches Fundament unser Glaube gebaut ist. Verheerende Stürme bringen die Beschaffenheit eines Bauwerks ans Licht.

An dieser Stelle kommt unsere Eine-Million-Watt-Glühbirne der Hoffnung ins Spiel. Steht sie nur den Menschen zu, die ihr Leben scheinbar im Griff haben? Kann sie nur von denjenigen beansprucht werden, die glauben, dass sie immer die richtigen Entscheidungen getroffen haben? Nein, nein und nochmals nein! *Diese Hoffnung* ist für die Menschen, die einen Retter brauchen. Sie ist für die Zerbrochenen und die Verletzten – die Menschen, deren Fundament ins Wanken geraten ist. Sie ist für Sie und für mich.

Wenn Sie immer wieder
an Ihre Grenzen stoßen ...

Die Einleitung zu Brennan Mannings Buch „Größer als dein Herz. Erleben, was Gnade heißt"[17] enthält eine wunderbare Aussage: Er schreibt, dass sein Buch nicht für diejenigen sei, in deren Leben alles perfekt ist, sondern für Menschen wie Sie und mich, die immer wieder an ihre Grenzen stoßen. Es sei für die Ehefrau, die sich vollzeitlich um ihre Kinder und ihren Haushalt kümmert, die berufstätige Frau und die alleinerziehende Mutter, die sich bemüht, genug zu verdienen, um ihr Kind zu ernähren. Wenn Gott auf unsere Welt schaut, dann sehen seine Augen, was wir nicht sehen. Er sieht, wie verloren seine geliebten Kinder sind und wie sie sich abmühen, Zusammenhänge zu verstehen, die keinen Sinn ergeben. Wir suchen alle nach Sinn und Zweck, aber ohne Jesus gibt es keinen Sinn und Zweck, der Bestand hat.

Ganz gleich, in welchen Lebensumständen Sie sich gerade befinden: Sie können sich jetzt entscheiden, all Ihre Hoffnung für heute und morgen, für Ihre Familie und Ihre Gesundheit, für Ihre Finanzen und Ihre Zukunft auf Christus zu setzen und auf Christus allein. Das Großartige an dieser Entscheidung ist, dass niemand im Himmel oder auf Erden oder unter der Erde Ihnen diese Hoffnung nehmen kann. Wir wissen, dass das Leben uns manchmal zu schaffen macht. Vielleicht haben Sie gerade gesundheitliche Schwierigkeiten, finanzielle Nöte, rebellische Kinder oder Eheprobleme. Aber Ihre Hoffnung auf Christus hat Bestand, denn er ist ein unerschütterlicher Fels, auf den Sie sich wirklich jederzeit fest verlassen können.

Jesus Christus, der unerschütterliche Fels

Edward Mote schrieb 1834 das wunderbare Lied „The Solid Rock" (Der unerschütterliche Fels). Zuerst schrieb er nur zwei Zeilen:

„On Christ the solid Rock I stand
All other ground is sinking sand."

(Ich stehe auf Christus, dem unerschütterlichen Felsen.
Jeder andere Untergrund ist Sand, der keinen Halt gibt.)

Nach seinem nächsten Gottesdienstbesuch begann er die Strophen zu schreiben. Am darauffolgenden Sonntag erzählte ihm einer seiner besten Freunde, dass sich seine kranke Frau mittlerweile in einem sehr kritischen Zustand befinde und vermutlich bald sterben werde. Er fragte Edward, ob dieser mit zu ihm nach Hause kommen und mit seiner Frau beten könne.

Als sie bei ihm zu Hause ankamen, fragte die Frau seines Freundes, ob sie nicht ein Lied singen könnten. Ihr Mann suchte ihr Gesangbuch, was sich immer bei ihrem Bett befand, konnte es aber nicht finden. Also fragte Edward, ob er ihnen etwas vortragen dürfe, was er gerade geschrieben habe. Er sang ihr das folgende Lied vor, während sie aus diesem irdischen Leben in Jesu Arme glitt:

„My hope is built on nothing less
Than Jesus' blood and righteousness.
I dare not trust the sweetest frame,
But wholly trust in Jesus' Name.

On Christ the solid Rock I stand,
All other ground is sinking sand;
All other ground is sinking sand.

When darkness seems to hide His face,
I rest on His unchanging grace.
In every high and stormy gale,
My anchor holds within the veil.

His oath, His covenant, His blood,
Support me in the whelming flood.
When all around my soul gives way,
He then is all my Hope and Stay.

When He shall come with trumpet sound,
Oh may I then in Him be found.
Dressed in His righteousness alone,
Faultless to stand before the throne.

On Christ the solid Rock I stand,
All other ground is sinking sand;
All other ground is sinking sand."

(Meine Hoffnung gründet sich auf nichts Geringeres
als das Blut und die Gerechtigkeit Christi.
Ich wage nicht, dem schönsten Äußeren zu trauen,
ich vertraue voll und ganz auf den Namen Jesus.

Ich stehe auf Christus, dem unerschütterlichen Felsen …

Wenn die Dunkelheit sein Angesicht zu verbergen scheint,
verlasse ich mich auf seine unwandelbare Gnade.
In jedem wilden, tobenden Sturm
bleibt mein Lebensschiff fest im Allerheiligsten verankert.

Sein Eid, sein Bund, sein Blut
bewahren mich in der tosenden Flut.
Wenn alles um mich herum wegbricht,
ist er meine Hoffnung und mein Halt.

Wenn er mit dem Schall der Posaune wiederkommt,
möge ich dann in ihm gefunden werden
und allein in seine Gerechtigkeit gekleidet
tadellos vor seinem Thron stehen.

Ich stehe auf Christus, dem unerschütterlichen Felsen …)

Die große Ironie

Die große Ironie des Christenlebens liegt darin, dass das Kreuz, das ein Ende zu sein schien, unser Anfang ist. Was eine verschlossene Grabkammer zu sein schien, wurde zu einer offenen Tür. Das habe ich in meinem eigenen Leben nicht nur einmal erlebt – wenn ich mit mir selbst am Ende bin, dann finde ich in Christus einen neuen Anfang.

Unsere menschliche Hoffnung träumt davon, dass hier auf Erden alles gut geht, und trotzdem ist uns klar – oder sollte uns klar sein –, dass das nie der Fall sein wird. Hoffnung, die sich auf Christus gründet, akzeptiert, dass wir hier auf Erden vielleicht viele kleine Tode sterben, aber sie weiß, dass wir durch diese kleinen Tode hindurch zu unserem wahren Leben kommen, das „mit Christus in Gott verborgen" ist (Kolosser 3,3; Luther). Es gibt viele gute Bücher, schöne Bilder und wunderbare Skulpturen über die Liebe Gottes, die alle einen Teil der Wahrheit widerspiegeln. Aber keines dieser Werke kann auch nur annähernd zum Ausdruck bringen, wie es sein wird, wenn wir Jesus von Angesicht zu Angesicht sehen werden. „Jetzt sehen wir nur ein undeutliches Bild wie in einem trüben Spiegel. Einmal aber werden wir Gott von Angesicht zu Angesicht sehen" (1. Korinther 13,12).

Heute ist mir klarer als je zuvor, dass wir uns in einem geistlichen Kampf befinden. Wenn wir das vergessen, bringen wir uns dadurch selbst in Gefahr. Der Feind will unser Leben und unser Miteinander zerstören, und der größte Kampf findet in unserem Denken statt. Als der Apostel Paulus an die Gemeinde in Korinth schrieb, warnte er sie, dass die sichtbaren Dinge nicht das Einzige sind, womit wir Menschen zu kämpfen haben:

> „Natürlich bin auch ich nur ein Mensch, aber ich kämpfe nicht mit menschlichen Mitteln. Ich setze nicht die Waffen dieser Welt ein, sondern die Waffen Gottes. Sie sind mächtig genug, jede Festung zu zerstören, jedes menschliche Gedankengebäude niederzureißen, einfach alles zu vernichten, was sich stolz gegen Gott und seine Wahrheit erhebt. Alles menschliche Denken nehmen wir gefangen und unterstellen es Christus, weil wir ihm gehorchen wollen" (2. Korinther 10,3-5).

Wir müssen den Teufel nicht besiegen, das hat Jesus schon getan. Wir müssen es nur annehmen, sprich: glauben ... und danach leben. Sie müssen nicht lauter schreien als Satan. Sie müssen ihn nur mit der Wahrheit konfrontieren. Er ist ein besiegter Feind!

Barrys Gebet

Wenn Sie Barry heute fragen würden, was ihm geholfen hat, wieder Hoffnung zu schöpfen, dann würde er Ihnen sagen, dass er, als er mit seiner eigenen Kraft und Weisheit am Ende war, Jesus gerade dadurch in einer zuvor nie erlebten Tiefe persönlich erlebte. Er würde Ihnen auch ein Gebet zeigen, das er jeden Tag ohne Ausnahme betet. Es stammt aus Richard Fosters Buch „Gottes Herz steht allen offen"[18]. Jetzt, am Ende dieses Buches, möchte ich es Ihnen gerne vorstellen:

„In dem mächtigen Namen Jesus Christus widerstehe ich der Welt, dem Fleisch und dem Teufel. Ich widerstehe jeder Macht, die mich aus dem Willen Gottes ziehen will. Ich lehne die verzerrten Vorstellungen und Gedanken ab, die mir die Sünde einleuchtend und schmackhaft machen wollen. Ich widerstehe jedem Versuch, mich von ungetrübter Gemeinschaft mit Gott abzuhalten.

In der Kraft des Heiligen Geistes spreche ich direkt zu den Gedanken, Gefühlen und Sehnsüchten meines Herzens und befehle euch, eure Erfüllung in der unendlichen Vielfalt der Liebe Gottes zu finden statt in dem eintönigen Speiseplan der Sünde. Ich lade das Gute, das Wahrhaftige und das Schöne ein, in mir groß zu werden, und befehle dem Bösen zu weichen. Ich bitte um mehr Gerechtigkeit, Frieden und Freude im Heiligen Geist.

In der Autorität des allmächtigen Gottes reiße ich die Festungen des Bösen in meinem Leben ein, im Leben der Menschen, die ich liebe, und in der Gesellschaft, in der ich lebe. Ich kämpfe dafür mit den Waffen der Wahrheit, der

Gerechtigkeit, des Friedens, des Heils, des Wortes Gottes und des Gebets. Ich befehle allen Einflüssen des Bösen zu weichen; sie haben kein Recht an unserem Leben, und ich gewähre ihnen keinerlei Einfallstor. Ich bitte dich, Vater, um Wachstum an Glauben, Hoffnung und Liebe, damit ich in deiner Kraft ein Licht sein kann, das auf dem Berg leuchtet, und dazu beitrage, dass deine Wahrheit und Gerechtigkeit sich ausbreiten.

Dies bitte ich im Namen Jesu, der mich geliebt und sich selbst für mich hingegeben hat.

Amen.‟

Lass los!

1. Wie würden Sie Hoffnung definieren – heute?
2. In welchen Bereichen Ihres Lebens brauchen Sie ein solideres Fundament?
3. Können Sie sich konkrete Möglichkeiten vorstellen, wie Sie in Zukunft alles menschliche Denken Christus unterstellen werden?
4. Welche neuen Gewohnheiten könnten Sie sich aneignen, um die Hoffnung in Ihrem Leben zu nähren?
5. Schreiben Sie ein Gebet für die Menschen auf, mit denen Sie am nahesten verbunden sind: Ihre Familie, Ihre Freunde.

Ein Loslass-Gebet

Himmlischer Vater,

in der Autorität des allmächtigen Gottes reiße ich die Festungen des Bösen in meinem Leben ein, im Leben der Menschen, die ich liebe, und in der Gesellschaft, in der ich lebe. Ich kämpfte dafür mit den Waffen der Wahrheit, der Gerechtigkeit, des Friedens, des Heils, des Wortes Gottes und des Gebets. Ich befehle allen Einflüssen des Bösen zu weichen; sie haben kein Recht an unserem Leben, und ich gewähre ihnen keinerlei Einfallstor. Ich bitte dich, Vater, um Wachstum an Glauben, Hoffnung und Liebe, damit ich in deiner Kraft ein Licht sein kann, das auf dem Berg leuchtet, und dazu beitrage, dass deine Wahrheit und Gerechtigkeit sich ausbreiten.

Dies bitte ich im Namen Jesu, der mich geliebt und sich selbst für mich hingegeben hat.

Amen.

Und schließlich:
Die lang ersehnte Befreiung

Haben Sie schon einmal so lange für etwas gebetet, dass Sie sich gefragt haben, ob Ihr Gebet in diesem Leben noch erhört werden wird? Ich schon. Es brach mir das Herz und hat mich manchmal bis in meine Träume hinein verfolgt und mir den Schlaf geraubt. Und dann, als ich es am wenigsten erwartete, ist es passiert. Ich hatte keine Ahnung, dass Gott so viel Schönheit in eine Tragödie hineinlegen kann.

Eine quälende Frage

Christian und ich machten im Jahr 2007 eine Reise nach Schottland, für die wir meiner Ansicht nach gute Gründe hatten. Ich wollte meine Mutter wiedersehen und dachte, es würde uns Freude machen, nach den schwierigen Jahren, die unsere Familie durchgemacht hatte, solch eine Mutter-und-Sohn-Reise zu unternehmen. Ich hatte keine Ahnung, dass Gott für mich etwas geplant hatte, was mein Leben total verändern würde.

Ich hatte Ihnen ja schon erzählt, dass ich mich an dem Tag, als ich meine Mutter zum Krankenhaus brachte, damit sie neue Batterien für ihr Hörgerät kaufen konnte, plötzlich vor der Klinik wiederfand, in der mein Vater gestorben war. Das war ein Schock für mich. Ich habe diesen Ort immer gehasst, denn für mich ist er ein echter Albtraum.

Was ich Ihnen nicht gesagt habe, war, dass ich am Tag darauf dorthin zurückkehrte – allein. Von meiner Mutter hatte ich damals nur erfahren, dass mein Vater eines Nachts aus der Klinik geflohen war. Sie hatten ihn stundenlang gesucht und erst am nächsten Morgen tot aufgefunden, in den Lachsnetzen in dem Fluss hinter der Klinik.

Der Tod meines Vaters löste Albträume in mir aus. Wieder und wieder fragte ich mich voller Entsetzen, was in diesen letzten Augenblicken seines Lebens mit ihm geschehen war. War er ausgerutscht und in den Fluss gefallen? War er so verzweifelt, dass er nicht mehr weiterleben konnte? Hatte er das Gefühl, völlig allein zu sein?

Das war die schlimmste Frage für mich: Hatte mein Vater das Gefühl gehabt, dass er völlig verlassen war, dass er im Himmel und auf Erden niemanden mehr hatte?

Ich werde den Weg gehen

Als ich am nächsten Tag an diesen Ort zurückkehrte, geschah dies aus einem einzigen Grund: Ich wollte den Weg gehen, den mein Vater gegangen sein musste. Ich brauchte ein paar Minuten, um von der Klinik ans Flussufer zu gelangen. Als ich dort stand, hörte ich mich fragen: „Ist dies der letzte Ort, an dem deine Füße diese Erde berührt haben, Dad? Hattest du das Gefühl, ganz allein zu sein?"

Ich wünschte, ich wäre imstande, Ihnen in angemessener Weise zu beschreiben, was ich in diesem Moment erlebte. Als ich dort stand, fand auf einmal ein Szenenwechsel statt wie in einem Film. Ich war nicht länger ein kleines Mädchen, das sich fragte, warum sein Vater es verlassen hatte.

Ich war eine einundfünfzigjährige Frau, die den letzten Ort betrachtete, an dem die Füße ihres vierunddreißigjährigen Vaters diese Erde berührt hatten. Als ich dort stand und damit rechnete, vom Schmerz überwältigt zu werden, begegnete mir stattdessen Jesus. Er stand neben mir und sagte: *Ich war da. Er war nicht allein. Er ging von diesem grasigen Ufer direkt in meine Arme. Er war nicht eine Sekunde allein.*

Ich fiel auf die Knie, und dieser Schauplatz meiner Albträume wurde für mich zu heiligem Boden. Das Einzige, woran ich denken konnte, war das Lied, für das mein Vater bekannt gewesen war: „Neunundneunzig der Schafe" von Ira David Sankey. Mein Vater hatte eine wunderbare Stimme, und dieses Lied war eins seiner Lieblingslieder gewesen. Als ich an jenem Tag dort am Ufer kniete, hatte ich den Eindruck, dass Jesus zu mir sagte: *Sheila, in jener Nacht habe ich dieses Lied für ihn gesungen.*

„Neunundneunzig der Schafe lagen schon
auf des Himmels Weide dort;
doch eins war fern und gar weit entflohn,
ja weit von dem Hirten fort,
weit weg im Gebirge wild und rau,
weit weg von des Hirten sel'ger Au.

Doch keiner dort oben wusst' es je,
in welch tiefste Kluft er ging;
noch wie bitter und schwer war das Todesweh,
das den Hirten für uns umfing.
In der Wüste, wo sonst kein Retter war,
da fand er sein Schaf verschmachtet gar.

Und über die Berge schallt es hoch,
aus der Tiefe ruft's empor:
‚Oh freuet euch, freuet euch, freut euch doch,
gefunden ist, was ich verlor!‘
Und die Engel, sie stimmen ein Loblied an:
‚Gelobt sei der Herr, der solches getan.‘"

Das ist also meine Geschichte. Ich finde, das Leben ist eine sonderbare Mischung aus Freude und Leid, Geheimnis und Momenten der Erkenntnis. Während ich hier sitze und dabei bin, dieses Buch zu beenden, denke ich an Sie. Ihre Geschichte ist anders als meine. Sie haben Dinge durchgemacht, die ich mir noch nicht einmal vorstellen kann. Aber es gibt eine Konstante, eine unumstößliche Wahrheit: Wir sind geliebt, wir sind geliebt,

wir

sind

geliebt

von

Gott.

Gibt Ihnen die Tatsache, geliebt zu sein, so viel Kraft, dass Sie imstande sind, „loszulassen"? Mir schon. Geliebt zu sein von dem göttlichen Baumeister, der alles erschaffen hat, was zählt, ist genug. Ich weiß nicht, was morgen auf mich zukommt, aber das ist in Ordnung. Gott weiß es. Ich weiß nicht, was morgen auf diejenigen zukommt, die Sie lieben, aber Gott weiß es. Das ist keine banale Information – das ist eine lebensverändernde Wahrheit. Manchmal müssen wir jahrelang warten, ehe Gott antwortet. Manchmal warten wir ein ganzes Leben lang. Aber glauben Sie mir, liebe Leserinnen: *Diese Geschichte nimmt für uns ein gutes Ende!*

„Was kein Auge jemals sah, was kein Ohr jemals hörte und was sich kein Mensch vorstellen kann, das hält Gott für die bereit, die ihn lieben" (1. Korinther 2,9).

Befreiung:
Die Macht eines Wortes

Loslassen. Befreit werden. Die Befreiung, die uns in Christus versprochen ist, hat nichts mit Wunschdenken zu tun. In der Bibel können wir wieder und wieder von der Treue lesen, die Gott seinem Volk erweist. Selbst wenn sie hin- und herschwankten, blieb Gott fest. Ihre Untreue konnte seine Treue nicht auslöschen.

Wir leben in einer Welt, die uns rund um die Uhr mit neuen Informationen bombardiert. Einige dieser Informationen entsprechen der Wahrheit, aber in der Mehrheit der Fälle, vor allem, wenn uns jemand etwas verkaufen will, sind diese Informationen unzuverlässig.

Im Gegensatz dazu ist das Wort Gottes absolut zuverlässig, absolut vertrauenswürdig. Wenn Sie sich die Bereiche Ihres Lebens anschauen, in denen Sie sich danach sehnen, von Gott befreit zu werden, dann haben Sie vielleicht das Gefühl, dass Sie schon öfter versucht haben, meine Vorschläge zu befolgen, ohne dass Ihnen dies gelungen ist. Ich wünsche mir von ganzem Herzen, dass Sie erkennen: Gott verlangt nicht von uns, dass wir uns selbst befreien. Das ist seine Aufgabe. Das Einzige, was er von uns will, ist, dass wir die Dinge loslassen, die uns wehtun und an denen wir immer noch festhalten. Er hat versprochen, uns zu befreien.

Das Wort „befreien" bringt auf kraftvolle Weise zum Ausdruck, wie leidenschaftlich Gott sich dafür einsetzt, seine Menschen zu retten. Wenn wir uns mit der ursprünglichen Bedeutung des Wortes beschäftigen, wie es in den Psalmen oder von Jesus oder Paulus gebraucht wurde, können wir die Tiefe und Tragweite dessen, was wir glauben, noch besser verstehen. Es hilft uns auch dabei, zu erkennen, wie wir beten können. In Psalm 72 erklärte Salomo:

> „Huldigen sollen ihm alle Könige, und alle Völker ihm dienen! Denn er *rettet* den Wehrlosen, der um Hilfe fleht; den Schwachen, dem jeder andere seine Unterstützung versagt" (Psalm 72,11-12; Hervorhebung von der Autorin).

Das Wort, das hier mit „retten" übersetzt ist, ist das hebräische *nazal*, das „retten, befreien, entreißen" bedeutet. In Psalm 50 finden wir ein weiteres hebräisches Wort, das in den meisten deutschen Bibeln mit „retten" übersetzt wird:

„Wenn du keinen Ausweg mehr siehst, dann rufe mich zu Hilfe! Ich will dich *retten*, und du sollst mich preisen" (Psalm 50,15; Hervorhebung von der Autorin). Hier steht im Hebräischen das Wort *halaz*, das neben „retten" und „befreien" auch „stärken" bedeutet.

Was für wunderbare Verheißungen! Gott wird uns nicht nur retten und befreien, wenn wir unser Vertrauen auf ihn setzen; er will uns auch stärken.

Ebenso betet auch Jesus am Ende des Vaterunsers vertrauensvoll um Befreiung:

„Unser Vater im Himmel! Dein heiliger Name soll geehrt werden. Lass deine neue Welt beginnen. Dein Wille geschehe hier auf der Erde, wie er im Himmel geschieht. Gib uns auch heute wieder, was wir zum Leben brauchen. Vergib uns unsere Schuld, wie wir denen vergeben, die uns Unrecht getan haben. Lass uns nicht in Versuchung geraten, dir untreu zu werden, und *befreie* uns vom Bösen" (Matthäus 6,9-13; Hervorhebung von der Autorin).

Im Griechischen steht hier das Wort *rhyomai*. Es ist ein sehr starkes Wort, das ursprünglich „mit Gewalt und Kraft ziehen, schleppen, zerren" bedeutet. Dasselbe Wort steht auch in Lukas 1,74-75: „Er *befreit* uns aus der Hand unserer Feinde, damit wir ihm ohne Furcht unser Leben lang dienen, als Menschen, die ihm gehören und nach seinem Willen leben" (Hervorhebung von der Autorin). Hier wird das Wort von Zacharias gebraucht, der nach der Geburt seines Sohnes Johannes diese prophetische Aussage macht. Vielleicht erinnern Sie sich daran, dass Elisabeth, Zacharias' Frau, die Cousine Marias war, der Mutter Jesu. Der Engel Gabriel war Zacharias erschienen und hatte ihm gesagt, dass seine Frau einen Sohn zur Welt bringen würde, den sie Johannes nennen sollten. Zacharias war ziemlich skeptisch, da seine Frau über das Alter hinaus war, in dem sie schwanger werden konnte. Gabriel war verletzt, weil er ihm nicht glaubte. Er sagte Zacharias, dass er unmittelbar vor Gott stehe und dass Zacharias wegen seines Zweifels bis zur Geburt des Babys stumm sein würde. Als Elisabeth schließlich ihr Kind zur Welt brachte, schrieb er auf eine Tafel, dass es Johannes heißen solle, und unmittelbar danach konnte er wieder sprechen.

Im Brief des Apostels Paulus an die Römer finden wir einen Abschnitt, in dem er das Dilemma beschreibt, in dem sich jeder Gläubige befindet: „Ich wünsche mir nichts sehnlicher, als Gottes Gesetz zu erfüllen. Dennoch handle ich nach einem anderen Gesetz, das in mir wohnt. Dieses Gesetz kämpft gegen das, was ich innerlich als richtig erkannt habe, und macht mich zu seinem Gefangenen. Es ist das Gesetz der Sünde, das mein Handeln bestimmt. Ich unglückseliger Mensch! Wer wird mich jemals aus dieser Gefangenschaft *befreien?*" (Römer 7,22-24; Hervorhebung von der Autorin). Mit anderen Worten: Wer wird mich *rhyomai,* wer wird mich mit Kraft aus dieser elenden Situation herausreißen?

Paulus beantwortet seine Frage mit folgendem großartigen Bekenntnis: „Gott sei Dank! Durch unseren Herrn Jesus Christus bin ich bereits befreit" (Vers 25). Mit diesem Vers fasst Paulus den Herzensschrei in Worte, den jeder Gläubige an irgendeinem Punkt seines Lebens ausstößt. Wer von uns hat nicht schon in irgendeinem Bereich seines Lebens so zu kämpfen gehabt und sich so verzweifelt gefühlt, dass es das mächtige Eingreifen Gottes erforderte, um uns zu befreien?

Auch wenn uns die wahre Tragweite dieses Wortes manchmal nicht bewusst ist – wenn Gott uns zusagt, dass er uns *befreien* wird, ist das eine machtvolle Verheißung. Er wird uns *retten* und *stärken*. Er wird seine göttliche Kraft einsetzen, um uns aus der Hand unserer Feinde *herauszureißen*. Wir haben einen Rechtsanwalt und einen Verteidiger, wie es sonst keinen gibt. Ihm sei Lob und Ehre!

Anmerkungen

[1] Zitiert nach Edythe Draper, Drapers Book of Quotations for the Christian World, Wheaton, Illinois, 1992

[2] Das würde in Deutschland etwa der Kategorie FSK 16 der „Freiwilligen Selbstkontrolle der Filmwirtschaft" entsprechen. (Anm. d. Übers.)

[3] Charles R. Swindoll, Zeit der Gnade, Gerth Medien, Asslar 1997; Lewis Smedes, Shame and Grace: Healing the Shame We don't Deserve, HarperOne, New York 1994

[4] Alice Miller: Das Drama des begabten Kindes und die Suche nach dem wahren Selbst, Suhrkamp-Verlag, Frankfurt 1983

[5] J. A. Blumenthal, W. Jiang, M. A. Babyak, D. S. Krantz, D. J. Frid, R. E. Coleman, R. Waugh, M. Hanson, M. Appelbaum, C. O'Connor and J. J. Morris in *Archives of Internal Medicine*, 27. Oktober 1997, S. 157

[6] Lewis B. Smedes: Vergeben und Vergessen. Über die heilende Kraft der Vergebung, Francke-Buchhandlung, Marburg 2001

[7] Zitiert nach *Adam Clarke's Commentary on the New Testament*, Anmerkungen zu Matthäus 4. Electronic Edition STEP Files Copyright © 2005, QuickVerse. Alle Rechte vorbehalten

[8] Josephus, Antiquities I. xv. c. 14

[9] Corrie ten Boom, zitiert nach Edythe Draper, *Draper's Book of Quotations from the Christian World*, Wheaton, IL, Tyndale 1992

[10] Im Englischen lautet dieser Text: „You did not choose me but I chose you." Das lässt sich auch als Einzahl deuten: „Nicht du hast mich erwählt, sondern ich dich." Darum konnte Sheila den Vers als ganz persönlichen Zuspruch verstehen. (Anm. d. Übersetz.)

[11] Im Hebräischen steht hier das Wort *ruach,* das „Geist, Hauch, Atem, Wind" bedeutet. (Anm. d. Übers.)

[12] Oswald Chambers, zitiert nach Edythe Draper, *Draper's Book of Quotations for the Christian World,* Wheaton, Illinois, 1992

[13] Thomas Merton, zitiert nach Edythe Draper, *Draper's Book of Quotations for the Christian World,* Wheaton, Illinois, 1992

[14] Aus dem Lied „The Love of God" von Frederick M. Lehman (1917)

[15] James Burtchaell, *Philemon's Problem,* Grand Rapids (Illinois) 1998

[16] Louie Giglio, YouTube Predigtauszug, http:://www.youtube.com/watch?v=_e4zglJXPpI4; Zugriff am 9. August 2008

[17] Brennan Manning, Größer als dein Herz. Erleben, was Gnade heißt, R. Brockhaus Verlag, Witten 2004

[18] Richard Foster, Gottes Herz steht allen offen, R. Brockhaus Verlag, Witten 1999

Über die Autorin

Sheila Walsh stammt aus Schottland, lebt mit Mann Barry und Sohn Christian in Frisco/Texas (USA) und ist als gefragte Musikerin, Rednerin und Autorin international unterwegs. Als „typisch Sheila Walsh" gelten ihre Einfühlsamkeit und Ehrlichkeit sowie ihr Gottvertrauen in den Höhen und Tiefen ihres Lebens. Außerdem: ihr Humor – markante Eigenschaften, die auch ihr biografisches Buch *Hinter dem Lächeln die Tränen* über ihre frühen Jahre, die Heilung ihres verletzten Herzens und die Überwindung ihrer Depressionen auszeichnen.
www.sheilawalsh.com

Von Sheila Walsh im Brunnen Verlag erschienen:
Hinter dem Lächeln die Tränen. Eine wahre Geschichte. 3. Auflage, Gießen 2005;
Jetzt bist du meine Tochter. Die späte Freundschaft zu meiner Schwiegermutter. Eine wahre Geschichte, Gießen 2000 (vergriffen)

Inhalt

Sheila Walsh

Hinter dem Lächeln die Tränen

Eine wahre Geschichte

320 Seiten, Taschenbuch
ISBN 978-3-7655-3852-0

Jahrelang wirkte sie als „christliche Strahlefrau", privat und in der Öffentlichkeit. Was kaum einer sah, waren die Tränen hinter dem Lächeln, die Unsicherheit der selbstbewusst wirkenden Frau. Sheila Walsh ging es wie vielen anderen: Das Leben hatte ihr Wunden geschlagen, vor allem enttäuschtes Vertrauen und Verletzungen in der Kindheit.

Nach und nach erkennt sie: Ihre Selbstzweifel, Komplexe und manchmal unverständlichen Abwehrreaktionen sind die Folge davon. Auch ihre Einsamkeitsgefühle, die Leere und Depressionen.

Heute ist ihr verletztes Herz heil geworden. Und Sheila eine beherzte, entspannte Frau. Sie sagt aus Erfahrung: Es gibt Hoffnung für jedes verwundete Herz!

BRUNNEN VERLAG GIESSEN
www.brunnen-verlag.de

Kerstin Wendel

Was heißt hier
„schön"?

Eine Frau findet ihre Lebensspur

144 Seiten, Taschenbuch
ISBN 978-3-7655-4073-8

Kennen Sie das? Sie stehen vor dem Spiegel und fragen sich:
Wer bin ich eigentlich? Was bin ich wert? Kerstin Wendel
weiß noch genau, wie sie sich früher fühlte, wenn sie in den
Spiegel sah. Sie mied ihn, sooft es ging. In diesem Buch er-
zählt sie von ihrer Reise zu sich selbst, die für sie mit 37
begonnen hat. Nach und nach entdeckte sie Verstecktes,
Unentdecktes, Krummes, Schlummerndes und auch viel
Schönes.

Heute ist sie bei sich angekommen, ist freier und froher
denn je, lacht inzwischen in den Spiegel: „Ja, das bin ich!"

BRUNNEN VERLAG GIESSEN
www.brunnen-verlag.de